广州学研究丛书

广东省教育厅广州学协同创新发展中心
广州市教育局广州学协同创新重大项目　研究成果
广东省普通高校人文社科重点研究基地

广州古代史丛考

陈泽泓 / 著

图书在版编目（CIP）数据

广州古代史丛考/陈泽泓著. 北京：
中央编译出版社，2017.3
ISBN 978-7-5117-3206-4

Ⅰ.①广… Ⅱ.①陈… Ⅲ.①广州-地方史-研究-古代 Ⅳ.①K296.51

中国版本图书馆 CIP 数据核字（2016）第 310117 号

广州古代史丛考

出 版 人：	葛海彦
出版统筹：	贾宇琰
责任编辑：	王丽芳
责任印制：	尹　珺
出版发行：	中央编译出版社
地　　址：	北京西城区车公庄大街乙 5 号鸿儒大厦 B 座（100044）
电　　话：	（010）52612345（总编室）　　（010）52612349（编辑室） （010）52612316（发行部）　　（010）52612317（网络销售） （010）52612346（馆配部）　　（010）55626985（读者服务部）
传　　真：	（010）66515838
经　　销：	全国新华书店
印　　刷：	北京佳信达欣艺术印刷有限公司
开　　本：	787 毫米×1092 毫米　1/16
字　　数：	300 千字
印　　张：	22.5
版　　次：	2017 年 3 月第 1 版第 1 次印刷
定　　价：	68.00 元

网　　址：	www.cctphome.com　　邮　箱：cctp@cctphome.com
新浪微博：	@中央编译出版社　　　微　信：中央编译出版社（ID：cctphome）
淘宝店铺：	中央编译出版社直销店（http：//shop108367160.taobao.com）

凡有印装质量问题，本社负责调换。电话：（010）55626985

学术委员会

(按音序排列)

卞　利（安徽大学）
陈剑晖（华南师范大学）
陈泽泓（广州市地方志办公室）
丁旭光（中共广州市委党校）
冯崇义（澳大利亚悉尼科技大学）
郝立新（中国人民大学）
纪德君（广州大学）
李　翔（广州市政府文史馆）
罗交晚（广州大学）
欧阳知（广州市广州学与广州大典研究会）
屈哨兵（广州大学）
沈　奎（广州市人大常委会）
涂成林（广州大学）
徐吉军（浙江省社会科学院）
涂文学（江汉大学）
谭苑芳（广州大学）
衣俊卿（中共中央编译局）
张宝秀（北京联合大学）
张兴杰（华南农业大学）

陈桂炳（福建泉州师范学院）
陈金龙（华南师范大学）
曹建文（光明日报社）
丁艳华（广州大学）
顾涧清（广州日报社）
何一民（四川大学）
鉴传今（中国社会科学院）
林少川（福建泉州学研究所）
马智慧（杭州国际城市学研究中心）
邱　捷（中山大学）
饶　涛（北京师范大学）
孙　麾（中国社会科学院）
徐滇庆（加拿大西安大略大学）
徐俊忠（广州大学）
谢博能（广州市政府研究室）
叶曙明（广东教育出版社）
尹　涛（广州市社会科学院）
张其学（广州大学）
周凌霄（广州大学）

求真与致用

——陈泽泓著《广州古代史丛考》序

张荣芳

陈泽泓先生是历史学家、方志学家、古建筑史学家，其治学领域相当广泛，著述丰硕，可以用著作等身一词来形容。他是一位治学严谨、不尚空谈、虚怀若谷、不耻下问的谦恭学人。

最近泽泓先生惠寄他的新著《广州古代史丛考》书稿并嘱作序。我用了两三个星期时间，认真拜读，并冷静地思考。广州是我国最早公布的历史文化名城之一，有两千多年的历史。古往今来，研究广州历史的学者甚多，关于广州的著述可谓汗牛充栋。而本书不是广州通史，也不是某一方面的专史，而是纵的方面从珠江三角洲的旧石器时代古人类到清代的学海堂，梳理出与广州古代史相关的 46 个专题，做深入的研究，所以名曰《广州古代史丛考》。泽泓先生知识渊博，用功甚勤，梳理出来的问题，都是该领域的学术前沿课题。这些问题或是学术界存在争议；或是有些论著的结论错误或表述不严谨；或是荒诞的戏说；或是过去的学者研究得比较少或未曾涉足的问题；等等。作者搜集了丰富的文献资料和考古资料，广泛吸收学界的成果，在前人研究的基础上，提出自己的创新观点，而这些观点大都能言之成理，述之有据，自成其说。这些问题又能抓住广州两千多年来发展的特色，概括起来就是关于广州城市建设发展史、关于广州对外经济文化交流发展史、关于儒学在广州及相关士人、关于佛教、道教在广州传播的历史。这些专题共同构成了广州悠久历史、岭南文化特色、开放魅力的历史画卷。阅读该书使我增加了许多知识，获益良多。我觉得该书反映了作者的治史境界，可以概括为以下几点。

强烈的问题意识。胡适关于做学问与待人有一句名言："做学问要在不疑处有疑，待人要在有疑处不疑。"读书做学问需要有问题意识。陈垣在20世纪三四十年代，为了培养"新史学"人才，在北京各大学开了一门"史源学实习"课，在课程说明中说："择近代史学名著一二种，逐一追寻其史源，检照其合否，以练习读一切史书之识力及方法，又可警惕自己论撰时不敢轻心相掉也。"又说"考寻史源，有二句金言：毋信人之言，人实诳汝"。也就是教学生对古书、对别人的结论，不要轻易相信，要经过自己的验证，要寻找"史源"。陈垣的学生李瑚在记述"史源学实习"课的心得时说："《日知录》（按：陈垣以《日知录》作为教材），后学不易窥其涯矣。史源一得，简易者知其率尔而成，繁难者亦遂知其组织。溯流而探其源，入门而窥其室，于治学致用，两有得矣。"读书要细心揣摩，否则走马观花，毫无所获。通观全书，泽泓先生读书细心，善于提出问题，不迷信盲从，人云亦云，有自己独立的见解，这是治学的一种境界。

执着的求真精神。书名曰"丛考"，每篇独立成章，集之成丛。考证是一门精深的学问，第一步是发现问题，确定考证对象，考证必须实事求是，实事求是就是求真，把事物的真实情况复原出来。梁启超在《清代学术概论》中，总结清代"朴学"有特色的学风十条，其中有"凡立一义，必凭证据；无证据而臆度者，在所必摈"；"选择证据，以古为尚"；"孤证不为定说"；"凡采用旧说，必明引之，剿说认为大不德"；"所见不合，则相辩诘，虽弟子驳难本师，亦所不避"等等。陈垣一生从事考证，他说"欲实事求是，非考证不可"，但他对"实事求是"并没有很多的论述，而是通过踏踏实实的研究来实现，求真不体现在空言，而体现在笔端。他十分推崇清代钱大昕的考证史学，认为钱大昕治学，皆由实事求是出发，"通儒之学，必自实事求是始"。《广州古代史丛考》处处体现泽泓先生的实事求是的求真精神。其方法基本是按上述清儒朴学家及现代考证学家的方法从事考证，一些结论或有可商，但总体说体现泽泓先生的求真精神。

务实的致用理念。中国史学讲致用，通史以经世致用。中国传统史学，上起孔子、司马迁，中经唐代杜佑，宋代司马光、李焘、徐天麟、李心传、王应麟，迄清初顾炎武、黄宗羲、王夫之等人，皆讲经世致用史学。现当代的大史学家如陈垣、陈寅恪、钱穆、吕思勉、傅斯年、郭沫若、范文澜等都运用史学为社会服务，为人类进步、文明发展服务。泽泓先生为什么要撰写《广州古代史丛考》？他长期从事地方史志研究，曾任广州市地方志办公室副主任、广州市地方志馆副馆长、《羊城古今》主编等职，他在长期的工作中，阅读了大量关于广州古代史的论著，深感现在对广州古代史的研究存在诸多问题，他梳理46个专题，不是一时心血来潮，有感而发，而是长期积累的结果。广州要建设现代化的枢纽型国际大都市，必须发掘历史资源，弘扬优秀的传统文化，他有一种历史的责任感，因而把历来积累的心得编成此书。本书是经世致用史学理念的体现。

史学作为一门科学，它必须求真；史学作为一种意识形态，它又要讲致用。求真与致用的矛盾，长期困扰着古今中外学人。本书作者强调求真，在求真的基础上讲致用，寓致用于求真之中，是一部求真与致用结合得比较好的学术著作。在史学求真与致用功能方面，愿与泽泓先生共勉。

2016年9月于中山大学康乐园

（作者为中山大学教授、原副校长，曾任中国秦汉史研究会会长）

目 录

一 珠江三角洲的旧石器时代古人类 …………………………… 1

二 广州何时建城 …………………………………………………… 7

三 从别称说先秦番禺城 …………………………………………… 14

四 秦平岭南军事之谜 ……………………………………………… 21

五 从任嚣城到赵佗城 ……………………………………………… 27

六 赵佗接了任嚣的班 ……………………………………………… 32

七 "秦船台"与南越国水上军事 ………………………………… 37

八 从三大发现看南越国建筑 ……………………………………… 44

九 吕嘉与汉武帝博弈及南越亡国 ………………………………… 50

十 "广信初开"开什么 …………………………………………… 55

十一 从步骘迁交州治所说汉代番禺城 …………………………… 62

十二 从选举表看汉代番禺人文 …………………………………… 68

十三 从杨孚的《南裔异物志》看番禺海上交通 ………………… 73

十四 孙吴时期的广州 ……………………………………………… 82

十五 由制止寺说佛教初传入广州 ………………………………… 90

十六　东吴番禺外贸及朱应康泰奉使南海 …………………… 96

十七　永嘉世的广州 …………………………………………… 102

十八　经营广州的陶侃、卢循 ………………………………… 108

十九　道教南传与葛洪夫妇行医 ……………………………… 114

二十　王勃绝笔《广州宝庄严寺舍利塔铭》 ………………… 122

二十一　达摩广州行踪与西来堂、西来庵 …………………… 128

二十二　由冼夫人事迹看广州政治中心地位之加强 ………… 136

二十三　南海建县与南海镇之谜 ……………………………… 145

二十四　常骏出访赤土国 ……………………………………… 154

二十五　州城三重与城门洞开 ………………………………… 159

二十六　押蕃舶使、监舶使、市舶使与结好使 ……………… 170

二十七　一柱轮囷说光塔 ……………………………………… 177

二十八　光孝寺陀罗尼经幢与密宗入粤 ……………………… 187

二十九　在贤明与奢暴之间的刘䶮 …………………………… 193

三十　影响深远的兴王府城 …………………………………… 201

三十一　宋代广州外贸发展及地位 …………………………… 211

三十二　珠江三角洲垦拓与珠玑巷传说 ……………………… 219

三十三　程师孟建西城 ………………………………………… 230

三十四　宋代广州城的特区蕃坊 ……………………………… 238

三十五　郭祥正眼中的宋代广州城 …………………………… 246

三十六　苏东坡在广州 ………………………………………… 253

三十七　从大德南海志看元代广州 …………………………… 261

三十八　元代咏广州八景诗及陆垕其人 ……………………… 272

三十九　何真归明与归明后的何真 …………………………… 279

四十　南园五子入明遭遇 …………………………………… 285

四十一　清兵屠城与八旗驻穗 ………………………………… 292

四十二　大动荡中尽忠殉难的士人 …………………………… 300

四十三　清初遗民屈大均 ……………………………………… 307

四十四　从羊城八景演变看明清广州城市变迁 ……………… 315

四十五　宗祠书院正名 ………………………………………… 324

四十六　学海堂办学之初 ……………………………………… 336

一

珠江三角洲的旧石器时代古人类

　　本题使用"珠江三角洲"区域称法，是因为以今广州地区为范围说古人类，实在难以阐说。古人类不存在户口制度，活动当然不须依今行政区域为地域限制；古人类离现代时间太长，沧海桑田，也不可能给今人留下清晰的活动足迹。将珠江下游作为一个地理区域来考察，进而述及广州地区的古人类，可能更合理些，也好说些。

　　先引用已经出版的《广州通史》一段话："广州地区有没有旧石器时代的古人类活动，是学术界长期争论的一个问题。在 20 世纪 90 年代之前，广州地区尚未发现旧石器时代遗址。1991 年以后，有文物考古人员宣布在番禺钟村的几个地点先后获得部分人工打制石器，即旧石器。部分学者认为在旧石器时代，广州地区已有人类活动。① 但是，这个观点未得到考古界的普遍认同。由于所发现的'旧石器'只是采集

---

① 原注：曾祥旺在《广东珠江流域古河流阶地发现的旧石器遗址》（《广东博物馆集刊》，广东人民出版社 1997 年版）中提到，他本人在番禺钟村大乌岗的三个地点发现打制石器小件，年代大约在距今 9 万至 22 万年以前，考古学年代属于旧石器时代中期。

品，不是对有关遗址进行科学发掘的结果，因而多数学者对此持谨慎态度，未敢确定广州地区在旧石器时代就有人居住。"① 由此书看来，对于广州地区有没有旧石器时代的古人类活动此一问题，一是认为有争论，二是对发现旧石器一事存疑，说是"未得到考古界的普遍认同"，"多数学者对此持谨慎态度"。其实，"普遍""多数"云云，也未必由调查数据而来，这只不过反映了论者持言更倾向于否定。

广东已发现的最早的古人类，长期以来只能维持说到1958年所发现的距今12.9万年前的曲江马坝人和发现于1961年的距今更早的14.8万年前的封开峒中岩人了。然后就有人宣布封开是"岭南古人类的发源地"。对于这种不科学不严谨的说法，没有必要去讨论。在广州及附近一带，考古有确凿成果的，是广州西面有被誉称为"珠江三角洲文明灯塔"的距今约六千多年前的细石器时代的西樵山遗址、② 广州市区北面距今约四千年的增城金兰寺墓葬遗址、③ 广州最南面距今三千多年前的南沙鹿颈村遗址。④ 专家认为，"南沙人并不是南沙最早的土著。他们与更北方的先民在人种上有联系"，对南沙古人骨架的研究，鉴定该骨架属亚美人种。⑤ 反映了今广州最南端地区的古人类在三千年以前已有很大的流动性。在珠江三角洲，最为重要的史前考古发现之一，是深圳咸头岭遗址。该遗址从1985年至2006年先后进行了五次发掘，重要遗

---

① 原注：广州市文物考古研究所曾延请中国古脊椎与古人类研究所专家，对这批旧石器进行鉴定。有关专家对大多数石器是否为人工打制尚存疑问。

② 曾琪、李松生：《1986—1987年西樵山考古的新收获》，载《中山大学学报》1988年第3期。

③ 莫稚：《广东考古调查发掘的新收获》，载《考古》1961年第12期。

④ 陈伟汉等：《番禺南沙鹿颈村先秦遗址》，广州市文化局编：载《广州文物保护工作五年》，广州出版社2001年版。

⑤ 卜松竹：《"南沙人"还不是最早广州人》，载《广州日报》2009年4月24日。

迹是灶、立石和建筑遗址，出土文物是成熟的陶器，其年代与深圳大黄沙遗址同为距今六七千年前。2006年被评为中国考古十大发现之一，并被考古学界定名为"咸头岭文化"。发掘表明，该遗址是当时规格很高的对周围遗址有较强辐射力或者控制力的一个中心性聚落遗址，但作为沙丘地貌的形成，是约在距今7千年前的时间，那么，活动于此的人类，当在此时迁移至此，其文化形态却不是短时间内发育形成的。即使如此，活动在这么一个圈子内的古人类遗址年代，均未超出新石器时代。在白云区新市葵涌龟岗、天河区飞鹅岭、海珠区中山大学校园内、南沙黄阁镇小虎岛和亭角村等地，都发现有新石器时代遗址。这说明新石器时代，广州地区的珠江两岸，都有古人活动。

这是一种点的证据。那么，从线的角度如何看待这个问题呢？什么是线，就地域而言，线可以视为河流。古人类的活动及迁移，与河流的流域有着直接的关系。因为河流对于古人类来说，不仅是流动还是生活，都能提供有利的条件。从考古发现人类的古遗址主要分别在靠近江畔河边可以证明。传统的说法是黄河、长江是中华民族文明的发源地，从20世纪下半叶以来的考古发现，已打破了这一论点，形成了中华民族文明发祥多源说的论断，有学者提出："珠江流域是我国境内最早有人类居住的地区之一，原始文化也比较发达，是我国文明发祥的四大区域之一。"[①] 苏秉琦指出，我国在一万年以内至商代以前的史前时期早就存在着六大文化区系，以鄱阳湖（江西）——珠江三角洲一线为中轴的南方地区是其中之一。这六大文化区系经过多次交流、撞击、融合，最终凝聚成多源、一统的中华民族的传统文化。[②] 时光停留在20世纪90年代之前，沿着珠江流域一线的考古发现，可以描述出这样一些断续的点：珠江上游的云贵高原，发现有距今170万年前的云南元谋

[①] 李绍连：《华夏文明之源》，河南人民出版社1992年版，第226页。

[②] 苏秉琦：《石峡文化初论》，载《文物》1978年第7期；《关于考古学文化的区系类型问题》，载《文物》1981年第5期。

人，然后是珠江中游的两广交界处的距今14.8万年前的封开峒中岩人，然后就到了广佛地区的六七千年前的古人类了。这百余万年间，古人类从高原向海洋的迁移真是那么步履蹒跚吗？随着考古的新发现，这一问题的答案也逐渐有新的揭晓。1993年，原先发现于广西百色盆地的百余处石器时代出土的5千余件石器，经测定为距今80万年，加上百色石器含有过去认为只有西方才有的技术进步的手斧的事实，引起国际学术界的浓厚兴趣。1998年3月出版的美国《科学》杂志特辟版面，以"中国灵巧的直立人"为题，报道了百色研究的新进展。先是2006年，考古界宣布在香港西贡黄地峒发现距今3.5万—3.9万年前的旧石器时代中晚期石器制造场，发掘面积达8千多平方米，已出土有6千多件器物。依据考古学家贾兰坡先生提出过"两广地带是远古人类东移的必经之路"的推论，基于以上的发现，作者在2007年出版的拙作《广府文化》中提出了"旧石器时期已有人类在粤北、粤西地区生息活动，其遗址都分布在珠江中游流域，而华南地区原始人的迁移路线又是沿着珠江东来、南下，原始先民的流动性很大，因此，不排除旧石器时代古人类在珠江三角洲一带活动的可能性"。① 香港公布发现旧石器时代石器制造场，时间在拙作成稿之后，作者将此信息立即补充进定稿之中。作为制造场遗址，就不是一个孤立的点，而是可以佐证旧石器时代珠江三角洲的人类活动，问题是完成古人类在广东境内迁移轨迹的链接。证据终于浮出水面了。2014年，郁南县磨刀山遗址被鉴定为中更新世时期旧石器遗址，确认粤西的郁南、罗定旧石器遗址群为中更新世时期遗址群，年代早于北京猿人的可能性极大，也就是说，极有可能是五六十万年前的遗址。北京大学考古文博学院教授王幼平认为："该考古项目的顺利验收及遗址确定为中更新世时期，是广东省史前考古的重大突破，该考古项目填补了广东旧石器时代考古的空白，把广东已知的有人类活

---

① 陈泽泓：《广府文化》，广东人民出版社2007年版，第34页。

动历史大幅度地往前移。"①

现在，再把珠江流域线上考古发现的点链接起来，形成了从元谋人（170万年前）——百色人（70万年前）——磨刀山人（五六十万年前）——峒中岩人（近十五万年前）——黄地峒人（近四万年前）的一条岭南古人类迁徙之链。那么，在这一链条上的广州地区活动最早的古人类，还会是仅在数千年前吗？

再看回曾祥旺先生当年的采集报告，曾祥旺先生的工作单位是广州市考古研究所，他利用工作之余在珠江古河流阶地默默地探寻着，在广东境内的珠江流域东江、北江、流溪河和珠江三角洲部分地区（具体地址为河源市灯塔镇、城区北郊和龙川老隆镇，广州市黄埔区大沙镇、从化森林公园、番禺区钟村镇、莲花山镇，深圳市龙岗区，佛山市三水区）古河流阶地上进行旧石器调查，在如此广阔的范围内，先后共发现旧石器地点38处，采集了一批石制品标本。② 他的这一行为，是遵照贾兰坡先生"多次指出，广东的旧石器遗存，不仅要在岩溶洞穴里做工作，还应在古河流阶地网状红土层多作调查"的意见去做的。③ 如果说，曾先生当年在较为广阔的范围采集活动被说成"在番禺钟村的几个地点"的采集，在他生前，"未得到考古界的普遍认同"和"多数学者对此持谨慎态度"，故而得不到重视，并难以进一步发掘的话，那么，时至今日，考古发现的新成果，对他的努力和持论无疑是一种有力的支持。可以肯定地推证：珠江流域是中华文明的发祥地之一，华南地区是古人类南迁的必经之地，包括广州地区在内的珠江三角洲地区，在旧石

---

① 《广东郁南"磨刀山遗址"佐证数十万年前有"老广"》，载《羊城晚报》2015年4月12日。

② 曾祥旺：《广东珠江流域古河流阶地发现的旧石器遗存》，载《广东省博物馆集刊1996》，广东人民出版社1997年版，第10—21页。

③ 曾祥旺：《广东珠江流域古河流阶地发现的旧石器遗存》编者按，载《广东省博物馆集刊1996》，广东人民出版社1997年版，第25页。

器时代就有古人类在此活动。至于考古的发现,由于这一带古代人类活动的频繁,是否还能留存下有待发现的遗存,那就只能假以天赐良缘了。近年来广州考古研究院在流溪河上游的史前考古频频有所发现,随着考古工作的深入,殷切期望着新的收获。

二

广州何时建城

广州何时建城，是广州历史的一个重要问题，似乎已成定论。《广州通史》称："从目前已发现的文献资料和出土文物看，秦统一岭南后南海尉任嚣所筑的'番禺城'才是广州最早的城，也是目前已知的岭南最早出现的城市。"① 问题是，何谓建城，也就是"城"是什么。答案关系到广州地区是否有在先秦建城的可能。对于广州地区（古称番禺）先秦社会形态，学者已有诸多研究成果，结合考古新发现和对古籍文献的理解，对广州建城问题值得做进一步探讨。

论及建城前提是何谓之"城"。"城"可释为城垣和城市，所说广州建城，好像包括建筑城垣和形成城市两种理解都可以。倘若认真起来，指的还应是后者。不然，民国拆城墙，就要说是毁城了，那今天还有广州吗？我们说名城广州，就是不受城垣概念限制的广州。不知道什么原因，《辞海》《现代汉语词典》均不设"城市"词条，唯《现代汉

---

① 杨万秀主编，本卷章深主编：《广州通史·古代卷》（上册），中华书局2010年版，第62页。

语词典》释"城"有"城垣""城市"两说，后者括注"跟'乡'相对"。① 教科书说："城市是由于手工业及商业的产生及发展而从一般的村落居民点中分化出来的。城市属于社会经济的范畴，城市与单纯防御作用的城（濠）墙在概念上是有区别的。"② 这样讲有道理，未必筑有城墙才能称为城，也有实例。在岭南，像佛山这样曾名列中国"四大名镇"的城市，即使在成为广州府同知治所的清代，那时绝对有政治和军事的因素，也未建筑城墙。因此，说广州建城，不能单纯考虑城墙建设，而要考虑作为居民点的广州，其手工业及商业何时发展到可以称之为城去论证。许宏在《大都无城——中国古都的动态解读》一书中指出，在中国历史上，"无邑不城"是人们根深蒂固的普遍认识，反映出"只要人扎堆的地方就得围起来"的"传统"观念。学术界一般也就将此作为中国古代都城的显著特色之一来加以强调。他认为整个中国古代都城史可以依据城郭形态划分为两大阶段：实用性城郭阶段和礼仪性城郭阶段。而在中国最早的广域王权国家二里头至曹魏邺城之前将近两千年的时间里，庞大都邑不设防、有宫城无外郭城成为都城空间构造的主流现象，形成一个"大都无城"的样貌，这与广域王权国家强盛的国势、军事、外交，以及作为"移民城市"的居民成分复杂化、对周边自然环境资源的充分利用都有一定的关联。许宏将其概括为"大都无城"。③ 这一观点使我们对重新审视广州的建城历史有所启示。

广州附近的西樵山佛子庙遗址，其第七层属于新石器时代，考古发现其"是一个石器制作场（点），但人们在进行石器制作时，也曾在此作短暂居留"，推算该层所处时期"最少可提供石器成品8500件，最多

---

① 《现代汉语词典》，商务印书馆1978年第5版，第176页。

② 董鉴泓主编：《中国城市建设史》，中国建筑工业出版社1989年第2版，第6页。

③ 许宏：《大都无城——中国古都的动态解读》，生活·读书·新知三联书店2016年版。

达691200件","取折中取数,也达76800件,也就是说,佛子庙遗址七层时期曾向先民们提供了约76800件石器"。① 生产数量如此巨大的产品,反映了珠江三角洲的手工业和商业的发展规模。西樵山遗址只是一个工场,应当有相应的初级阶段的商品交流集散地,这就有萌芽城市的合理性。

《淮南子》说秦始皇发兵进军南越,原因是"利越之犀角、象齿、翡翠、珠玑",②《史记》列举西汉初全国19个商业都会,其中之一就是番禺,称此地为"珠玑、犀、玳瑁、果、布之凑"。③ "凑"者,会合之义也,用今天的话来说就是市场的意思。《汉书》对番禺的市场作用说得更为明确:"处近海,多犀、象、毒冒、珠玑、银、铜、果、布之凑,中国往商贾者多取富焉。番禺,其一都会也。"④ 将这几处记述联系起来,则先秦番禺是一处海港集散地,出产是前后一贯,与中原有商业往来无疑。这种情况与任嚣筑城的政治、军事目的是有区别的。换言之,任嚣建城,此前已具有城市基础。

再从文明发展史的角度看。岭南历史上有无一个青铜文化时期,曾是学界争论过的一个问题,近数十年来层出不穷的考古发现,肯定的答案成为不争的结论。学者提出,广东青铜文化年代大体可分为三期:第一期约为商至周初,典型遗存包括有粤中的佛山河宕、东莞村头遗址。这些遗址离广州城不很远,主要是其作为人类生活条件的自然环境与广州相同。第二期为西周春秋,下限在战国早期,典型遗存包括清远马头岗、广州暹岗、四会鸟旦山和高地园等墓葬遗存。第三期是战国后期,

---

① 冯孟钦、卢筱洪:《从佛子庙的发掘谈西樵山双肩石器的若干问题》,载广东省博物馆编:《广东省博物馆集刊1996》,广东人民出版社1997年版,第29页。

② 《淮南子》卷十八《人间训》。

③ 《史记》卷一二九《货殖列传》。

④ 《汉书》卷二八《地理志》。

是鼎盛期，典型遗存包括增城西瓜岭遗存，与始兴白石坪遗址有着极为相似的文化内涵，①说明其相互之间存在密切的文化交流。第二期期间，距广州稍远处，发现有属周代后期的武器、乐器青铜器，如广宁龙嘴岗战国遗址，清理战国墓9座，出土文物遗物200多件，其中铜品占72.1%，且以兵器为多；②近处，在萝岗（今属黄埔区）苏园山古文化遗址，出土青铜器戈、短剑、刀及铜饰，戈与短剑应是本地所铸。从多方面考证，推断此处古文化遗存年代约"相当于春秋至战国年间"。③国之大事，戎与礼也，青铜兵器、乐器出现，是社会进化到一定程度的反映。西江地区青铜文化最为发达，青铜器上以"王"字形纹为标志，学者多认为这一地区与桂江流域同为西瓯的活动中心。秦时西瓯君名译吁宋，"置桀骏以为将"，④可见其已具备国家形态。赵佗亦称南越"西有西瓯""瓯骆裸国亦称王"。考古文化也证明先秦时期这里有强大的使用为数甚多的青铜兵器的部族，墓葬等级森严，与国家形态是相适应的，《淮南子》记述入粤秦军在这一地区遇到最有力的抵抗并不奇怪，更有学者提出："西于王活动中心当在今越南北部。这可证秦军杀死西呕君之地，应今越南北部。"⑤由此也印证了《淮南子》关于秦攻岭南一开始就有"一军驻番禺之都"的说法。那么，先秦番禺的聚居形态，

---

① 邱立诚：《广东青铜文化的土著特色》，载《粤地考古求索——邱立诚论文选集》，科学出版社2008年版，第322、323页。

② 蔡奕芝：《广东考古新成果述略》，见中山大学考古研究中心编：《岭南考古研究（5）》，香港考古学会2006年版，第77页。

③ 陈建华主编：《广州市文物普查汇编·萝岗卷》，广州出版社2008年版，第21页。

④ 《淮南子·人间训》。

⑤ 张荣芳、黄淼章：《南越国史》，广东人民出版社1995年版，第77页。罗香林考证"瓯""于"是同音假借。（《中夏系统中的百越》之《古代越族分布考》，独立出版社1943年版）

也完全有可能是一处开放的商业城市，而不是那种原始军事组织形态，秦军才有可能在进攻中形成如此的战略布局。

邱立诚提出："古代文明是社会贫富距离越来越大的副产品，这在岭南地区先秦时期的社会发展进程中得到了充分的印证。""受中原地区夏、商王朝的影响，岭南地区也在商时期起先后涌现出许多小方国。"① 此观点在古籍中得到印证。《吕氏春秋》载："扬汉之南，百越之际，敝凯诸、夫风、余靡之地，缚娄、阳禺、驩兜之国，多无君。"② 多无君，并非都无君，贾谊《过秦论》就有"秦王威震四海，南取百越之地，以为桂林、象郡、百越之君，俛首系颈，委命下吏"的记载。缚娄也称符娄，《逸周书·王会解》中即载有此国名，可知其在商时已立。博罗县罗阳横岭山发掘 300 余座周时期的墓葬，随葬品有青铜甬钟、铜鼎和玉器，就是缚娄国一处重要墓地。对驩兜之国，曾昭璇通过考证《山海经》，提出："故驩兜即番禺族的异称。从地理学观点则此国和珠江三角洲环境相似，而国名亦相似。且与缚罗国、阳禺国为邻，皆在百越之中，故疑即指'番禺'一族的古名，可称为'番禺国'。""番禺国范围和珠江三角洲相当。"③ 番禺作为小方国存在于先秦，形成城市的条件是具备的。

考古工作者由广州古城区南越国时期遗址（包括墓葬、水闸、南越王宫、南越王墓以及河南、东山等处南越国时期制砖瓦工场遗址），推断这是建城之始。但是，在这处弹丸之地，由于南越国是以前所未有的强势进行建设，之前的建设都可能因比较原始简陋而被抹去，因此，今天的发掘很难寻到南越国之前的痕迹并不奇怪。再看看番禺城周边的先秦考古结果，先秦时期在广州城周围早已存在人类活动。这种活动散布

---

① 邱立诚：《珠江文明的起源、形成与发展》，见中山大学考古研究中心编：《岭南考古研究（4）》第 77 页，香港考古学会 2004 年版。

② 《吕氏春秋》卷二十《恃君览第八·恃君》。

③ 曾昭璇：《岭南史地与民俗》，广东人民出版社 1994 年版，第 23、24 页。

在西江、北江和流溪河流域，集中于大型的河谷平原和盆地内，海拔相对较高的缓坡台地和低矮山冈上，仅少量分布于低地平原上。反映了远古人类较早适应于地势高处的生活环境，以及历史上受人为破坏程度少些的地区就有更多发现。近年在从化流溪河上游进行的先秦两汉遗址考古发掘，新发现遗址340处，其中包括新石器时代晚期、商周时期的陶器、石器（石锛、石斧、箭镞等），春秋战国时期的陶器。[①] 从化流溪河上游地区狮象岩等数以百计处的新石器时代至春秋战国时期遗址，离广州城已经不远了。2009年，广州市文物考古研究所在大佛寺工地考古发掘，清理出先秦时期属于釜、钵、盘、罐、豆、尊、壶等器物的陶片197块，"这是迄今在广州古城区发现的唯一一处先秦文化遗存"[②]。虽然只此一处，但已令人鼓舞地提供了先秦时期在广州古城区居民居住的信息。更何况，在广州市越秀区太和岗，海珠区中山大学马岗顶，天河区飞鹅岭、龙洞，黄埔区暹岗，白云区葵涌、上村岭、日月岭、石仔岗、百足桥、石湖、龙径口、菠萝山、蛇岗、斜地窿、磨刀坑，南沙区鹿颈村、果园山、金洲山、合成村、白藤滘村、小虎岛村，增城区金兰寺、猪头山、围岭、老虎岭、百花寺、扶浮岭等处的先秦遗址。可以从老城区周边充分证明从新石器时代起此地一直有居民居住的判断。2010年9月在增城正果镇白湖村浮扶岭发掘清理出新石器时代晚期至元明时期墓葬525座，其中80%的墓葬为西周中晚期至春秋早中期墓葬。2016年9月在增城新塘镇龙井山、松仔岗发掘清理出商代至明代的25座墓葬，在商墓中发现具有君权象征意义的石钺。2015年8月，在萝岗九龙镇棠下村榄园岭发现了50座古墓，其中除一座西汉早期墓之外，其余49座均是春秋时期的墓葬。这些发现，对于广州城文明进程的研究

[①] 黄丹彤：《两千年前流溪河边，广州人已用牛耕田——流溪河上游惊现先秦、两汉遗址306处》，载《广州日报》2015年7月16日。

[②] 广州市文物考古研究所编：《广州考古六十年》，广东人民出版社2013年版，第18页。

提供了新的佐证。

　　以周边的考古发现，辅以秦在岭南设初郡时立番禺县以及定南海郡治，以此处设"东南一尉"统辖岭南三郡的史实，说明番禺在秦兵入粤之前已是人口密集有相当规模的聚居地，其形成城市很可能早于秦平南越。细察文献记载，其实已经提供了线索，只能说，迄今为止广州古城区的考古发现尚未发现直接的证据而已。

三

从别称说先秦番禺城

　　春秋战国时期广州一带是什么样呢？文献没有说清，只能求助于考古。1965年在广州东北郊暹岗发现的"暹岗古文化遗存的年代可推定在春秋晚期至战国初年。这是广州市郊出土年代较早，属本地区自铸的青铜器"①。想想，先秦的广州地区已能够自铸青铜器了，青铜器叩响了广州文明的大门！近年来，越来越多的考古发现指证着广州地域先秦时期聚集着的文明。2010年于增城正果镇白湖村浮扶岭约15000平方米发掘区域清理出新石器时代晚期至元明时期墓525座，其中80%的墓葬为西周中晚期至春秋早中期墓葬，出土大量夔纹陶、原始瓷豆器物。2013年在萝岗大公山挖掘出土23座先秦时期墓葬。2016年在增城新塘镇龙井山、松仔岗约66000平方米发掘区清理出25座商代至明代古墓，出土有商代石钺。2015年萝岗九龙镇棠下村榄园岭考古现场发掘50座古墓，1座为西汉早期墓葬，49座为先秦时期墓葬，从出土的夔纹陶罐佐证其为西周至春秋时期。我们正是在这样的背景下来探讨广州城的古

---

① 麦英豪、黎金：《考古发现与广州古代史》，载《广州文物考古集——广州考古五十年文选》，广州出版社2003年版，第3页。

三 从别称说先秦番禺城

代别称的。广州城古称番禺城，此外，还有五羊城、南武城、楚庭之称，这些名称都是载入志籍的，其中，只有"番禺"为考古发现一些有相关字样的文物所证实，1995 年广州市政府为举行建城纪念活动，据此确定以秦平南粤后修筑番禺城为广州建城之始。从官方角度，此事即告一段落，然而，对其他各称深究起来，关系到广州城先秦历史，仍值得考察。

"五羊城"称名源于五羊传说，见于文献甚早。晋裴渊《广州记》载："昔高固为楚相，五年（按："年"为"羊"误）衔谷茎于楚庭，于是图其像。广州则楚分野，故固图像其瑞焉。"① 由此又带出"楚庭"。楚庭，一说"楚亭"："周夷王八年，楚子熊渠伐扬越，自是南海事楚，有楚亭。"② 无论楚庭还是楚亭，都与楚国有关。

南武城一说出得迟，见明嘉靖《广东通志》："广州城，始筑自越人公师隅，号曰'南武'。后任嚣、赵佗增筑之，在郡东，周十里。"③ 明志记述远古的事，也有糊涂笼统的，即如嘉靖《南海县志》载："秦南海尉为屠睢、任嚣、赵佗。"④ 秦尉屠睢死于粤西疆场，时粤地尚未建郡县，何来"南海尉"？问题当出在将《淮南子》所载的"尉屠睢"演绎成"南海尉"。故而，"南武城"只能视作有此一说。然而，南武城之称却在春秋战国就有之。

麦英豪依据广州古城区迄今考古发现，认为秦之前各说均无考古依据，楚庭说是附会之说，也不可能有越相公师隅到岭南筑南武城之事。先秦及汉古籍中的"南海"，实指今之东海。将东南沿海之事张冠李戴

---

① 《太平御览》卷一八五《厅事》。
② 顾祖禹：《读史方舆纪要》卷一百一《广东二·广州府》，引唐《通历》所载。
③ 嘉靖《广东通志》卷一五《舆地志三"城池·坊都"·广州府》。
④ 嘉靖《南海县志》卷三《官师志》。

于岭南,则造成讹误。①

历史典籍对南武城的称谓有四:南武城、武城、南城、南成,后三者为南武城省笔,是一回事。国内先后称为南武城的地方有若干处,官方认定山东平邑县为曾子故里南武城所在地,平邑县南武城故城遗址被国务院公布为全国重点文物保护单位。早于平邑南武城的,是春秋吴地的"南武城",址在娄县(今江苏昆山县西北),当时是吴王建来监督越人的。岭南的南武城就和这一南武城扯上了关系。清人顾祖禹《读史方舆纪要·广州城》引注:"《旧图经》:广州城始筑自越人公师隅,号曰'南武'。《吴越春秋》:'阖闾子孙避越岭外,筑南武城。'后楚灭越,越王子孙避入始兴,令师隅修吴南武城是也。"始兴为三国置郡,《吴越春秋》撰于东汉末,那时还未有始兴郡。现在见到的《吴越春秋》是元大德刊本,当是后人添加上的,这就使这一说法缺乏可信度。钱穆说,古人迁居"往往以故地名新邑……挟故乡之旧名,以肇锡兹新土"②。那么,南武城会不会是越之后人"以故地名新邑"克隆出来呢?《古书竹书纪年》载:战国时,"魏襄王七年,越王使公孙隅来献,乘舟始罔及舟三百、箭五百万、犀角、象齿"。《今本竹书纪年》也有类似内容。万历《广东通志》将公孙隅与公师隅视为一人,此人为越之重臣,越亡,入粤流寓,建城用"南武"旧称。近年,在深圳屋背岭发现较大规模商代墓地和在博罗横岭山发现相当西周早、中期大规模墓地,专家分析,秦平岭南之前,在岭南已有可能出现方国、古城,则入粤越人以故地名作岭南新城名称,也不排除其可能性。这里要提及一个考古发现的新情况。2012年,杭州市萧山区在柴岭山进行抢救性考古发掘,其中发现的大型"人"字形石床木室土墩墓为越地贵族墓,时代为西周晚期。1996年考古发现绍兴印山大木墓,是一座同类墓,众

---

① 杨万秀主编,本卷章深主编:《广州通史·古代卷》(上册),中华书局2010年版,第48—52页。

② 钱穆:《再论楚辞地名答方君》。

多的大方木依次紧密排列，互相斜撑成横断面呈等腰三角形的狭长形椁室，椁室中室内有一口巨型独木棺。据考，为《越绝书》《吴越春秋》《水经注》所载"木客大冢""独山大冢"，是越王勾践父允常冢。而广州博物馆现陈列有一巨大的"人"字形木椁墓，其说明为广州市农林路出土的南越国贵族大墓。对于这座独特的古墓，不知什么原因并未引起研究者的关注。这种墓制极为罕见，远隔千里再现，两地之间有什么文化联系？倘若番禺木椁墓为南越国时期之墓，要比绍兴允常墓晚300年，比杭州萧山柴岭墓晚600年，江浙文化传入的路径截然不同于秦军南下路径，那么，是否意味着周朝时东南沿海江浙一带的越文化传入岭南另有路径与历史？

关于南武城还有一说。顾祖禹《读史方舆纪要》在"秦置南海郡，后赵佗据其地"下注："《图经》云，尉佗潜据，改南海为南武，自称南武王谬。"① 赵佗改南海郡名之说，未见于他处，然南越国郡县的确有所变革，如将秦时之象郡分置九真、交趾两郡。赵佗立国初时，自号"南越武王"，曾自尊号"南越武帝"，或将首郡改称"南武"，则郡城有称南武城之可能。

《读史方舆纪要》写道："相传南海人高固为楚威王相时，有五羊衔谷萃于楚亭，遂增筑南武城，周十里，号五羊城。"顾祖禹把楚亭、南武城、五羊城糅为一体，妙就妙在"相传"二字，表明了他对所说的这段故事不负史实责任。屈大均《广东新语》说，"裴渊曰：南海高固为楚威王相时，有五羊衔谷之祥"。屈大均也不把五羊的事作为己言直述，表明了只是引言。裴渊《广州记》已佚，这段话是北宋《太平御览》引载的，后来的种种说法，都源于此。《广州记》撰于晋代，已久离楚威王五六百年。楚威王时，岭南还是蛮荒之地，凭啥冒出一位"东方第一大国"的相才？然而，大家都照此抄录，代代相传，事情差不多就当真了。到了清代，遇上个学术严谨的阮元编纂《广东通志》，

---

① 顾祖禹：《读史方舆纪要》卷一〇一《广州府》。

亦载"广州建城,自越筑南武,其后任嚣、赵佗相继增筑,是为越城"①。该志人物列传中,引载黄通志,把高固作为列传第一人,照录黄佐《广州先贤传》之高固传,也提及五羊衔谷于楚庭之事,还引载欧大任《百越先贤志》公师隅列传。其实,黄佐本人对高固其人其事大概也不相信,他后来著《广州人物传》,就没有收入高固的传。阮志并不是照录前志了事,而是在高固传后附了一段评说,说是高固"岂有去郢适粤之事耶?后人因此附会固为南海人,实无确据也。"② 高固在楚都任相,还回蛮荒的粤地干嘛?话说到这分上,就不须赘言了。至于公师隅在南海筑南武城事,"其事实经纪绵邈,无籍可稽,然旧志必有所本,未可遽删,今破例录之,亦存古阙疑之意也"③。阮元这是负责任的态度。

古之"庭"字,可解为宫室和堂前地坪,所谓中庭;也可解为官署、朝廷。"庭""亭"相通。秦汉时的亭,既指道旁供行人停留食宿处所,也是基层行政单位,所谓"古里一亭,亭有长。十亭一乡"。或许,亭长就在亭子中办公。所以,楚庭、楚亭,均可理解为官署。

关于楚庭的时间,有四种说法:

西周说。《读史方舆纪要·广州城》引唐《通历》:"周夷王八年,楚子熊渠伐扬越,自是南海事楚,有楚亭。"距今约2800余年。④

春秋说。屈大均《广东新语·宫语》:"越宫室始于楚庭。初,周惠王赐楚子熊恽胙,命之曰:'镇尔南方夷越之乱。'于是南海臣服于楚,作楚庭焉……地为楚有,故筑庭以朝楚。"⑤ 距今约2600多年。

战国说。晋裴渊《广州记》记楚相高固图五羊像为瑞事,末了补

---

① 道光《广东通志》卷一二五《建置略一》。
② 道光《广东通志》卷二六八《列传一》。
③ 道光《广东通志》卷二六八《列传一》。
④ 顾祖禹:《读史方舆纪要》卷一〇一《广州府》。
⑤ 屈大均:《广东新语》卷十七《宫语》。

上一句:"六国时,广州属楚。"① 万历《广东通志》称"粤服楚,有楚庭,即今郡城"②。距今约2300余年。

西晋说。北宋《南部新书》载,西晋滕修为广州刺史,未到州域,有五仙人骑五色羊为瑞,故广南谓之五羊城。距今约1700年。

四说中,以晋《广州记》为此传说最早的文献记载,但四说至今均未得到确证,楚庭始终是一个悬谜。不妨换个角度思考问题。楚是古老的南方大国,曾是商之同盟国。直到春秋时期,中原诸侯还常把楚国看作"蛮夷之邦"。大量考古发掘表明,楚所在的江汉流域文化发展水平并不落后于同时期黄河流域,战国时期楚国的经济文化教育某些方面确实超过中原地区。楚子熊渠势力向南扩张到两湖,楚国疆域既已占有湖南,对岭南的政治、军事势力影响及文化交流当然日趋密切。有考古学家指出:"湖南楚墓的出现和发展,反映了楚国势力逐步向南进展的历史事实,春秋中晚期楚国之势力和影响确实已经达到湖南南部及广东地区。"③ 历史文献所载南越"事楚""臣服于楚""属楚",应是一种相对独立的属国关系。南越国与汉王朝,表面上是地方属国与中央政权的关系,汉朝并未派出军队或官员管理南越国或监国,唯使者来往而已,实际上就是这种关系,作为外侯而区别于内地的内侯国。南越国为了在形式上表明臣服于汉,建了座朝汉台。倘有楚庭,也可看成战国时南越臣服于楚的象征性建筑。

五羊城或羊城之称,缘于五羊传说。传说生动美妙,羊城于是成为最为广州人乐于接受的别称。学者更为关注的是神话中积淀的史实。揭开神话面纱,得到一些历史信息:一是五羊传说与楚国有关。楚所在的两湖地区,是炎帝神农传说流传最广的地区。羊图腾是姜姓炎帝族的图

---

① 《太平御览》卷一八五《厅事》。

② 万历《广东通志》卷三《事记》。

③ 徐恒彬:《试论楚文化对广东历史发展的作用》,载《中国考古学会第二次年会论文集》,文物出版社1982年版。

腾，楚姓芈，"此以羊为图腾也"①。二是传说之五羊衔穗有深义。多视为先民生产方式从游牧转向农耕的象征。崇拜五羊，做五谷囊随五羊像悬之，是最早祭谷神之一种形式。但丁颖据曲江考古发现新石器时代炭化稻谷壳，推断广东栽培稻谷历史开始于距今三四千年以前，莫稚因而提出："古老的'五羊城'传说，就不应该解释为外地栽培谷传入广东的反映了，它正好说明了在周代，广东的农业和畜牧业就相当发达，并且已经把栽培稻谷向外地传播。"② 两说逆向，史实扑朔迷离。还有一个问题似乎为论者所忽略，依古番禺地区地貌，养羊未必是满山放养，更多是圈养，从汉墓出土陶器可见一斑。家养羊与农业的定居方式一致而不相悖，为什么一定要从产业转变的角度去诠释羊衔稻穗的传说呢？羊与稻穗未必代表两种生产方式。

说了这么多，是想说明，这些城名，或可反映出先秦番禺城的蛛丝马迹，诸如越人入粤的流动性、岭南与楚文化的关系、进入农耕时期丰衣足食的愿望，不妨仿照阮元修《广东通志》做法，"存古阙疑"，以待确证。

---

① 姜亮夫：《楚文明点滴钩沉》，载《楚辞学论文集》，上海古籍出版社1984年版。

② 莫稚：《"五羊城"传说新解——从一团炭化稻谷壳说起》，载《南粤文物考古集（1955—2002）》，文物出版社2003年版，第272页。

四

秦平岭南军事之谜

关于秦平岭南，今时常被引用的古文献就是《淮南子·人间训》一段话：

> 秦皇又利越之犀角、象齿、翡翠、珠玑，乃使尉屠睢发卒五十万，为五军：一军塞镡城之岭，一军守九疑之塞，一军处番禺之都，一军守南野之界，一军结余干之水。三年不解甲弛弩，使监禄转饷，又以卒凿渠而通粮道，以与越人战，杀西瓯君译吁宋。而越人皆入丛薄中，与禽兽处，莫肯为秦虏。相置桀骏以为将，而夜攻秦人，大破之，杀尉屠睢，伏尸流血数十万。乃发适戍以避（备）之。

《汉书·严助列传》中刘安上书汉帝也有类似一段话：

> 臣闻长老言，秦之时，尝使尉屠睢击越，又使监禄凿渠通道，越人逃入山林，不可得攻。留军屯守空地，旷日持久，士卒劳倦，越乃出击之。秦兵大败，乃发适戍以备之。

《淮南子》是淮南王刘安招揽宾客所作，严助传中这话则出自刘安反对用兵闽越之上书，即语出同一人，自云出自传闻，则说明此事当时未见于文献。

《史记·平津侯主父列传》也有一段话常为论者所引，这段话也是不属于直接述史，而是汉武帝时说客主父偃的说辞：

> 使尉屠睢将楼船之士，南攻百越。使监禄凿渠运粮，深入越。越人遁逃，旷日持久，粮食绝之。越人击之，秦兵大败。秦乃使尉佗将卒以戍越。

两说互证，共同之处为：率兵秦将有尉屠睢；秦军深入越地后战斗"旷日持久"，曾为越人所击大败；监禄凿灵渠是供应军饷的运粮之道。异处在于，前者是兵分五路，后者是楼船之师；后者点名"尉佗将卒"，言只及赵佗而未及任嚣，或因此时赵佗极具知名度。

1998年至2000年，《羊城今古》"争鸣园地"栏目上，围绕秦始皇发兵平南越这段历史延续论战。论战双方，分别是暨南大学的袁钟仁与广东省社科院的李默；辩论两千多年前秦平岭南之役，是"伟大的和平进军"（袁语）还是"激烈的征战"（李语），焦点集中在秦军数量及战斗激烈程度上。涉及广州历史的，还有战事伊始"一军处番禺之都"何解，秦移民南迁对番禺影响有多大，等等。秦北征匈奴，南平南越，在《史记》中相提并论，今论者说："古人写文章喜欢排比，言东则谈西，说南则必道北。见秦人北征匈奴，为了对应方便就拿岭南做陪衬，完全不去考量二者的性质是否相同。"[①] 其实，在兼并六国已成一统的秦王朝眼中，北之匈奴与南之南越，具同等的战略地位，恐非排比文章。但是战略地位同等重要并不等于采取同等战略，这是因为匈奴与南越的军事实力大不相同。雷海宗统计汉武帝在位间共发动25次对外

---

① 黄明磊：《秦征岭南考》，载《岭南文史》2009年第2期。

战争，其中包括攻南越及西南夷为一次，而"匈奴是外患中最严重的，二十五次战争中有十五次是针对匈奴"。①《秦始皇纪》称秦始皇三十二年"乃使将军蒙恬发兵三十万人北击胡，略取河南地。三十三年发诸尝逋亡人、赘婿、贾人，略取陆梁地。为桂林、象郡、南海，以适遣戍"，"三十四年适治狱吏不直者，筑长城及南越地"。北击匈奴，蒙恬所部是久经沙场考验三十万众武装部队，南下遣发的却皆是些触犯秦律之罪徒，数量也不明确。南攻百越的军队，《淮南子》说是"尉屠睢发卒五十万"，《平津侯主父列传》则称"屠睢将楼船之士"。或许，那些"尝逋亡人、赘婿、贾人"是随军勤务？可见南遣人员成分复杂，记载不一。

有名姓的三位入粤秦军将领，衔皆称尉。尉是武官之统称，秦国曾以国尉为武官之长，统一天下后，中央设太尉，县、郡设尉掌县郡兵政。从平定南越后任嚣任南海郡尉、赵佗任龙川县令看，他们的级别分别是郡尉与县尉。至于屠睢，《汉书·严助列传》引张晏注曰："郡都尉，姓屠名睢也"，也是一位郡尉。有学者考证："长沙及其所更名之苍梧郡，是这次进攻岭南的前沿基地。所以，当地的军事首领，有资格担当指挥主攻部队的职责。张家山出土秦《奏谳书》记秦始皇二十七、二十八年时，苍梧郡尉名徒唯，且涉及大量征发'新黔首'以击'反盗'之事。所谓'反盗'，与《淮南子》所记越人散处山林以反击秦军事相合，故颇疑此'徒唯'即《淮南子》所记'屠睢'。盖'徒''屠'同音，'唯''睢'则形似音近，都很容易混淆致讹……从时间上看，他也有可能就是秦《奏谳书》中的徒唯。"② 三位入粤尉官都不具备统率南征大军的资格。因此，有研究者认为，平南越是秦军南征的延续，秦军统帅还应是秦"南征百越"之大将王翦。秦军分五路驻守五岭，乃战役之初分兵把口，并非全面进攻。

---

① 雷海宗：《中国的兵》，中华书局2005年版，第53—56页。
② 辛德勇：《秦汉政区与边界地理研究》，中华书局2009年版，第81页。

从史书记载及考古遗址推知,秦军入粤至少有此三路:

一是西线,这从灵渠的开凿可知,因粮草供应当随军队。"广东先秦铜器墓中常见剑、匕首、钺、镞等武器,而且在青铜器中占有较大比重,因此,可以认为当时的酋邦属于军事酋邦。""大量青铜兵器的出现,是这时期考古学文化最为突出的特点之一,它标志着武装力量的存在,也显示了方国之间战争的存在。这种现象与其说'越人好相攻击',不如说是掠夺土地资源、财富的需要。在上述的两周时期的考古遗存中,出土的青铜器中兵器占有相当数量,尤其是大、中型墓葬,随葬器物中有许多青铜武器,如剑、矛、戈、钺、镞等,罗定南门垌1号墓随葬铜钺达43件,镞有53件;背夫山墓也随葬铜镞52件,说明兵器多掌握在上层统治者手里。"① 罗定南门垌1号墓年代在春秋晚期至战国早期,背夫山墓年代在战国时期。这说明先秦粤西已有使用青铜兵器的军事组织了,秦军入粤在西线必然受到激烈抵抗。

二是北线,任嚣临终嘱咐赵佗"绝新道"聚兵自守的战略部署,秦辟江西大余越岭入广东南雄,湖南郴州越岭入广东连县之新道,由此可知任嚣对粤北军事地形了如指掌,当为南征入粤亲历。乐昌、始兴等地今存古城堡,有称任嚣、赵佗"万人城",此为佐证。

三是东线。赵佗任龙川县令,接任"东南一尉"之南海郡尉,当然是入粤秦军中地位仅次于任嚣的实力派,说明秦军主力之一驻防东线。秦县,"万户以上为令""减万户为长",一般情况下,所辖户籍过万户称县令;但也有几百户的县称县令,四五万户的县反称县长的,这与地理环境、所派长官官阶高低有关。赵佗称县令,当属后一情况。

激战与大战不是一回事。《淮南子》说"屠睢发卒五十万",称越人在夜战中使秦军"伏尸流血数十万",明显夸大。据《汉书·地理志》统计,直到秦平南越两百年后西汉末年,岭南地区不过39万人口。

---

① 杨式挺、丘立诚、冯孟钦、向安强:《广东先秦考古》,广东人民出版社2015年版,第666、824页。

岭南地方绝对无法解决五十万军队军需，具体到某一方向入粤军队，更不可能以五十万计。偏偏有些做史者（恕我直言，"做史"非述史）记述这一时期各地情况，动辄言五十万大军，如述方言发展史，从西江流域到韩江流域都言及五十万秦军的影响。将五十万大军变成一支随处调遣的变动队，如"五军所处之地，系对西瓯的包围圈"云云。①

对于久远历史，除了文献、考古互证之法，还可以常理、常识推证。《史记》记载淮南王刘安谋臣伍被劝诫刘安，说道："又使尉佗逾五岭攻百越。尉佗知中国劳极，止王不来，使人上书求女无夫家者三万人以为士卒衣补。秦皇帝可其万五千人。于是百姓离心瓦解，欲为乱者十家而七……不一年，陈胜、吴广发矣。"② 此事吊诡，清人梁玉绳《史记志疑》已指为伪。从上下文可知，事在陈胜吴广起义前一年，即秦始皇三十七年（前210），这年七月，秦始皇死于东巡归途的沙丘平台（今河北广宗）。而南海郡尉任嚣对赵佗临终嘱托已提及陈胜起义之事，那么，赵佗上书是在龙川县令任上之事，岂有可能越级请示军队配伍之事，何况赵佗时已不是武将。再说，以文书万里往返，征掠万余无夫之女离乡背井，遣送岭南，时间之久，路途之远，遣送兵力之众，也经不起推敲。唐代龙川进士韦昌明《越王井记》说："秦徙中县之民于南方三郡……而龙有中县之民四家。昌明祖以陕中人来此，已几三十五代矣。"③ 此是现时可见的龙川最早历史文献，作者为入粤"中县之民"后代。龙川为秦军重地，当时只有4家中县人落户，万余妇女往哪去了？然而，此事先见《广东通史》加以发挥："这一批因特殊需要调拨的女子，身份与谪徙民不同，她们会同留戍三郡的秦军官兵婚配，逐渐

---

① 刘伟铿：《西瓯史考》，载《岭南文史》1996年第4期。

② 《史记》卷一一八《淮南衡山列传》。

③ 韦昌明：《越王井记》，见《龙川县志》，广东人民出版社1994年版，第700页。

组成小家庭。"① 近见于 2015 年 10 月央视录制播放《消失之古国——岭南国》，配以某些"学者"出镜，津津乐道赵佗上书秦始皇获准一万五千妇女随军，大谈龙川今百余姓为赵佗主龙川结果。更有省府参事、大学教授"考察"出结论："秦始皇所派的南下 50 万大军统帅还在今广州建立了番禺城"，"特别值得注意的是，历史记载任嚣、赵佗率领 50 万大军南下征讨岭南，但都没有这批大军下落的记载。……这个两千多年不解之谜，我们都在这次考察中找到了答案，这就是在佗城曾有 140 多家姓氏宗祠的历史，而且现在仍存数十家姓氏宗祠的残址，不就是这批大军在此安居下来，繁衍后代子孙的历史见证吗？……这个发现，还意味着现在已受到举世公认的从唐代开始的南雄珠玑巷移民史，还可以因此而提前近千年。由此，这里又具有开创岭南文化的历史意义。"② 如此解谜及"开创"文化历史，可谓惊人骇世！

无论如何，秦平南越，岭南始入中华帝国版图，建立郡县，并带来了中县文化强势传入，绝对是史实。也要看到，秦设郡县及后来的南越国，彼时中县人据点与原住民分布还是点与面的关系，"南海郡唯设尉以掌兵，监以察事而无守"和置南海尉以典三郡的特殊措置③，正反映了秦朝在岭南地区的统治靠强化军事。国都番禺毕竟只是蛮荒初开的岭南的一处繁华孤岛，南越国王宫建筑水平甚高，也只限于宫苑建设，王城外的城郭居屋，还是简陋的茅屋，汉朝使者陆贾驻节处，留下历史地名"泥城"，是当时国宾馆的实况。直至千年之后的唐代，广州都督宋璟等数任主政广州的官员还需以近百年时间极力推广易茅为瓦，此为后话，可为佐证。

---

① 方志钦、蒋祖缘主编，本册汪廷奎主编：《广东通史·古代卷》（上册），广东高等教育出版社 1996 年版，第 183 页。

② 黄伟宗：《关于在龙川建造"秦城"古文化区的建议》，载《龙川文艺报》2002 年 4 月。

③ 顾炎武：《天下郡国利病书》卷九十七；《通典》卷一百八十四。

五

从任嚣城到赵佗城

秦平岭南，推行郡县制，入粤秦军统帅任嚣成了"东南一尉"南海郡尉，以番禺城为南海郡治，这是历史上广州作为行政中心建城之始。历经两千多年，广州老城区频繁往复的无数事件，人事纷扰，已难寻任嚣城旧迹。那么，就从文献中寻踪吧。

任嚣城为秦在岭南初郡之治所，不可能太大，且必须选址于据险、交通方便之地。从秦廷对岭南地方官设置特殊可为佐证。作为一级行政区域的郡，并非秦朝始设，而在春秋时已经出现，"战国时期就日见其多了。""郡的长官称守，说明其责任以军事为主，自然也都由武官来担任。"[1] 秦统一天下，全面推行郡县制，郡一级官员设监御史、郡守、郡尉，职务相联，却不相隶属，分别受命于朝廷，此也可视为地方三权分立。但在岭南，不按常例设官，只设独揽一郡大权的郡尉，正说明岭南初辟入秦帝国版图，还处于需要靠军队维稳。在这一背景下建立起来的南海郡城，显然更接近于驻军据点。

---

[1] 周振鹤：《地方行政制度志》，上海人民出版社1998年版，第34、36页。

作为实物佐证，广西境内今存被称为"秦城"的城堡遗址，当为秦军开凿灵渠及其后屯兵戍守交通动脉的遗迹，是岭南现存最古老的城堡，集中分布于今兴安溶江镇内，"分布在马家渡口灵河南岸、一里圩南端约半里处，通济和太堡两村间、水街等处"，"现只遗留有不完整的城垣"①。在今广东仁化、始兴、乐昌、英德，发现有秦汉时期用以辅助附近关隘的嶂寨、城堡。1958年，在乐昌城郊发现一处古城墙遗址，位于北江支流武江南岸，临河高踞，当地称"洲仔"，此处是从湖南省郴州市经宜章到老坪石的秦汉古道必经要隘，印证以《水经注》溱水"任将军城"、《广东新语》泷口"赵佗古城"的记述，当为秦末汉初布防据守的城寨。在始兴县城西北7公里处，1984年发现汉城遗址，位于浈江与墨江交汇处的罗围村犁头嘴，浈水是秦时由横浦关进入岭南的水上交通命脉。城址平面近三角形。城墙周长420米，东西最长120米，南北最宽70米，总面积8千多平方米。城堡内残存平台、高台、望台和护城壕沟遗迹，在当年是较完善的军事建筑。② 这些嶂寨、城堡，利用险要地形修筑，城墙土夯，上部均厚达2米，工程不小。秦汉筑建郡县城以为戍守，如秦龙川县城、南海郡城（任嚣城），既是政治、军事据点，也是封建经济、文化的开辟点，城墙建筑当与以上遗存据点类似。

任嚣所修之城是其官署及部属居处，事属草创，规模有限。现在能见到最早关于任嚣城的文献记载，为南宋方信孺《南海百咏》中《任嚣城》诗序："《番禺杂志》云：'在今城东二百步，小城也。始嚣所理，后呼东城。今为盐仓，即旧番禺县也。'以今考之，东城即其

---

① 广西壮族自治区通志馆编：《广西市县概况》，广西人民出版社1985年，第393页。

② 廖晋雄：《广东始兴县的汉代城堡遗址》，载《广东省博物馆馆刊》1991年第2期。

地。"① 《番禺杂志》是北宋郑熊所撰。《番禺杂志》没说到任嚣城多大，南宋时已说不清旧址规模了，《任嚣城》诗有"今日朝台犹百尺，荒城不记旧规模"句。② 任嚣城位置，一直有争议，而从这段文献记载看，也有令人不解之处。"今城"指宋子城，其东界在文溪，按曾昭璇考证，"宋东城东界可能在今番禺县学之西"③。任嚣城"在城东二百步"，就应在文溪东岸；而"旧仓巷"之名由盐仓而来，则任嚣城就该在文溪西岸。任嚣城位置岂非忽东忽西了。合理的答案就只能是任嚣城筑于文溪夹岸。当时的文溪江面较宽，大德《南海志》称"宽十丈"④。任嚣择此地作为番禺县城兼南海郡治所，北依越秀山，地扼文溪下游出"海"口（古珠江称海），依山傍水筑城，既地理位置险要，又有水路交通之方便。其后建盐仓，原应在两岸，由于东城番禺官衙的发展，东岸的盐仓比西岸的盐仓消失得早，以致只在西岸留下旧仓巷地名。曾昭璇《广州历史地理》绘有任嚣城图，清晰地反映其城在文溪夹岸而建的状况，因此图称名《文溪穿城入濠简示图》，⑤ 图的位置不是贴近该书中"越城"条目，而在"文溪"节中，故而未引起特别的关注。

赵佗建南越国，定都番禺，兴建城池宫苑。向来称赵佗城扩建任嚣城，并不恰切。赵佗城不是以任嚣城为基础扩大，而是在任嚣城相邻西面建起来，更主要的是赵佗城较之任嚣城，不是量（规模）的变化而是质（功能）的变化。任嚣城只不过是一处军事为主的郡级政治据点，秦代郡一级衙门吏员人数不多，何况是新设之郡，又是军事管制性质，其建设有限。而赵佗城为南越国都，要容纳皇室、文武百官、各种商业

---

① 方信孺：《南海百咏·任嚣城》。
② 方信儒：《南海百咏·任嚣城》（学海堂重刻本），页2。
③ 曾昭璇：《广州历史地理》，广东人民出版社1991年版，第286页。
④ 元大德《南海志》卷八《濠》。
⑤ 曾昭璇：《广州历史地理》，广东人民出版社1991年版，第67页。

和手工业服务设施及人员，乃至警卫部队，城市建设并非对任嚣城简单扩大，而应是仿秦汉都制重新规划，建设规模远非任嚣城可比。如今在人民公园前设有"广州原点"标志，只是象征性标志，准确地说，"广州原点"应在旧仓巷一带。

史籍所载赵佗城，规模亦不大。《太平寰宇记》有"按其城周十里，初尉佗筑之，后为步骘修之，晚为黄巢所破"的说法。《南越国史》说："即使在赵佗扩建了任嚣城以后，广州也不过是一个'周南海郡，凡十里'的城市。"① 这是对古籍的不当解读。

南越国赵佗城从考古发现可得佐证。麦英豪称其遗址"连接四边城垣，平面略近方形，周长约 5 公里"②。经过几十年来不断的考古发掘，对南越国番禺城的范围逐步明晰，已经能够相当具体地指出其四至：北至越华路，南至惠福路，东至旧仓巷西侧，西至吉祥路东侧。2000 年在西湖路与惠福东路之间、大佛寺西面发掘出南越国木构水闸遗迹，这里是二千多年前珠江北岸线，开闸可排水入珠江，关闸可防江潮倒灌。③ 水关是南越国番禺城南抵当时珠江边的实证。《史记·货殖列传》中，与番禺同列都会的燕下都、齐临淄、赵邯郸等战国故城，遗址面积分别为 32、21、21 平方公里，而"番禺城"面积却不到 2 平方公里。"城周十里"的规模，与其作为南越国都的地位很不相称。此处"番禺城"，只能理解为宫城，居民、驻军乃至贵族府邸宅园都分布在宫城外。秦汉宫室尚大，西汉长安城方圆六十多里，长乐宫和未央宫两个宫殿区就占去全城面积的二分之一，许多宫室庙堂都建立在城垣之外。这种都市模式，对当时的城市影响极大。从南越王赵眜墓出土的"长乐宫

---

① 张荣芳、黄淼章：《南越国史》，广东人民出版社 1995 年版，第 67 页。
② 麦英豪：《广州城始建年代及其它》，载《中国考古学会第五次年会论文集（1985）》，文物出版社 1988 年版。
③ 广州市文化局编：《广州文物保护工作五年》，广州出版社 2001 年版，第 30 页。

器"陶文、"长秋居室""泰宫"等封泥以及建筑瓦材判断,番禺城的宫室布局很可能是模仿汉长安都城建制。已发掘的南越国宫苑水池面积即有4千平方米。广州城区的考古发现证明,在南越王宫城外围,存在着一个规模不小的外城。《元和郡县志》谓:"陆贾故城,在县西一十四里,贾之来也,佗不即前,贾故为城以待之。"后人称此处为"泥城",可知南越国番禺城外接待贵宾的居处,直至增涉河边。

过去,之所以将南越国番禺城的范围认定为"周长十里",除了局限于对文献的片面理解之外,还在于对番禺城地貌演变的分析不当。长期以来,"广州的古地形是'两个半岛'一说,流传甚广",此说对推测南越国番禺城轮廓有极大制约。现代航空遥感调查地貌的新技术,揭示出南越国时期广州水陆真实状况,结论是南越国时期今广州城区地貌并不存在两个半岛,而是连成陆地,"陆贾泥城所在处(西场西侧)是当年岗地。今西华路一带为狭长的台地,延伸至今彩虹路。南越王赵佗为了接待汉史陆贾而建造的越华馆正好在此处陆地西端的边缘(后来是戙船澳所在地)当时西场与彩虹桥有宽阔的水面相隔,正符合赵佗归汉之前,与陆贾既礼遇又对峙的形势"。①

南越国番禺城从功能上说,首先是岭南政治和军事中心,然后才是商业和手工业集中的经济中心。据考古发现初步推测,内城为宫城,宫城中有宏大的宫苑和宫殿群。"周长十里"指赵佗所建位于番禺城中心区近于正方形的宫城。② 宫城外,城东及城东北为手工艺区及墓葬区,城西为王府、贵族居宅及对外交通商旅接待区,城北为中下层居住区,城西北为王室墓葬区、祭祀区和游览区,有著名的朝台和越王台。宫城以南至珠江边是百官府邸,珠江以南仍是居民区。

---

① 卓稚雄:《南越国时期广州水陆状况探讨》,载《羊城今古》2013年第4期。

② 陈泽泓:《南越国番禺城析论》,载香港中文大学《中国文化研究所学报》2009年第49期。

六

赵佗接了任嚣的班

独掌一郡大权的南海郡尉任嚣，临终之前，凭什么把位子传给龙川县令赵佗？见有一本书上是这样写的：

> 任嚣任南海郡尉后，把其将领赵佗任命为龙川县令。赵佗是任嚣的得力助手。他在大力发展生产的同时，也加强军防力量。他把中原发达的文化和先进的生产技术传授给越人，使岭南很快富庶起来。秦朝统治中国前后才15年，传到秦二世胡亥执政时，天下已开始动荡不安了。任嚣就做好了拥兵自立、割据一方的准备。但由于他年事已高，加上身体状态不佳，儿子又没有一个可接任的，他就把希望寄托在赵佗身上。于是他召赵佗到身边商讨大计。①

倘若写小说，尽可信口开河，问题是这本书标明是"广州市'十一五'专业技术人员继续教育公修课教材"，事关专业技术人员继续教

---

① 李明华主编，吴智文、杨长明副主编，广州市人事局组织编写：《开放广州 和谐广州》，羊城晚报出版社2007年版，第101页。

育,就不能不在此析说一下。

秦汉的事,离今天实在太久远,为了还原历史真相,不妨先列出《史记》对这一历史事件的记述:

> 至二世时,南海尉任嚣病且死,召龙川令赵佗语曰:闻陈胜等作乱。秦为无道,天下苦之。项羽、刘季、陈胜、吴广等作乱。秦为聚众虎争天下,中国扰乱,未知所安。豪杰叛秦相立,南海僻远,吾恐盗兵侵地至此。吾欲兴兵绝新道,自备,待诸侯变。会病甚。且番禺负山险,阻南海,东西数千里,颇有中国人相辅,此亦一州之主也,可以立国。郡中长吏,无足与言,故召公告之。即被佗书,行南海尉事。①

对照《史记》所载及历史常识,"教材"中短短一百多字,至少有五处值得商榷。首先是秦朝的县令并非是郡守(更不要说郡尉)能够任命的。"官为君设",正常情况下,古代官府的设置或行政长官任命黜陟,都出自君王意旨,何况这是在秦统治下,郡尉竟能任命县令?即使在天下大乱,朝廷无法正常任命官吏的情况下,任嚣也只能采取立下文书,让赵佗"行南海尉事"(即是履行南海尉职权)的做法,充其量是授权代理,并非"任命"。比方说,清代,阮元任两广总督期间,因广东巡抚调动或上京述职,九度"署巡抚",就是代行掌管巡抚大印,也可以说是"行巡抚事",不能说阮元被任命为巡抚。二是任嚣主政南海郡。也就七八年时间,后代对他主政有褒扬,民国广东教育厅长黄麟撰并书任嚣碑记中,说任嚣"会以疾甚,属其长吏:'不孤人子,不寡人妻,独人父母,仁者不为'",但不知何据从何出,至于说任嚣主政期间"把中原发达的文化和先进的生产技术传授给越人,使岭南很快富庶起来",未免溢美。三是由《史记》所载,说明在秦二世当权之后,

---

① 《史记》卷一一三《南越尉佗传》。

任嚣萌生有利用番禺地势之利，兴兵待变的立国企图，却因染重病，只好将实现此想法的希望寄托于赵佗，怎能说任嚣已做好了"割据一方的准备"？四是说任嚣"年事已高"。任嚣率兵平岭南战事时间并不很长，在南海郡尉任上不足十年，与他同为秦军尉官的赵佗，史称有百岁之寿，为南越国王即有 67 年，此时不过三十多岁，何以推断任嚣"年事已高"？五是任嚣之所以要赵佗接班，是因"儿子又没有一个可接任的"。此说未见于《史记》《汉书》，仅见于南朝宋人沈怀远所撰的《南越记》佚文。《南越记》记述任嚣托付赵佗之事，所载任嚣对赵佗言事，并非着眼于军事分析，而是依据天象之术："尉任嚣疾笃，知己子不肖，不堪付以后事，遂召龙川令赵陀，谓之曰：'秦室丧乱，未有真主。吾观天文，五星聚于东井，知南越偏霸之象。'故召陀授认权柄云。"① 沈怀远是吴兴武康（今浙江湖州南）人，生年不详，约卒于南朝宋明帝泰始中。他曾因坐事徙至广州，《南越记》便是其被徙广州时所撰。《南越记》成书年代距赵佗立南越国约六百年，研究者认为该书"甚至具有小说化书写内容"，② 因此，说任嚣"知己子不肖，不堪付以后事"的说法未必有据，不能以此代替史、汉之说。应当从历史条件考证任嚣为何要传位给赵佗。

赵佗早期的事迹，资料不多。从《史记》《汉书》耙梳出以下一些碎片：赵佗是"真定人也"。③ 真定为汉县名，秦为巨鹿郡东垣县（今河北正定）。平岭南时，赵佗军职为"尉"。秦制，国设国尉，掌全国军政（统一天下后改称太尉），不单称为"尉"。郡、县设尉以掌兵政，是为都尉、县尉，这从任嚣后任南海郡尉也可为证。至于出征临时任命

---

① 方信孺撰、刘瑞点校：《南海百咏》卷四《任嚣城》，广东人民出版社 2010 年版，第 7 页。

② 江永红：《南朝宋沈怀远〈南越记〉考论》，载《中国地方志》2016 年第 6 期。

③ 《史记》卷一一三《南越尉佗传》。

的统兵武官，在将军之下有校尉、都尉，都尉职级在校尉之下。出现在秦军两次平越军事行动中的尉官名字，有屠睢、任嚣、赵佗。任嚣是都尉一级尉官，不可能是平南越大军统帅。赵佗是有功之臣，入粤后任县令，军职当不高。倘如《淮南子》所述，进军南越秦军有五十万，三人都不够格充当统军将领。辛德勇推证："分析当时形势，所谓尉屠睢征越，应当就是王翦南征之役，而这次行动的主帅，当然只能是名将王翦。当初王翦率六十万军队，出征荆楚，《淮南子》此云五十万，或是在平楚过程中有所减损。虽说是南征，可五十万军队，分成五路，实际上是分别驻守在与越人相接触的边界上。《淮南子》所用'塞''守''处''结'诸动词，本是交互为文，都是驻守的意思。"① 不能说没有道理。辛德勇还考证了长沙及其所更名之苍梧郡，是这次进攻岭南的前沿基地。张家山出土秦《奏谳书》记秦始皇二十七、二十八年时的苍梧郡尉徒唯，有可能即史载之屠睢。② 据《史记·主父偃传》述说，秦"使尉佗、屠睢将楼船之士南攻百越，使监禄凿渠运粮深入越。越人遁逃，旷日持久，粮食绝之，越人击之，秦兵大败。秦乃使尉佗将卒以戍越"③。这段话中，除了上文述及"尉佗、屠睢"中的"佗"应为衍字之外，与现时普遍说秦始皇在屠睢失败后才派史禄凿灵渠时序不同，对此如何理解？或只能解作此是复述纵横家主父偃上书内容，述说秦平南越战事，重在以其艰难曲折"谏伐匈奴"，述事未必按时序。其说到在秦兵大败之后"使尉佗将卒以戍越"，如符史实，则尉佗接替了兵败身亡的尉屠睢职责，是在平南越战争中崭露头角的将领。清重刻二十一史总裁、经筵讲官、刑部尚书张照考证："按《淮南子·人间训》曰：'秦皇利越之犀角、象齿、翡翠、珠玑，乃使尉屠睢发卒五十万，为五军。'则此'佗'字疑衍。"佗为衍字，也就是说，屠睢带兵入粤时，

---

① 辛德勇：《秦汉政区与边界地理研究》，中华书局2009年版，第75页。
② 辛德勇：《秦汉政区与边界地理研究》，中华书局2009年版，第81页。
③ 《史记》卷一一二《主父偃传》。

赵佗未与其同列。《汉书》载淮南王刘安上书汉武帝，就只说"秦之时，尝使尉屠睢击越"①，可为此论佐证。

其次，通过任嚣所说的"郡中长吏，无足与言"，反衬赵佗与他关系不同一般及颇具才略，是志同道合者。

最主要的，还应当是赵佗手中掌握有部队。秦时南海郡不设郡守而以郡尉为地方长官，足见其需要以武力维稳。迄今所知南海郡属县份，只有寥寥数县，则县中行政长官，当相应为入粤部队骨干。龙川令赵佗掌握颇具实力的武装力量，这才是任嚣做出付托的决定因素。

从籍贯看，《史记》称赵佗为"真定人也"，真定属河北，赵佗是河北人。那么，任嚣是何处人？约在1930年，汪兆镛在史载任嚣庙旧址处（光孝寺东面）拾得"高乐"字样的瓦，考其为任嚣墓、庙之物，"推知任嚣为高乐人"，"高乐秦县，今河北之南皮"②。据此，任嚣与赵佗同为河北老乡，两人籍贯地属秦巨鹿郡与恒山郡，两郡相邻，都在河北省中部。但这里也有悬案，一般说何处人，应是那人生活年代的地名，真定是汉设县（秦为东恒县），说赵佗是真定人，是引汉称而不是秦地名，因赵佗主政南越国时属汉代，尚可说得过去。但任嚣死于秦时，所谓"高乐秦县"其实又不确，高乐其实是汉设之县，县地在秦代已设南皮县，其庙瓦为何不用南皮之称，就有点不可思议，莫非因庙建于南越国时，对任嚣乡籍也采用汉称？只能立此存疑。

任嚣、赵佗有上述经历，又是乡亲，志同道合，更有军中特殊关系。任嚣将其未竟之业，托付给赵佗，当然有多重原因，但终不是因为任嚣的那些儿子没有一个争气这一杜撰出来的原因。历史不能戏说。

---

① 《汉书》卷六四上《严助传》。

② 黄麟书撰：《故秦南海尉任君墓碑》，转引自罗镇邦：《任嚣墓碑简介》，载《岭南文史》1990年第1期。

七

"秦船台"与南越国水上军事

1974年，在广州中山四路地下4米多深处发现一处古代木结构遗址，考古发掘报告称，此为一处造船遗址。① 1977年1月，国家文物局局长王冶秋在访问澳大利亚期间的记者招待会上，披露了中国广州发现一处大型秦汉遗址的消息。2月27日新华社播发广州发现大型秦汉造船工场遗址新闻报道；同时向我驻外国使馆发去这次重大考古发现的图片和新闻稿。② 此发现成为不少学者论及中国船舶史、航海史早期辉煌成就首选范例。

然而，对此考古发现，却一直有不同看法，直至2000年出版《广东省志·船舶工业志》（广东省和广州船舶工业公司负责编纂，广东造船工程学会船史学组应邀参加编纂），仍并存两说："有的考古专家认为该处是'秦汉造船工场遗址'，该工场可建造船长20米—30米，船

---

① 广州市文管处等：《广州秦汉造船工场遗址试掘》，载《文物》1977年第4期。

② 广州市文化局编：《广州秦汉考古三大发现》，广州出版社1999年版，第7页。

宽6米—8米，载重达五六十吨的大船。还有众多的造船、建筑、历史地理、博物馆等学者们则认为该处是古代木结构建筑的建造遗址，否定是造船遗址。"①志末附录《关于广州市中山四路木结构遗址的二种不同看法》。②其中，麦英豪、黎金《考古发现与广州古代史》称："造船场平行排列3个造船台"，"这处造船工场无疑是'秦乃使尉佗将卒以戍越'时修建，为这场统一战争而赶造战船。……船场的使用时间不会很长，大概当战争结束之后就再没有在此造船了"。③戴开元《"广州秦汉造船工场遗址"质疑》提要称："本文从造船技术及造船史、古代建筑史等方面，对1974年发现的'广州秦汉造船工场遗址'进行了详细分析，认为该遗址很可能是古代木结构建筑遗址。"④中科院广州地理研究所的陈华堂"曾到现场参观考察，根据他对地貌条件的研究，这一遗址是不可能成立的"⑤。

争论双方2000年在广州分别召开来自全国各地著名专家学者参加的规模不小的研讨会，各抒其说。广州市文化局组织编写出版《广州秦汉考古三大发现》⑥，将秦造船遗址与1983年发现的南越国第二代王陵、南越王宫御苑遗址"誉为广州秦汉考古的三大发现"⑦。中国科学

---

① 《广东省志·船舶工业志》，广东人民出版社2000年版，第37页。

② 《广东省志·船舶工业志》，广东人民出版社2000年版，第234—245页。

③ 摘录，原载《广州文博》1990年第三期。

④ 原载《武汉水利工程学院学报》1982年第1期。戴开元时为中国科学院自然科学史研究所造船史家周世德招收的硕士研究生。

⑤ 杜安娜：《他是发现马坝人的无名英雄》，载《广州日报》2016年9月27日。

⑥ 广州市文化局编：《广州秦汉考古三大发现》，广州出版社1999年版。

⑦ 广州市文化局编：《广州秦汉考古三大发现》序言，广州出版社1999年版，第7页。

院杨鸿勋教授在《中国文物报》发表了"秦船台"应为宫殿遗址的长文,其内容融入所著《宫殿考古通论》中。他认为:"所谓'木墩'之下的'枕木''滑板',其实是泥泞地基的一种建筑基础。……这种基础的简易做法早见于新石器时代的河姆渡文化和良渚文化等遗址;在二里头夏遗址中,则有进一步的发展。""广州的这一秦至西汉时代遗址,则是更进一步的做法,它是将两排距离较近(1.80米)列柱的两条枋木带状基础又用较短的枋木(枕木)连接起来,使两者联合作用,从而形成一个抗不匀沉陷的基础整体。"[①] 有意思的是,2000年广州市副市长陈传誉向记者发表谈话,提及广州考古有"南越王墓、御花园、南越王宫殿这三大发现",不提及船台。[②] 发现公布20多年后,考古学者述及此发现,仍持十分慎重口气:"专家各有不同看法,有的船史专家和造船工人,认定此遗址是造船工场;有的专家则认为此遗址不是造船工场,是岭南干栏式建筑基础。到目前为止,中山四路的遗址仅揭开一部分(已用河沙复埋保护),没有船或船具出土,一时难窥全貌,将来若能全面揭露遗址,提供更丰富的考古资料后,也许专家们会有统一的认识。"[③] 其实,早在发现当年,著名考古学家苏秉琦就提醒:"要尽可能把结构搞清楚,找到它的一点尽头也好,否则,对全貌和将来建博物馆都不好办——说不清楚。"[④] 一语中的。1993年广州市提出拟兴建秦代造船遗址博物馆,成立"广州秦汉造船遗址筹建领导小组"及下设办公室,种瓜得果,最终建成开放的却是南越王宫博物馆。此船台未能

---

① 杨鸿勋:《宫殿考古通论》,紫禁城出版社2001年版,第287—309页。

② 《超越繁荣——访广州市副市长陈传誉》,载《中国文物报》2000年10月29日。

③ 黎显衡:《岭南古代造船史的探讨》,载广州市文化局、广州文物博物馆学会编:《广州文博论丛》(第1辑),广州出版社2000年版,第29页。

④ 黎显衡、陈茹:《广州秦汉考古三大发现纪事》,载《广州秦汉考古三大发现》,广州出版社1999年版,第371页。

展示出一点尽头，倒是被回埋"保护"。"长埋地下"的船台只能成为历史悬谜。令人不明白的是，同样具重要文物价值的南越国番禺城木结构水闸，就不需要回填保护，而开放展览。

覆盖在船台遗址之上的南越王宫苑遗址的发掘，给船台说带来了思考。国家文物局局长与新华社公布新闻用的是"秦汉遗址"说法，广州方面供稿1986年版《中国大百科全书·考古学卷》是"广州秦汉造船工场遗址"条目①，1999年国务院公布为全国重点文物时，遗址名称悄然抹去"汉"字，变为"秦代造船遗址"。推测原因当无法自圆"秦汉船台"上面建有西汉初南越王宫之说。

"汉"字抹去，随之而来的问题是赵佗为何要毁了使用时间不长的军用船台建造宫苑。船台论者解释："在秦始皇统一岭南的战争结束之后，造船工场的使命就完成了。"② 这就涉及南越国的水上军事史，作者对"弃置说"就有过思考。③

南越国与中央政权保持着时属时断的关系，与周边长沙国、闽越国时有战事，无论是备战也好，作战也好，水域是主要的战场。秦平岭南，有"使尉屠睢将楼船之士攻越"的记载。汉朝立国之初，"高祖令天下郡国选能引关蹶张，材力武猛者，以为轻车、骑士、材官、楼船。常以立秋后讲肄课试，各有员数……水泉用楼船"。④ 楼船是水师总称。汉武帝更着力于水军建设，"内增七校，外有楼船"。⑤ 水军主要战备方

---

① 《中国大百科全书·考古学卷》，中国大百科全书出版社1986年版，第149页。

② 广州市文化局编：《广州秦汉考古三大发现》，广州出版社1999年版，第36、37页。

③ 陈泽泓：《广州造船工场遗址弃置说质疑——以赵佗执政时期南越国的水上军事活动为证》，载《岭南文史》2001年第4期。

④ 《汉书》卷六十四上《严助传》。

⑤ 《后汉书》卷一《光武帝纪》。

向是东南沿海地区。元狩三年（前120）在长安西南挖建方圆四十里的昆明池训练水师，楼船"高十余丈"。① 军事演习是以南越国为假设敌的。在这种背景下，南越国怎么会将军用大型船台毁灭以营建宫室？

据文献记载，秦平岭南之后及赵佗立国主政期间，岭南的战备并没有放松，战事仍时有发生，虽没有直接点出水战，但可以分析出重大战事显然离不开"水上活动"。一是任嚣临终之前托付赵佗行南海尉事，"嚣死，佗即移檄告横浦、阳山、湟溪关曰盗兵且至，急绝道聚兵自守"。② 这些关口或控制与水路相连的"新道"，或控制水路江口。二是汉武帝派伏波将军路博德、楼船将军杨仆挺进南越，东汉光武帝遣伏波将军马援征交趾，均以楼船为主力。汉武帝兵分五路全是沿着水路，"咸会番禺"，这真是条条水路通番禺，也可佐证赵佗"击并桂林、象郡自立为王"有"水上活动"相伴。③ 番禺如有造船工场还要起作用。三是赵佗立国之后不久，汉高祖刘邦因兵力国力损耗一时难以用兵，诏封吴芮为长沙王，建都临湘（今长沙市），封给长沙、豫章、象郡、桂林、南海五郡，遥夺南越国土给长沙王，有以越制越含意。长沙国是合法政权，南越国则未得到中央政府承认，两国居民分别被称为"内越""外越"。长沙国始终无法兼并南越国，刘邦临终前一年才改变主意，诏立赵佗为南越王，派陆贾宣抚赵佗。可见西汉初年赵佗是不会放松武备的。四是吕后执政后，对南越国封锁打压，赵佗断绝了与长沙国、汉朝关系，称帝并突袭长沙国，占领数县，不久即自动撤兵，旨在显示军事力量。此后，南越国与长沙国边境处于战争戒备状态。在长沙马王堆长沙国第二代轪侯利豨墓中，出土吕后末年南越国与长沙国交战的两张作战地图：一为驻军图，图上许多村子注有"□□户，今毋人""□□户，不返"字样，村子荒无人烟，反映战争的残酷。一为地形图，绘得

---

① 《史记》卷三十《平准书》。
② 《史记》卷一一三《南越尉佗传》。
③ 《史记》卷一一三《南越尉佗传》。

很准确，尤其重视河流。可以设想南越国攻打长沙国，运兵和作战也是以水道为主。两国边境后仍处于两军对垒状态，也不会放松对水道警戒。五是吕后死后，汉文帝再派陆贾诏慰赵佗，赵佗取消帝号，恢复对汉臣属关系，延续到南越国灭亡。但南越王对内一直保持称帝，对汉朝廷既臣服又有戒心。汉武帝开凿昆明池，造楼船练水军，做与越军水战的准备。① 汉武帝平南越，五路大军均从内陆水道挺进；东越王余善自请派兵从击吕嘉，从海路进兵。南越五主赵建德为备战，在闽越、南越交界的今漳浦县境"伐木为舟"。② 这些虽是赵佗以后的事，也说明了水上作战始终是南越国军事强项，军用造船始终没有放松。如果在番禺有这么一处大型造船工场，没有"完成其历史使命"的理由被废置不用。番禺城也不至于如今日之寸土寸金，为何要毁船台造宫殿？综上所述，赵佗立国前后，乃至南越国终灭，水上军事活动并没有停止过，所谓船台完成历史使命而被废弃之说，是不符合史实的臆测之说。

还有一个问题是广州中心城区在南越国时的地形问题。船台说是建立在两个半岛的理论上的。即"今日老城区中心的广仁路和北京路以西、吉祥路、教育路以东这一狭长的地段，在二千多年前的广州原始地形中，实为珠江河的一段古河汊，两边有东、西两个半岛夹峙，东半岛呈腰形，西半岛较宽广，像一片宽叶"。③ 这一观点，为现代航空遥感地形技术说明南越国时期"未见两个半岛的存在"，"今北京路一带秦时是陆地，不是河湾"的结论所颠覆。④ 倘河湾不存，船台焉附？

---

① 《汉书》卷六《武帝纪》。
② 梁廷枏：《南越丛录》。
③ 广州市文化局编：《广州秦汉考古三大发现》，广州出版社1999年版，第19页。
④ 卓稚雄：《南越国时期广州水陆状况探讨》，载《羊城今古》2013年第4期。

一个重大的考古发现，经过 40 年争议还如此之大，这在中国考古史上恐怕是罕见的。

八

从三大发现看南越国建筑

对于南越国的建筑，《南越国史》未专述及，是囿于资料及当时考古尚未有较多发现。① 近三十年来，在广州的南越国遗址，已发掘有南越王陵、南越王宫和番禺城水关。作为国都的地位以及王家的宫苑、陵墓，三大发现体现了南越国时期建筑发展的最高水平，反映了岭南地区建筑史发展的一个里程碑，也使我们得以据此对南越国建筑做一议论。

论者述及中原文化大规模进入岭南的秦汉时期，较多注意到中原文化的吸收融入对岭南文化的进步带来转折性影响，对这一阶段岭南本土的创造性却较少注意。其实，任何地域文化在吸收外来文化中必然会显示出其受本地域历史、地理、文化条件制约下的自身特色。在建筑文化上同样体现出这一特点。例如，夯土技术，是发源于黄河流域的建筑技术，秦军南下携来，首先广泛应用于军事用途的关隘、城墙及坞堡等大型建筑工程上。南方雨水较多，夯土技术难度更高，材料也有改进。现存岭南秦汉夯土城堡，因地制宜地采取了以砾石垫基、泥石混合分层配

---

① 张荣芳、黄淼章：《南越国史》，广东人民出版社1995年版。

料等方法，夯土十分坚实，这就是吸收与创新。南越国的夯土建筑在广州旧城地面已荡然无存，在南越王宫遗址发掘出北宫墙遗存，"仅存夯土墙基……城体是挖槽后用黄黏土夹少量瓦片夯筑而成的，夯层清晰"。① 是难得的南越夯土技术实证。

秦军南下，使南越文明发生了根本性变化。拙作《岭南建筑志》提及这一时期岭南建筑的变化："秦汉时期的岭南建筑，在低起点的基础上表现出吸收外来先进文化极强的兼容性，同时又融入地方特色，创造出适合本地自然地理环境的工艺技术，初步形成了以中国传统建筑体系为依托而又具有岭南地方特色的建筑体系。""所有这些，说明了在秦汉时期的岭南，作为中国传统主要建筑材料的土、木、石、砖，均得到采用；宫苑、道路、住宅、陵墓、城关等建筑门类，均有所兴建。秦汉时期岭南建筑在岭南建筑史的地位十分重要，影响十分深远。"②

南越国番禺城为一国之都，其建筑是中原皇家建筑的模仿，体现出岭南建筑是中华文化及建筑体系的一个组成部分。在具体的施工方式、建筑用材上，则显示出地域创造性的另一面。以墓葬为例，在中原地区，"从春秋至西汉初的地宫绝大多数是木椁墓，估计西汉帝陵也是如此"。③ 春秋战国时期墓室的开挖，有直接采用竖穴的，但其规模不大且离地面不深；大型墓葬则采用阶梯式斜坡通道的方法。直至西汉后期，才出现了砖石发券砌筑地宫的墓室，墓上封土是层层夯筑。外地到南越王博物馆参观者，往往对此处墓室面积不足百平方米不以为然。回放南越王墓筑墓过程，大规模采石、运输，从岗顶开凿深20几米竖井，井下掏洞构建石室地宫，吊装24块大石板下井覆盖石室，最重一块石

---

① 南越王宫博物馆编：《南越国宫署遗址：岭南两千年中心地》，广东人民出版社2010年版，第4页。

② 陈泽泓：《岭南建筑志》，广东人民出版社1993年版，第12、13页。

③ 宋其加编：《解读中国古代建筑》，华南理工大学出版社2009年版，第183页。

板近三吨。用粗砂掺灰、黄土分层夯填。工程在秦汉陵墓中颇具创造性。西安咸阳的原汉墓葬，平面规模有比南越王墓大得多的。然而南越王墓从山顶挖竖井，井下建石室墓，不同于在黄土高原地面施工，其技术难度不可比拟。南越王生前常到越秀山活动，在这一带建有越王台、朝汉台，选择这一带为陵区以为身后葬所，应是原因。选择不同内地的高难度造墓方式，则是地理条件所决定，一是周边没有较大面积的平地，二是地近江海，受地下水影响，必于高处造墓。南越国石构建筑，除了南越王石室墓，御苑遗址的石构曲渠、石板平桥、冰裂纹石板铺砌大型水池以及构筑弯月形石室的大石板，还有八棱石柱、八棱石柱栏杆、石门楣等石质构件，在我国古代建筑史上具有重要价值。岭南石工在石料开采和石材施工上积累了丰富经验，其传统延续至近代的石室构建，成为高峰。

营水是番禺王宫和城市建设一大特色。南越王宫苑水景，是受到秦汉时期造园艺术思潮影响的表现；南越王国都城善于利用自然水系，和秦汉营造都城理念一脉相承，在具体做法上却又因地制宜。秦咸阳与西汉长安的都市建设，均在渭水河岸滨水建设，苑囿设置主要在城郊。从番禺南越水关及宫苑遗址，可说明南越王宫苑并非滨河而建，而是利用源于白云山麓甘溪进行设计，这应当与当时珠江水质不宜饮用有关，而巧用水势匠心独运。南越王宫苑"将石构水池置于地势较高的北部，是因为甘溪位于南越国都城的东北面，为顺应甘溪向西南流的方向，顺势利导将水源引入园内而考虑的。石水池蓄到一定水量后再将池水通过木暗槽引入地势较低的曲流石渠内，渠水再随地势的下降向南向西顺流出园外，以保持池水、渠水的流动性，营造各种水景效果"。① 《西京杂记》记载茂陵富人袁广汉，"于北邙山下筑园，东西四里，南北五里，激水注其内……积沙为洲屿，激水为波澜"。"南越王宫苑遗迹表明，

---

① 南越王宫博物馆筹建处、广州市文物考古研究所：《南越宫苑遗址1995、1997年考古发掘报告》，文物出版社2008年版，第310页。

它与当时西汉京畿的高级园林景象一致,足证当时南越与西汉联系之密切。"① 南越王宫博物馆天台上复原了南越王宫苑水渠场景,看着那水渠中激起的浪花,耳闻哗哗不绝的水声,仍能感受到当时的"城里人"回归自然的享受。水关是番禺城城市建设一大亮点。"南越国水关的木闸遗迹面积约903平方米,是目前我国考古发现时代最早、规模最大、保存最好的一处木结构水闸遗址"。② 该水闸具有防潮、泄洪、引水多重功能。闸口宽度5米,珠江潮水上涨时,放下闸板防止潮水倒灌入城;洪水季节则打开水闸,将城中废水排出;城中缺水时,提起闸板又可汲江水入城内。该水闸在建闸材料的选择,对松软地基、总体布局、泄流、闸室稳定等方面的处理,都与现代建闸原理基本相符,反映了南越国水闸建造已达到相当高水平。番禺城早期城市建设即具有较完整的排汲水系统,此后一直延续,不断完善,至宋代成"六脉渠",为广州城两千年城址不移提供了基本条件。

从郡治变成国都,赵佗执政长达67年,使番禺城呈现出王者之都的建筑气象。已发掘出的南越王宫殿,为工字形格局的大型台基式建筑,由两进宫殿组成,前殿面阔五间,进深三间,长32.8米,宽18.9米,面积约620平方米;主殿进深及面阔均五间,长33.3米,宽28.3米,面积约943平方米。连接两殿的廊道宽8.4米,长19.15米。较之秦咸阳宫中最大宫殿面积6000平方米,西汉未央宫前殿面积4230平方米,南越王宫殿规模要小得多,然而在初辟蛮荒的南越大地上崛起如此规模的宫殿,也算得上宏伟了。建筑工艺之精湛更值得一提。当此还是中国古建史上"秦砖汉瓦"初级阶段,南越王宫苑出土砖瓦已达到当时先进水平,因用途所异而种类繁多,有方砖、长方砖、三角砖、转角砖、空心砖、板瓦、筒瓦和瓦当等。部分砖瓦上施有青釉,钠、钾含量

---

① 杨鸿勋:《宫殿考古通论》,紫禁城出版社2001年版,第301页。

② 陈建华主编:《广州市文物普查汇编·越秀区卷》,广州出版社2008年版,第40页。

较高，属我国罕见的碱釉，是国内首见。砖瓦形体巨大，最大的方砖，边长95厘米，厚15厘米，是我国迄今考古发现最大方砖，堪称"中华第一大砖"。为防止烧造过程中受热不均炸裂，砖坯侧面、底面戳有圆锥形气孔，反映了烧制工人的智慧。砖的表面普遍模印有方格纹、菱形纹、四叶纹、三角形纹、动物纹等图案。印花大方砖，边长70厘米，花纹精致。这种王都气象、精致工艺，在千年之后南汉王宫得到再现。以规模宏大著称的南汉王宫中，出土了不少精巧纤丽建筑构件。凸现花繁蝶舞景象的蝴蝶牡丹纹铺地方砖、延续盛唐气魄的大型釉陶鸱吻、尽显萌态的以整块石灰岩石雕凿而成的十六狮柱础石，更现南国特色。

南越都城建筑，显示了政治活动与南越王政治理念。番禺城西建有泥城，接待汉廷使者陆贾。"泥城"一名，传神地表明了使馆夯建的工艺特征。又称"南越王赵佗以陆大夫有威仪文采，为越之华，故即江浒作楼以居之。或曰：一名越华馆，佗筑之以送陆贾。因近朝台，称朝亭"。① 越华地名，沿用至今。赵佗在番禺建朝汉台、越王台。所谓台，"言筑土坚高，能自胜持也"，② 筑高台于其上建宫室，用于登高玩赏，俯览远近，监督臣民，观察天象，乃至指挥战斗，便于瞭望，利于防守。春秋战国时期，诸侯大兴高台建筑，楚灵王建章华台，后世称为"天下第一台"。秦汉延续"高台榭"之风，直至三国曹操建铜雀台，仍闻名遐迩。赵佗筑台，不同于楚国的垒土起台，而是依山筑台。两台俱已不存，原均在越秀山一带。朝汉台，有称在象岗，越王台多指在越井冈，即今孙中山纪念碑位置。有提出"广州朝汉台实为乌有"，其所据最主要的理由是从南越王墓出土"文帝行玺"金印和"文帝九年"铜镦，"赵佗不愿毁掉自制的武帝玺，其用意不是很明白了吗？由是观之，他是不可能在自己的都城建朝汉台的"。③ 其实，越王台、朝汉台

---

① 《广州记》，转引自仇巨川：《羊城古钞》卷七《古迹·越华楼》。

② 汉刘熙：《释名》。

③ 黄淼章：《广州朝汉台实为乌有》，载《广州研究》1986年第2期。

两台就是用途不同,殊有用意。朝汉台是南越王每月初一十五登临处,向北膜拜,以示归汉臣服。越王台时称歌舞岗,赵佗"每岁三月三日登高欢宴"。① 取名越王台,显摆其南越称王之姿态。这恰恰与当时赵佗对内称帝对汉称臣的历史事实相符。史载赵佗还建有长乐台和白鹿台。"又以龙川为兴王地,就五华山筑台,曰长乐台"。② 今梅州五华狮雄山汉代建筑遗址,被推测为长乐台。南越国时五华地属龙川县,赵佗始任龙川县令,即是龙兴之地。"晚岁稍荒田猎,于临允县(今新兴县)南获白鹿,即其地筑白鹿台。时佗已百龄,识者谓鹿生百年而白,今被获,佗寿亦当止此。"说捕获白鹿意味着君主寿终,这不过是一种马后炮之语,当其时,赵佗猎狩及筑台,抓住捕获白鹿借题发挥,当有别意。设想眼前展开一张南越行政区划图,可以看到白鹿台背后的一张历史图景。南越国建国后,西部瓯骆所在地域实际上处于"南越派遣官员和该地越人部落首领联合治理"的状态,赵佗"变通地'令二使者典主交趾、九真二郡民',实际上仍让'雒将主民如故'"。③ 临允在秦地临桂林郡与南海群交界处,南越国时属南海郡,汉平南越后属合浦郡,三国时属苍梧郡,可见其处于一个复杂敏感之临界位置。赵佗在年届百岁之时仍不顾风尘做田猎之举,借题在临允建台,即如秦始皇之筑望海台,用意既象征其威仪不减能巡行至西部,也正说明了南越政权有效统治之范围。将长乐、越王、朝汉、白鹿四台建筑背景联系起来,即是可解南越王赵佗史奥妙之完整故事。

---

① 梁廷枏:《南越五主传·先主传》。
② 梁廷枏:《南越五主传·先主传》。
③ 张荣芳、黄淼章:《南越国史》,广东人民出版社1995年版,第93页。

九

吕嘉与汉武帝博弈及南越亡国

《汉书·武帝纪》记载,汉武帝于元鼎五年(前112)四月遣兵五路南征南越,第二年,亲率军队北征匈奴,"至左邑桐乡,闻南越破,以为闻喜县。春至汲新中乡,得吕嘉首,以为获嘉县"。① 吕嘉之主子,南越五主赵建德是被押回长安再杀。武功显赫的汉武帝,竟然为了破南越、杀吕嘉而连命两个县名,史载中似还未见到他钦命其他县名,由此反映了南越国及吕嘉在他心目中的位置。

对这位汉武帝视为劲敌的吕嘉来历,正史所载未详。《南越五主传》中引用已失传的《粤记》记载,说他"本越人之雄"②。"越人"未必就是南越人。而《南越国史》则称:"从有的史料看,我们只知道这位南越国丞相是个越人。有人考证吕嘉的故乡在南越'都城南去百里'的地方,而这个地点就在今天的广东顺德。至于吕嘉是何时和怎样步入南越政坛并成为南越风云人物的,史书无证。"进而说"我们推测吕嘉应是当地的越族贵族,他是在南越赵氏王室为巩固统治而

---

① 《汉书》卷六《武帝纪》。
② 梁廷枏:《南越五主传》第四卷《四主传》。

采取'和辑百越'的民族政策，争取越人首领参加政权时步入南越政坛的"。①

《史记》《汉书》对吕嘉的来历没有交代，在梁廷枏的《南越五主传》中，吕嘉在四主赵兴传中才出现名字，传中在"嘉自佗时已为相"之句末夹注称："嘉为相不知始何年。《史记》但去'相三王'，由兴溯胡（按：即南越文王）则三世矣，其相佗与否，无考。《粤记》：嘉本越人之雄，佗因越之所服而相之，而南越以治。今从之。"②《粤记》为何时何人所著无考，与梁廷枏同时的道光《广东通志·艺文略》也未录此书。道光《广东通志》、万历《粤大记》述事均只引用《史记》，未为吕嘉设传。姑不论《粤记》何书，且就《四主传》夹注引文即经不起斟酌。南越五主先后历93年，赵佗在位67年，倘吕嘉是贯串南越始终的丞相，从时间上说就不可能，更何况《史记》中明明已写上他在四主时"已相三王"。梁廷枏不知何故从此说，至于今世不少人采用吕嘉为越人及赵佗相之的说法，无非借以说明赵佗"和辑百越"政策而不加细考。对此值得推敲。

南越土著不可能有吕姓。吕姓起源主要有三大支：姜姓、姬姓和外族的改姓。先秦时期，吕姓活动地区主要在河南、湖北、安徽、山东、陕西、甘肃地区。秦汉时，河北、山西、内蒙古也有吕姓分布。③ 在岭南出现吕姓上层人物，当为南来。吕嘉或许是入粤秦人与当地通婚的官二代、军二代。

吕嘉权势之大及与汉廷博弈显示出来的才略，也反映其来历非同一般。他是从南越国第二代起的四朝元老，"年长矣，相三王。宗族官任

---

① 张荣芳、黄淼章：《南越国史》，广东人民出版社1995年版，第361、362页。

② 梁廷枏：《南越五主传》第四卷《四主传》。

③ 袁义达、张诚：《中国姓氏群体遗传和人口分布》，华东师范大学出版社2002年版，第101、102页。

为长吏者 70 余人，男尽尚王女，女尽嫁王子兄弟宗室，及苍梧秦王有连。其居国中甚重，越人信之，多为耳目者，得众心愈于王"。"嘉弟为将。"① 他的家族不仅担任大官，还掌握兵权为将，并与宗室包括苍梧秦王有盘根错节的姻亲关系。吕嘉掌控着南越国后期政治舞台，反对樛太后归汉内属的决策。汉武帝派遣"军锋之冠"韩千秋将兵入越以助樛太后除吕嘉。吕嘉见势不可转，为南越赵氏"万世虑计之意，乃与其弟将卒攻杀王太后及汉使者，遣人告苍梧秦王及其诸郡县，立明王长男越妻子术阳侯建德为王"。② 吕嘉派人开道给食以迷惑韩军，诱其深入至离番禺四十里，设伏击灭，杀了韩千秋。然后，一面向汉廷上书谢罪，一面发兵守要害处。这一系列动作可谓干脆利落。然而，以南越之国势对抗汉武帝大军，其胜负已不战可定。

　　对于中原政权，南越立国显然不是他们所想看到的。《史记》《汉书》中多次出现"北有匈奴"与"南有南越"并列，或并称"胡越"。匈奴与南越本来不能相提并论，但从秦汉统治者对匈奴及南越的策略上看，却显示了在秦汉统治者心目中同等重要的战略地位。古籍中的匈奴是秦末汉初称雄中原以北的强大游牧民族，秦时被蒙恬逐出黄河河套地区以及河西走廊地区，西汉前期强大起来，屡次进犯边境，对西汉政权造成了强大威胁，并控制西域。汉对匈奴的关系长期处于被动地位，汉武帝亲自率兵将其打败，转被动为主动。反观南越，在秦军入粤之前，并未有统一的民族集团，从未有向岭北进犯之记录，从未构成对中原政权的威胁。既然如此，为何中原王朝一再向南越进军呢？《淮南子》说是秦始皇"利越之犀角、象齿、翡翠、珠玑"等奇珍异宝而出兵岭南。③ 论者往往将之视为秦军出兵的一个借口，忽视了这段话中的潜台词，如果把这句话理解为秦始皇看到了进军南越在开拓疆土与增强国家

---

①　《史记·南越尉佗列传》。

②　《史记·南越尉佗列传》。

③　《淮南子·人间训》。

经济实力的价值，秦始皇向南用兵的用意就清楚了。因此才将对王朝并未构成威胁的南越与强敌匈奴并列。秦平南越之后来不及做的事，在汉武帝平南越之后就急不可待地做到了。《汉书·地理志》记载了岭南与海外交通情况，称"其州广大，户口多，多异物，自武帝以来皆献见……汉之驿使自此还矣"。① 《史记》也泄漏天机，说"是时秦祸北构于胡，南挂于越"。秦始皇"欲肆威海外"，故有北攻胡而南攻百越之举。② 张荣芳认为："从秦统一六国的第二年，到秦发动对岭南战争的那一年（前218），仅三年时间，秦始皇就出巡了三次，可以说，这三次出巡有两次直接或间接与征服岭南有关。"③ 秦始皇第一次亲抵北边，做好北方抵御匈奴的战略部署及安顿工作，以便集中力量对付南方的越族，是间接有关。据梁启超考证，第二次东巡折东南，曾到达今湖南中北部湘山祠，已接近岭南的毗邻地区了，显然与征服岭南直接有关。西汉立国之初，刘邦不立即兼并南越，当是楚汉之争伤了元气，只能休养生息，直至汉武帝始有能力解决匈奴与南越的问题，并采取了几乎同时出击的方针。这就可以理解汉武帝在北征匈奴的途中，听闻破南越和斩吕嘉的喜悦心情之非同一般。汉武帝对南越有征服之心，并不取决于南越态度是否恭顺。试想汉武帝连内侯都要设法削弱其势力，采纳主父偃所建议的"令诸侯得推恩，分子弟以地侯之，彼人人喜得所愿；上以德施，实分其国，不削而稍弱矣"④。更何况对于南越这种外称王内称帝之外侯，当然处心积虑要取缔了。汉武帝早就在昆明湖训练楼船之师，当然不是用来对付匈奴的。南越国之内讧不过是个借口，派出韩千秋不过是小试牛刀。韩千秋出师不利，汉廷立马动用"罪人及江淮以南楼船十万师往讨之。元鼎五年秋，卫尉路博德为伏波将军，出桂阳，

---

① 《汉书》卷二十八《地理志》。
② 《史记·平津侯主父列传》。
③ 张荣芳、黄淼章：《南越国史》，广东人民出版社1995年版，第16页。
④ 《史记·平津侯主父列传》。

下汇水；主爵都尉杨仆为楼船将军，出豫章、下横浦；故归义、越侯二人为弋船下厉将军出零陵或下漓水；或抵苍梧使驰义侯因巴蜀罪人发夜郎兵下牂牁江，咸会番禺"①。兵分四路，目标均在番禺，显示出绝非一日之计。较之骁勇善战的匈奴，南越国当然不是汉军对手。这次战役，《南越五主传》有详细记述，赵建德、吕嘉率数百人分道宵遁，路博德遣人"分道追索，越校尉司马苏宏先获建德。嘉欲走高昌入东越，越郎官都稽侦知之，遂邀获焉，斩其首以献"。②《史记》载"故校尉司马苏宏得建德，封为海常侯；越郎都稽得嘉，封为临蔡侯"③ 可证此事。捕获建德与斩吕嘉首者皆越人，可见南征军中的越人很起作用。梁廷枏《南越五主传》结语："就令兴慨然入朝，有三年一朝之约在，何至遽郡县其国？嘉等之虑无乃太过欤？至汉使杀，千秋败，汉之怒已不可解，即举一国之全力以拒敌，势将有所不能。况夫四路分来，越人居半，何遗、毕取、居翁、史定、苏宏、都稽之辈，方反戈相向；至苍梧藩卫亦且望风而解甲也，不亡何待哉？"是说假如依照南越四主赵兴的决策，入汉廷朝觐，声明内属，南越国何至于亡得那么快。事至杀汉使、败千秋，已经触犯了汉廷的底线，形势不可逆转。汉兵四路大军南下，越人居半，连赵氏王朝藩卫的苍梧王也放弃抵抗。南越国不亡才怪呢。历史不能假如，汉武帝灭越之心，并非触于一时之怒，吕嘉正是看透了这一点才坚持抵死一搏。在南越国史上，吕嘉算得上除了赵佗之外的二号人物。《史记》为尉佗列传，广东旧志中，任嚣、赵佗均立传于"宦绩"，却见不到吕嘉的列传，连他是哪里人也搞不清楚。这是传统史观使然。

---

① 《史记·尉佗列传》。
② 梁廷枏：《南越五主传》第五卷《五主传》。
③ 《史记·南越尉佗列传》。

十

"广信初开"开什么

  2014年年底,国家税务总局发布公告,开始发行2014年中国印花税票《岭南钩沉》。这套印花税票的选题、设计,由广东省广州市的地方税务局承办,是岭南文化首次体现在整套印花税票中。据设计方称:"这套印花选取了积淀在岭南文化发展进程中较具影响力和文化渗透力的九个历史事件或文化现象,如'马坝史光''百越衍蕃''南越肇建''广信初开'……。"① 无论是作为历史事件还是文化现象,对其中的"广信初开"这一选题不好理解。正好设计师在接受《羊城晚报》记者访谈时,专择"广信初开"这一选题做解释:"比如广信初开,大家都知道广信塔,但却不很清楚广信还是岭南古都,更不知道广东、广西以此分界而得名。"但是,这一解释并未把问题说清。广信塔是封开县2006年于江口镇犀牛山上建成的一座现代的塔,未必"大家都知道",与"初开"也说不上什么关系。说"广信是岭南古都",这是文学语

---

① 《由广东省地方税务局和广州地方税务局选题并设计的2014年中国印花税票〈岭南钩沉〉印制完成并开始发行》,载《羊城晚报》2014年12月21日A8版。(以下引文不另注者均引自此文)

言，不是历史学的术语。说"广东、广西以此分界而得名"也值得推敲，汉代不存在广东、广西分界的问题，因为那时还没有广东、广西。唐末始分岭南东、西道，此时广信已拆分为封川、开建两县，岭南东、西道的分界，北至连山县（今韶关连州市），南到零绿县（今湛江廉江市），封川、开建两县只在分界线中间两点，不能说成"以此分界"。正如说韩国、朝鲜是以三八线分界，而不好说以开城为界，只能说开城位于分界线。有人说"广东、广西之名始于宋代，都是以著名的广信为分界线。广信以东，谓之广东；广信以西，谓之广西"①。宋代已没有广信县，所谓宋代以广信为广东、广西分界线的说法显然不当，却流传得极为广泛，就因为不加分析地人云亦云。造成对"国家名片"的解释如此任性的根源，是不顾学术规范而一味替一地做广告的后果。

对"广信初开"的理解，涉及番禺在汉代的地位问题，值得做一说明。

据印花税票设计师透露，之所以将"初开"与"岭南古都"联系起来，是因为黄伟宗"到封开和梧州考察文化，就在那里找到了这个'广'和这个'府'。因为我们发现了那里就是西汉平定岭南时（公元前111年），以汉武帝'初开粤地，广布恩信'之旨而定名，'广信'为交趾部首府的所在地。这就是'广'和'府'的来历，只是尚未找到当时'广'与'府'连成词语的文字名称依据"。这段话，从立论到推理方法都背离历史。

首先，广信设县于西汉，得名于汉平南越，武帝颁旨"初开粤地宜广布恩信"一事，早就属于"大家都知道"的事，而不是当代某个人所"发现"的。汉平岭南之前，以番禺为国都的南越国在岭南已经营了近百年（且不要说南越国之前，秦朝已在岭南设郡县十余年）。史称："赵佗王南越，稍以诗礼化其民。"② 广信"初开"，无非宣示汉朝

---

① 陈乃良：《封中史话》，广东省地图出版社1998年版，第165页。

② 黎崱：《安南志略》。

正式占有岭南，是"开疆"之意，而不是将岭南视作蛮荒之地的文明初开。证之《汉书》所载"至武帝攘却胡越，开地斥境，南置交趾，北置朔方之州"①，《后汉书》记载汉献帝建安三年（198）刘表攻取长沙、零陵、桂阳三郡，就说"于是开土遂广"。② 汉武帝对以武力"初开"的粤地"广布恩信"的重要措施，就是将岭南的政治中心从岭南东部的番禺移到岭南西部，纯属政治行为。

其次，将广信说成"交趾部首府"并不当。汉武帝划全国为十三刺史部（其中交趾部是唯一至西汉末年尚没有改称为州的），每部设刺史一人，职在监察州内各郡，不插手地方行政事务，其驻所不存在"首府"之说。直至东汉后期汉灵帝中平五年（118），为了镇压黄巾起义，朝廷派宗室刘焉出任益州牧，这才标志着作为监察区的州转变为行政区，从而出现了州—郡—县三级制行政区划。③ 《后汉书》引"王范《交广春秋》曰：交州，治嬴嵝县，元封五年移治苍梧广信县，建安十五年治番禺县，诏书以州边远，使持节并七郡皆授鼓吹，以重威镇"。④ 嬴嵝汉县，治所在今越南河内市西北。汉武帝下旨"广布恩信"时，交趾刺史部治所尚未设在广信。东汉顺帝时，"交趾太守周敞求立为州，朝议不许，即拜敞为交趾刺史"⑤。直至汉献帝建安八年（203），"张津为刺史，士燮为交趾太守，共表立为州，乃拜津为交州牧"⑥。也就是说，交趾刺史张津和交趾太守士燮联合署名上奏章，请示将交趾刺史部改为交州并获准，至此，始有交州之名，标志着交趾刺史部定格为州。

---

① 《汉书》卷二八上《地理志》。

② 《后汉书》卷七十四下《刘表传》。

③ 《后汉书·刘焉传》，灵帝中平五年，朝廷派九卿出任州牧，"州任之重，自此而始"。

④ 《后汉书》卷三三《郡国志》。

⑤ 《晋书》卷十五"地理志"。

⑥ 《晋书》卷十五"地理志"。

交州的州治在广信县。此时，由于交趾部刺史朱符在民变中逃离而死，士燮乘机上表，推荐其兄弟分别任合浦、九真、南海太守，扩大其家族掌控岭南的势力。此后，至建安二十二年（217），交州刺史步骘迁交州州治到番禺，广信作为交州州治总共14年。对于"首府"之"首"字，又有玩文字游戏者将其转义为"第一个"，于是广信的历史地位又转换为"广"和"府"的来历。不管文字如何戏说，此时的行政区划还没有府的概念，倘若将府视为地区，州治可称为首府，那么，番禺在秦为南海郡郡治，郡治自可称为"首府"，更不要说番禺还成为南越国都，是名副其实的首府、古都，也轮不到广信做"首府"。对于这一提法，徐恒彬早在1996年就予以批驳，指出莫艳民的《岭南首府始于封开》一文中，引述所谓"最早"的史料论据是"公元前111年，汉武帝在岭南设交州，下辖两广及交趾（今越南）大片地区，刺史治就设在封开（古名'广信'，谓'初开粤地宜广布恩信也'。）使封开成为整个岭南地区最早的首府"，"这种说法真像是'掩耳盗铃'，把元鼎六年（公元前111年）汉武帝平南越国吕嘉叛乱以后的事情说成是'最早'，以前的南越国和秦朝时期不是应该更早吗？莫文还出现了常识性的错误：交州的设置在东汉末年。……交州所在广信的时间仅有七年，至于文中提到的14万年前古人类化石、中石器时代遗址等，是史前时期的历史，与历史时期的岭南地区首府拉不上直接关系"。①

考察历史，广信即使成为州治，亦并未名副其实地起到发号施令的政治中心作用。广信县是苍梧郡郡治，交趾刺史部所最初设在交趾郡治，岭南的政治中心在交趾郡，交趾郡太守士燮的家族是东汉后期岭南势力最大的家族。士燮祖籍鲁国汶阳（今山东泰安西南），王莽乱政时，避地广信。其父士赐，汉桓帝时曾为日南（今越南南部）太守。士燮出身豪门，少时游学京师洛阳，有才华，举孝廉，补尚书郎，不久

---

① 徐恒彬：《秦统一岭南的社会文化基础——兼论番禺（广州）是岭南最早的首府》（1996年8月研讨会未刊稿）。

被免职，回家奔丧，服满举茂才，任巫县（今四川巫山县）令。灵帝光和年间（178—184）升任交趾郡太守，此时交趾郡范围为今广西崇左到越南河内以北一带。交趾属岭南大郡，士燮自小接受良好教育，又有在内地任官的经验，他稳坐交趾太守交椅四十多年，直至东汉亡后，孙权还承认他的地位，可知他是经营得根深蒂固的一方诸侯了。士燮不是单纯以武力统治，在文化上也很有建树，所著《春秋左氏注》《士燮集》甚为北方名儒袁徽称道。汉末天下大乱，地处僻远的交趾各种地方势力错综复杂，上下级之间、官民之间关系不易处理，动辄惹来杀身之祸，与交趾郡相邻的九真郡守儋萌、士燮的上司交州刺史朱符，都因动乱身亡。只有士燮能牢牢把握局面，二十余年间疆场无事，百姓安居乐业。交趾郡人丁兴旺，据《汉书·地理志》，交趾郡人口数为交趾刺史部总人口数的 54.38%，是南海郡人数八倍。① 可见交趾郡在岭南的中心地位。部刺史没有行政事务管理权，交趾郡治自然成了岭南政治文化中心。士燮主政交趾，中原和岭南士人往依避难者数以百计，应该是奔着他而来，与其游学、仕宦经历、个人学问与治政有关。在广信作为州治期间，交州七郡就有四郡是士家兄弟任太守。交州虽设刺史，这一职位却为各路诸侯觊觎插手，争夺激烈，形同虚设。张津当了刺史，装神弄鬼，不理政事，被部将区景所杀。割据江南的荆州刺史刘表乘机派零陵赖恭为交州刺史。苍梧太守史璜死后，曹操挟持下的东汉政权鞭长莫及，只好借重士燮势力去维持统一，赐给士燮玺书云："交州绝域，南带江海，上恩不宣，不义壅隔，知逆贼刘表又遣赖恭窥看南土，今以燮为绥南中郎将，董督七郡，领交趾太守如故。"② 这是要士燮不买赖恭的账，管辖岭南。士燮领诏，派张旻奉贡进京，当时中原战乱，道路断绝，士燮能够不废贡职，令朝廷喜出望外，汉献帝又下拜士燮为安远将

---

① 梁方仲编著：《中国历代户口、田地、田赋统计》，中华书局 2008 年版，第 24、25 页。

② 《三国志》卷四九"吴志卷四·士燮传"。

军，封龙度亭侯。士家一族，成为名正言顺雄踞岭南的南霸天。朝廷加封士燮官衔，既要他管领七郡，又"领交趾太守如故"，说明交趾郡太守一职是实权，交趾郡郡治才是实质的岭南统治中心。这从交趾由刺史部改州，须是士燮与张津合奏亦可见一斑。建安末年，孙权派步骘任交州刺史，士燮归顺，孙权加封其为左将军。为了表示忠心，消除孙权的不信任，士燮把儿子送到孙权帐下做人质，孙权将他儿子放在眼皮近前当了武昌太守，士燮升迁为卫将军，封龙编侯。交广分州而治之后，交州的州治在龙编，龙编在今越南河内市东天德江北岸，① 可知士燮的势力还是在当时岭南的西部。士燮经营交趾四十多年，其实也只是汉武帝平越后至东汉亡的 344 年中八分之一时间还不到，可见一地政治势力的形成，是需要一段时间进程的积累。进入三国时期不久，交州州治移回番禺，交趾士族势力很快就被孙权铲除殆尽。

由上所述，还引发出另一些历史研究的问题。如《三国志》记述士家威势一段话，常被研究者引证为佛教传入广东及海外胡人来粤所用的文献资料："燮兄弟并为列郡，雄长一州，偏在万里，威尊无上。出入鸣钟磬，备具威仪，笳鼓箫吹，车骑满道，胡人夹毂焚烧香者常有数十。妻妾乘辎軿，子弟从兵骑，当时贵重，震服百蛮，尉佗不足逾也。"② 士燮驻交趾郡郡治（今属越南）不在今广东境，这段文字所述场面，本不属广东之事。故阮元所修《广东通志》并未将士燮列入该志的"宦绩略"，也未在志中列传，该志"职官表"中"刺史、州·献帝朝"栏下，列有士燮名字，并加注："以绥南中郎将董督交趾太守。据《吴书》本传。谨案：交趾太守与广东无涉，以董督七郡故列之。"③ 点明士燮实职交趾太守"与广东无涉"，因为他被朝廷委以"董督七

---

① 《中国古今地名大词典》，"交州"，上海辞书出版社 2005 年版，第 1231 页。

② 《三国志》卷四九"吴志卷四·士燮传"。

③ 道光《广东通志》卷十"职官表一"。

郡","董督"是统率、监督,也算是历史上管到广东境的一位上司,才列入《广东通志》的"职官表"。这说明博学的阮元已经注意到这一问题了。士燮主政这段历史,常为粤地史书所引用,作为粤地辉煌炫耀,殊不知是表错情了。今人述说广东汉代历史,往往大写士燮,连《广州通史》《汉朝统治下的番禺》一章"文化传入与学术研究的起步"节中都设有"士燮的学术贡献"一目,① 其所述并无一字涉及番禺。可见在此啰唆一番的必要。

---

① 杨万秀主编:《广州通史·古代卷》(上册),第198、199页。

十一

从步骘迁交州治所说汉代番禺城

汉平南越之后,终汉一代的番禺城是否仍为郡城?汉代番禺城如有搬迁,曾搬到什么地方?这是历史上的一个谜。对于这一段历史,自来广东、广州史书均讲不清楚,或不言及。《广州通史》对这一时期的番禺城城址、建置,避而不提,反映了史料的匮乏。

不过,细心阅读史籍,还是可以寻得汉番禺城状况的蛛丝马迹。步骘迁交州治至番禺,就是相关的历史事件之一。

先看《广东通史》《广州通史》对此事的记载。《广东通史》称:"建安十五年(210)孙权任命鄱阳太守步骘为交州刺史、立武中郎将,'领武射吏千人,便道南行,明年,追拜使持节、征南中郎将。'步骘"下取南海",及下番禺,交州粗定,"南土之宾,自此始也"。建安十六年(211),"步骘在番禺,对其地理环境做了一番考察,'睹巨海之浩茫,观原薮之殷阜',乃将旧时南越的番禺城加以重建,于建安二十二年(217),把交州治所从广信迁至番禺。至此,'绥和百越,遂用宁集。'"[①] 同样依据史籍,《广州通史》对此事则记载为:"建安二十

---

① 方志钦、蒋祖缘主编,本册汪廷奎主编:《广东通史·古代卷》(上册),广东高等教育出版社1996年版,第306—308页。

二年（217），步骘在南海登高望远，'睹巨海之浩茫，观原薮之殷阜'，说：'斯诚海岛膏腴之地，宜为都邑。'遂把交州州治从广信迁至番禺，'筑立城郭，绥和百越，遂用宁集'。"① 也就是说，步骘在番禺登高望远的时间，按《广东通史》所载为建安十六年，《广州通史》所载为建安二十二年。相差竟有6年。

对此，需要核古籍所载。查《水经注》原文，称："建安中，吴遣步骘为交州，骘到南海，见土地形势，观尉佗旧治处，负山带海……骘登高远望，睹巨海之浩茫，观原薮之殷阜，乃曰：斯诚海岛膏腴之地，宜为都邑。建安二十二年，迁州番禺，筑立城郭，绥和百越，遂用宁集。"② 据此，步骘当先到番禺观察地形，后始有迁州治之举。步骘到南海的时间节点，证之以《三国志》，可知他于"建安十五年出领鄱阳太守，岁中徙交州刺史、立武中郎将，领武射吏千人，便道南行。明年，追拜使持节、征南中郎将"。斩刘表所置的苍梧太守吴巨，"威声大震，士燮兄弟相率供命。南土之宾，自此始也"。③ 基本可以搞清楚这段史实，即步骘由孙权派出往主岭南，与刘表争势力范围，第二年，即建安十六年，已掌控了岭南大局，岭南各郡官员皆听命于他。"相率供命"的士燮兄弟中，当包括此前于建安八年（203）受封南海太守的士武。出于战略之需，步骘在此时到了番禺，登高望远，萌生徙交州州治之念，符合史实。就实际过程而言，迁徙州治，并非步骘说了算，必须有一个请示孙权获准的过程，更何况将经过西汉战火毁损，政治中心地位剥夺数百年之地予以恢复，也非一日之功，这其中还包括对在岭南西部经营已久盘根错节的士燮势力的控制削除。有此种种原因，从相中番禺到搬迁州治，须历6年，是可以理解的。然搬迁州治既迫切需要，

---

① 杨万秀主编：《广州通史·古代卷》，中华书局2010年版，第202页。

② 《水经注》卷三七，郦道元原注、陈桥驿注释：《水经注》，浙江古籍出版社2001年版，第582页。

③ 《三国志》卷五二《步骘传》。

仍需历这么长时间，番禺城作为州治的重建工程之费工，不言而喻，也说明了彼时番禺城已不是原来的国都气象了。

值得指出的是，《水经注》述及步骘迁交州州治事，有"筑立城郭"之说，证实此前番禺城池已被毁。联系到《汉书》有汉武帝平南越时火攻番禺城的记载，则番禺城在汉平南越时大伤元气是肯定了。秦汉时期，攻城略地往往伴有焚毁城地之举，无非是毁灭敌人经营的根基，番禺也逃不出这个厄运。之后不仅州治西徙，而且郡治、县治也不无可能被迁。那么，汉代番禺城城址在哪里呢？

《汉书·地理志》未提及番禺城迁徙之事，只说："尉佗都，有盐官。"① 明嘉靖黄佐《广东通志》称："初州治在番禺城南五十里，西接牂牁末流，沮洳难居。二十二年骘徙治尉佗故都，筑立城郭，民用绥集。"② "汉改筑番禺城于郡南六十里，西接牂牁江，为刺史治。号佗故城曰'越城'。建安十五年，交州刺史步骘以越城久圮，乃廓番山之北为番禺城，二十二年迁州治于此。"③

对这一问题，学者有不同看法。曾昭璇《广州历史地理》对此不回避，专设一节《汉番禺城考》，据称，"《汉书》只说：'筑番禺城于郡南五十里，西接牂牁，沮洳难居。'明黄佐据此定在今龙湾、古坝间。黄佐《广东通志》（1561）称：'在广州城南五十里，汉建安末交州移治于此。吴分交州为广州，亦治于此。《汉书》所谓浮牂牁，下漓津，盖乘斯水入粤者也。今之沙湾、紫泥港是矣。'"④ 对汉番禺城建于沙湾、紫泥（即龙湾、古坝附近）一说，历史地理学者曾做田野调查，叶汇于"文革"前，吴壮达于1976年到该处实地考察，曾昭璇亦去过

---

① 《汉书》卷二八下《地理志》。
② 嘉靖《广东通志》卷四四《步骘传》。
③ 嘉靖《广东通志》卷一五《舆地志三·城池坊都·广州府》。
④ 曾昭璇：《广州历史地理》，广东人民出版社1991年版，第219页。但引文于《汉书》《广东通志》均未查到。

两次，均无所得。沙湾是在唐代以后才成聚落，龙湾则在宋代开村。曾昭璇后到顺德吉利涌乐从河考察，考得乐从河古为大河，顺德联围后，河道变窄。在顺德简岸村西侧咸宁社旧址，见有唐、南汉瓦片瓦砾厚达1米以上。证以《广东新语》所称："咸宁社在简村西北，南汉时析南海县为常康、咸宁两县，今顺德简岸南汉时咸宁县城也，故社沿是名。"① 他认为此处符合《汉书》描述的番禺城形势，而简岸上东侧还有一座小洲，叫"绿州"或"独州"，此地有"先有独州，后有广州"的传说。加深了这种可能性。②

还有一个情况，是 1990 年至 2001 年在番禺市桥镇的北面、西面先后发现 34 座东汉中晚期墓葬。考古人员联系到清代顾祖禹《读史方舆纪要》"广州城"条中说道："汉平南越，改筑番禺县城于郡南六十里，为南海郡治，今龙湾古庙之间是也。号佗故城曰越城，后汉建安十五年，步骘为交州刺使，以越城就祀，乃郭番山之北为番禺城，后又迁州治于此，自是不改。"按此说，汉代迁建的番禺城存在 328 年。"南海郡治迁到郡南六十里，按照地理位置和当时的度量计算，应是今番禺市桥至沙湾一带。从目前发现的考古资料来看，市桥沙湾一带乃至珠江后航道以南的番禺境内，还未发现有汉代的遗址和东汉早期之前的墓葬，更没有城市的密集型建筑或衙署类的大型建筑遗迹发现。……所谓'改筑番禺县城于郡南六十里'之说，目前仍然缺乏证据可以印证。但是，本报告发表的这批汉墓分布在市桥的北面，规模普遍较大，建造比较规整，并非一般平民百姓之墓，应属非贵即富人的墓葬，它是否与郡南六十里的番禺城有关，是有待于今后新的考古材料的证实。"③ 那么，这

---

① 屈大均：《广东新语》。
② 曾昭璇：《广州历史地理》，广东人民出版社 1991 年版，第 223—225 页。
③ 广州市文物考古研究所、广州市番禺区文管会办公室编：《番禺古墓》，科学出版社 2006 年版，第 361、362 页。

又是一个悬案。

不管如何，可以确定的是，汉平南越之后，将岭南的政治中心搬走了，从东部移到西部。我们从户口、人口统计数可见政治中心迁移经营结果。见《汉书》《后汉书》的《地理志》中，交趾、南海、苍梧、合浦四郡户口对比如下：

朝代	项目	南海	苍梧	合浦	交趾
西汉	户口数	19613	24379	15398	92440
	人口数	94253	146160	78980	746237
东汉	户口数	71477	111395	86617	160685
	人口数	250282	466975	86617	840000
人口增长率(%)		165.54	219.5	96.7	112.56

资料来源：《汉书》卷二八，《后汉书》卷三三。

说明：交趾郡《后汉书》缺户口数、人口数。从《中国人口史》推测数补入。①

从上表可以看到，西汉时期，交趾绝对是岭南户口、人口最大的郡，当时的南海郡为6县，交趾郡为10县，户口为南海郡的4倍多，人口竟为近8倍。东汉未见有交趾郡人口，但其为士燮家族经营之大本营，当兴旺如往。其人口增长率虽不高，却因其人口基数之高而使人口绝对增长数仍居第一位。南海郡户口、人口数低于交趾、苍梧郡而高于合浦郡，但合浦地域广阔，仅置5县（含朱崖、高凉），其中未计入编户的少数民族人口当不少。因此，这组数字可作为两汉时期，岭南中心一直在西部之实证。

另一方面，从广州地区考古发现的汉墓，数量之多、墓室之大及墓葬之丰富，则可证明南越国后的汉代广州城，仍是非贵即富者聚居之

---

① 赵文林、谢淑君：《中国人口史》，人民出版社1988年版，第68页。

地。广州解放前考古记载不多,仅在市郊的大刀山和东山发现几座古墓。① 解放后,城市大规模的扩展使古墓得以大批发现。"广州的两汉时期墓葬相当丰富,60年来发掘的汉墓约2000座",但这一数字中,西汉早期(南越国时期)占了很大比例。主要分布在城东梅花村、龟岗,城东北大宝岗、大眼岗、区庄、黄花岗、麻鹰岗,城北淘金坑,城西北马棚岗、梓元岗、石头岗、瑶台一带。西汉中晚期墓葬相对少一些,主要分布在城东龙生岗、红花岗、马棚岗,城东北永福路、太和岗,城北横枝岗,城西北流花桥、皇冠岗等地,珠江南岸的大元岗、南石头也有分布。这一时期出现双层分室木椁墓,规模较大,随葬器物丰富。东汉墓分布很广,除广州古城近郊东、东北、北、西北地区外,珠江南岸海珠区的大元岗、晓港新村、康乐村、官洲岛、番禺钟村、沙头龟岗,小谷围岛,黄埔的茅岗、大田山,增城的新塘、石滩等地都有分布。砖室墓在这一时期开始出现。② 综合考古发现,反映了汉代番禺城在南越国后仍是一处居民人数多、级别高的城市,墓葬分布不断向周边延伸反映了城区不断扩大、人口逐渐增加。出现这一情况,说明汉平南越国后,虽然有意识地将岭南政治中心西移,而番禺作为南越国旧都,居民保留了原有的富贵之家,城市也在不断发展,至东汉时期发展更快,从东汉时期出土的明器陶屋,也反映了此时城市居民之殷实和居宅之变化,这才有可能为步骘眼中的"原薮之殷阜""海岛膏腴之地",做出"宜为都邑"之选择。而从步骘在迁州治之前必须"筑立城郭"之举,又可见此处在两汉时未必是一处郡县政治中心。

---

① 胡肇榕:《广州古物发掘追记》,载《广东文物》卷十(1941年)。

② 广州市文物考古研究所编:《广州考古六十年》,广东人民出版社2013年版,第62、63、69、72页。

十二

从选举表看汉代番禺人文

番禺在秦及南越国统治下102年,在汉朝直接统治下344年。然而,《广州通史》"汉朝统治下的番禺"一章,篇幅仅为"秦统一岭南与南越国时期的广州"章的一半,而且该章内容基本只涉及岭南而未言及番禺,好像汉代番禺就没有什么话好说。这当然是由于汉代记述番禺地情文献的匮乏所造成,而主要原因,当是汉平南越后,"汉政府的用心是防范越族人的反叛,提防以南海郡为中心的割据势力的重演",[①]对岭南行政区划重新洗牌,将岭南的政治中心由番禺所在的南海郡西移,先是移往交趾郡,再而移往苍梧郡,南海郡地盘也大为缩小。向来地方史志的记述,当以地域政治中心为重,在这一背景下,番禺的事就少讲了,甚至连南越国后的汉代番禺城是否还保留于原地这么大的事,都成了争议不休的历史悬案。

不过,对汉代番禺究竟是什么情况,尽管文献记载不多,其实还是可从旧志所载了解到一些情况。本文从人物说起。

[①] 杨万秀主编,本卷章深主编:《广州通史·古代卷》(上册),中华书局2010年版,第145页。

入志列传的番禺籍人数为：战国2人、西汉6人、东汉8人。虽然不同时期人物入志标准未尽相同，还是可以反映出番禺历史名人由少至多的变化趋势。对比位居粤北中心的曲江县，汉代及以前未有一人入志列传，说明了两汉时期中原文化入岭的主要途径是西江走廊，番禺仍是教化集中之地，乃至在东汉时出现入朝任议郎的杨孚这样的拔尖人才。

先秦的番禺有入传人物，却来历可疑。同治《番禺县志》人物传第一人，是战国时期的高固。道光《广东通志》人物传，战国时期番禺籍人物，除了高固，还有公师隅。此二人的事迹"无籍可稽"，旧志只是录以存疑。

秦代及汉初南越国时期的番禺人物，本应大有可陈。入粤秦将任嚣"和辑粤众"，赵佗建立南越国，更将"和辑百越"作为国策，不少越人被吸收入南越政权，如被赵佗拜相的吕嘉，史称"越人之雄"，吕氏家族中60多人都得以担任官职。这一时期的番禺籍人物，当有不少位居高位而又为岭南初开建功立业者。然而志籍未见有传，这可能与史家持中原为正统之立场，将胡越视为化外之地有关。

汉帝国创立与拓疆的汉军行列中，有番禺籍越人将领的身影，其中有的成为可信度较高的最早列传的历史人物。同治《番禺县志》载有张买、何遗、郑严、田申、毕取、邓宓等人的传，这些人之所以具入传资格，是基于汉朝的立场，其事迹均与汉初统一中国的战事有关。毕取原为南越国将领，汉平南越时受降而倒戈。其余五人均是参加汉武帝伐越队伍，立了军功者。特别是邓宓"以谋略权勇称"，军功卓著，举茂才为属国都尉，转南海郡丞、日南太守，成为汉朝任命的岭南封疆大吏。张买事迹最为突出，其父是刘邦手下骑将，参加平三秦有功，未及封而死，张买"善射知书，官中大夫"，也就是文武双全，在朝为官。汉惠帝时，他侍游苑池，"敲櫂为越讴以讽"①。是说他敲击着划船的长桨为节拍，唱着越讴，借此对惠帝进谏。说明他具有政治智慧，能向皇

---

① 欧大任：《百越先贤志》。

帝进谏,还能利用越地民间歌谣作为进谏工具。"越讴"一词,最早出现于此处。陈永正主编《岭南文学史》称:"岭南诗人见于载籍最早的是汉初番禺人张买。"① 张买是上了史志的岭南第一位"诗人","为越讴"是否称得上严格意义上的"赋诗",似可以讨论,不过,说他是一位"留住乡愁"的民间文学家,应该是没有问题的。

入传的西汉与东汉番禺人物,身份有明显区别。西汉初主要是军事人物,东汉主要是文人选官,反映了中原政权在汉代番禺的巩固统治进程,是从军事征服到推行科举。

科举制度从一开始就对考生籍贯管理十分严格,这一制度有其公平性的一面,带来的效应,就是本籍科举出身的人物,才说得上地道的本地人才,能够直接反映一地之人文水平。汉朝使用察举选官制度,察举方式,大致归纳为三类:以廉能被征的,有贤良方正科和孝廉科;由郡国荐举的,有茂才异等;由选举进身的,有博士、明经等。东汉时期,在粤地有效施行的主要是前两种方式:一批岭南杰出人物仰仗于这一荐举制度脱颖而出。道光《广东通志·选举表》中,汉代共17人,其中,按荐举方式分,是制举12人,辟荐5人;按时期分,是西汉2人,东汉15人;按地域分,是番禺7人(其中西汉1人,东汉6人),曲江、桂阳、浈阳4人(其中东汉1人),揭阳1人,合浦2人,苍梧3人。② 可见以今广东分粤中、粤北、粤西、粤东片而言,番禺为中心的粤中占优势。汉代在传统礼制的形成上是重要历史时期,朝廷大力推行礼制,立儒学,倡孝友,正风俗。在这一背景下,在番禺出现了一批正人君子,为粤地开风气做出了典范。番禺县志列传的东汉本籍人物,有杨孚、招猛、陈临、董正、疏源、罗威、唐颂、黄豪等。招猛举茂才,官至大鸿胪寺卿,为九卿之一,掌管少数民族君长、诸侯王、列侯的迎

---

① 陈永正:《岭南文学史》,广东高等教育出版社1993年版,第3页。

② 道光《广东通志》卷六三《选举表一》。其中有注其籍贯为南海香山者,时为番禺所属。

送、接待，安排朝会、封授、袭爵及夺爵削土之典礼，这是礼仪之邦一个很重要的职位。黄豪也是举茂才，授外黄县（今河南省民权县西北）令，是出任中原地方长官的第一位岭南人，颇有政绩，境治岁丰。陈临举孝廉，官苍梧太守，为镇守岭南要地之大吏。董正有用世之才，有感于天下大乱，"数被辟命皆不就"。另一方面，又致力于正风俗，名扬海内，甚至有中原人士南阳车遂慕名而不远千里投奔他。他待车遂如兄弟。车遂病重，他倾家恤病。车遂去世，董正停枢行礼如仪，亲自送归南阳。董正是当局倡导的表率。罗威、唐颂以奉母至孝扬名千古，传中对此两人并未点明出身，就其事迹及入志情况看，极可能察举孝廉。疏源是郡吏出身，后为尚书郎，人品高洁、敢忤权贵。

汉代番禺人物中，最为突出的是杨孚。较早出名的岭南人物有苍梧郡广信人，被誉为"岭海儒宗"的陈钦。陈钦少时北上到中原，从黎阳（今河南浚县）贾护学《春秋左传》，名气渐大，成为与当时著名学者刘歆别自一家之学者。王莽从陈钦受左氏学，当皇帝之后，封陈钦为厌难将军。陈钦自名其学为"陈氏春秋"。其子陈元，从小传习父业，潜心钻研《左氏春秋》，在朝中任议郎、南阁祭酒，与著名学者桓谭等人齐名。当时，与政治斗争相联系的是治经学者今古文经学的派系斗争，汉明帝时，正式采纳陈元的主张，朝廷设立左氏传博士，陈元名列其首。陈元之子陈坚卿在经学上也学有所成。三代人被誉称"三陈"。陈钦、陈元父子皆入《汉书》设传，是有全国性影响的人物。他们不是番禺人，本文之所以如此详细地介绍他们的事迹，是想说明，从他们的事迹看，其成长与成名的环境都在中原，不能以此作为岭南文化水平的体现。从本土成长的人才，只有杨孚是经得起细究的。

入列选举表的岭南人士中，绝大部分是察孝廉、举茂才出身，只有杨孚是唯一以举贤良方正科即举贤良对策入朝为官的。"举贤良对策"全称是"察举贤良方正与文学"。汉代指学习儒家经书的士人为"文学"，所谓贤良方正与文学者，即德才兼备而又正直不阿的文学之士。因此，举贤良对策就是以才学德行为主要标准的郎选制度的高级形式，选上者可入朝任郎官。所谓郎官,就是君王的侍从近官,参与谋议,执兵宿卫,备顾问差遣,这是何等重要而显耀的职位。东汉番禺人杨孚便是进入此列之能人,这在汉代岭南属凤毛麟角。杨孚官拜议郎,在朝中所谏各事,已知有倡行孝道、慎对匈奴动武、严格要求官员廉洁,反映出其良好的政治素养。最为重要的是所著撰的《南裔异物志》,成为历史上第一部异物志,开此类体裁之先河,在中国方志发展史上具有重要地位。此书被称为岭南人的第一部学术著述,书中的四言体"赞",被屈大均称为"广东之诗,其始于孚乎",那是岭南诗歌开山之祖了,可以说他是有创作活动并有作品传世的岭南第一位诗人。

总之,这一时期的番禺人物,从政治、军事、文化等方面对汉代粤地初开做出了重大的贡献。反映了汉代番禺地方人才在岭南仍占主要地位;东汉时期岭南文化比西汉时期有重大发展,同样反映在番禺人才的增加上。

十三

从杨孚的《南裔异物志》看番禺海上交通

迄今为止，学术界公认《汉书·地理志》是最早记载中国官方商船前往南海诸国行程的文献。这一海上贸易活动，是中国官方开拓海上丝绸之路的确切标志。据载，此次出航启程"日南障塞、徐闻、合浦"，汉使终点到了已程不国（今斯里兰卡）。① 这里没有提到番禺。而我们从《史记》可知，番禺在西汉时为全国知名的"亦一都会也，珠玑、犀、瑇瑁、果、布之凑"。②《汉书·地理志》对番禺在海外贸易方面的市场作用说得更为明确，"处近海，多犀、象、毒冒、珠玑、银、铜、果、布之凑，中国往商贾者多取富焉，番禺其一都会也"。③ 番禺地处天南一隅，而得以兴发，列于全国性都会，当因其作为对外贸易商品集散地之缘故。因此，有学者推断："关于西汉远洋对外贸易的出海港和航线，我们认为番禺是出口港，徐闻和合浦是番禺的外港。从而形

---

① 《汉书》卷二十八"地理志"。
② 《史记》卷一二九"货殖列传"。
③ 《汉书》卷二八下"地理志"。

成番禺—徐闻—合浦—交趾的沿海航行。"① 汉代番禺是对外贸易港口的论断，不仅得自文献上的间接说明，可从地理条件及其在全国商业活动的地位分析，还得自西汉南越王墓出土的舶来品为佐证。《汉书·地理志》记载黄支国（今印度半岛南部）"自武帝以来皆献见。有译长，属黄门，与应募者俱入海市明珠、璧琉璃、奇石异物，赍黄金杂缯而往"。② 考古工作者在广州和合浦汉墓中曾发现玻璃珠，经化验其所含元素的化学成分与中国传统的铅钡玻璃截然不同，而"与西方的古代玻璃相类"③，应是从海外输入的物品，或即为"璧玻璃"。但是，说来说去，都是些间接的论证，至今尚未能找到汉代番禺作为海上丝路对外交往的文献记载确证。对于这一问题，不妨转向地方志书求解，或许开卷有益。

岭南最早的志书是东汉杨孚的《南裔异物志》，这也是已知全国最早的异物志。《南裔异物志》成书确切时间无考，从杨孚在东汉章帝建初年间到朝中任议郎的时间推断，《南裔异物志》成书时间，与完稿于汉章帝建初八年（83）的《汉书》差不多同时。《南裔异物志》已佚，唐宋类书《北堂书钞》《初学记》《太平御览》等有所辑录，清人曾钊从中辑佚成卷。学界向来只是把杨孚的《南裔异物志》当成"一种专门记述边远地区特产的异物志"④，即当成地区特产志。也有研究者认为"这是岭南第一部物产志，也是我国第一部区域性物产志；为后人留下了汉代岭南地区植物学、动物学、矿物学的丰富的第一手资料"⑤。

---

① 陈柏坚、黄启臣：《广州外贸史》，广州出版社1995年版，第44页。

② 《汉书》卷二八下"地理志"。

③ 干福熹等：《我国古代玻璃的起源问题》，载《硅酸盐学报》第六卷一、二期，1978年；杨伯达：《关于我国古玻璃史研究的几个问题》，载《文物》1976年第5期。

④ 卫家雄：《方志史话》，社会科学文献出版社2011年版，第34页。

⑤ 杨孚撰、吴永章辑佚校注：《异物志辑佚校注》，广东人民出版社2010年版，第11页。

十三　从杨孚的《南裔异物志》看番禺海上交通

罕有从海外交往的角度去看待其中相关记述。其实，从《南裔异物志》辑佚条目中，可寻得汉代岭南与海外交流乃至对海外异国记载的专门条目，具有极高历史价值。也因此说明该书不仅记述岭南的物产，而且记述海外风土，称之为物产志并不恰当，还是应该实实在在地称之为异物志。

杨孚是东汉番禺下渡头村（今属广州市海珠区）人，章帝建初年间举贤良对策，入朝任议郎。举贤良对策，全称察举贤良方正与文学，是汉代以才学德行为主要标准的郎选制度高级形式。汉代指学习儒家经书的士人为"文学"，贤良方正与文学，即德才兼备而又正直不阿的儒士，文化素质很高。杨孚入朝议政，反对穷兵黩武，主张"创造用武，守业用文"；反对破坏儒家丧礼，主张"均行三年通丧"之制；反对苛政贪贿，主张吏治务必廉政，可见他是文明初开的岭南出类拔萃的有识之士。他对岭南地情了解甚详，写出《南裔异物志》这样覆盖地域广袤、涉及知识渊博的不朽之作。

《南裔异物志》的记载，不同于中原地区的风土志，具有面向海洋、述跨中外的特色，这也体现了岭南文化的特色。

《南裔异物志》所载物产，不止于岭南地区，还涉及周边地区、海外国家。杨孚晚年归居番禺，"其宅在河南下渡头村"①，未见其外出周游之记载。《南裔异物志》记载的物产，如榕树、香蕉、荔枝、甘蔗、桔、杨梅之类，是珠江三角洲本地所常见，但记述的大象、孔雀，未必在番禺能见到，至于獬豸，则是传说中的异兽，还有一些点明系外郡远地的，如合浦、日南之牛，日南、九真猱然（长尾猿），郁林大猪，九真长鸣鸡，朱崖水蛇，交趾猩猩、草、稻等。日南、九真、交趾，在今越南之地，合浦、郁林地在今广西，朱崖更在海南岛，离番禺并不近，不是杨孚举目可见。有的事物，还是从岭南广阔幅员去记载，如记木棉，"广州、日南、交趾、合浦皆有之"。岭南诸郡，远至千里之遥，

---

① 屈大均：《广东新语》卷二"地语·河南"。

在当时交通条件下，不易到达。载入异物志的内容，当有相当一部分是采访所得。所列物产产地，多为沿海之郡，日南、合浦，正是《汉书》所载海上航线的出海港。合浦陆海均与其南的交趾等三郡相通，连通南北，被认为是当时两粤通交趾的咽喉。①《南裔异物志》多处述及合浦、交趾、朱崖等地物产，正反映了汉代番禺与岭南各处沿海港口乃至远至今之海南、越南等地往来联系的交通大港地位。

《南裔异物志》述及许多海产，有产自深海的鲸鱼、鲛鱼、鹿鱼、鲻鱼、水母，更有岭南及海外作为贡品的玳瑁、犀角、象牙等。《史记》《汉书》点到番禺之所以成为都会，都提及其是这些物品之聚。《汉书》班固赞曰：汉武帝时，"睹犀、布、玳瑁，则建珠崖七郡"。②《后汉书》记载：天竺国"土出象、犀、玳瑁、金、银、铜、铁、铅、锡。……和帝时，数遣使贡献。后西域反叛乃绝。至桓帝延熹二年、四年，频从日南徼外来献"。③ 可见汉代在海南建郡县与盛产犀角、玳瑁有关，而犀角、象牙、玳瑁是海外贡物，也是贪官所喜爱掠夺的岭南特产。《汉书·贾捐之传》记载，汉元帝时，珠崖屡反，贾捐之以为不必派兵征讨，说是"又非独珠崖有珠、犀、玳瑁也，弃之不足惜"。④ 说明珠玑、犀、玳瑁等物出自多渠道。比《史记》成书约早三十年的《淮南子·人间训》已提到，秦始皇"又利越之犀角、象齿、翡翠、珠玑"而出兵岭南。⑤

《南裔异物志》的记载，还涉及海外一些地区或国家的情景，主要

---

① 陈玉龙：《历代中越交通道里选》，载《东南亚史论文集》，河南人民出版社1987年版，第97页。
② 《汉书》卷九六下"西域传"。
③ 《后汉书》卷八八，转引自朱杰勤校订、张星烺编注：《中西交通史料汇编》（第四册），中华书局2003年版，第1856页。
④ 《汉书》卷六四下"贾捐之传"。
⑤ 《淮南子》卷十八"人间训"。

是民俗。

雕题国，当地人"画其面及身，刻其肌而青之，或若锦衣，或若鱼鳞"①。

狼䏰国，"男无衣服，女横布帷，出与汉人交易、不以昼市，暮夜会，俱以鼻嗅金，则知好恶"②，交、广用贵金属交易风盛，以致凭嗅觉能鉴别通货的金属好恶真假。

西屠国，"在海水（按：'水'疑为'外'），以草漆齿，用白作黑，一染则历年不复变，一号黑齿"③。

穿胸人，"其衣则缝布二幅，合两头，开中央，以头贯穿，胸身不突穿"④。《汉书·地理志》记载："儋耳、珠崖郡，民皆服布如单服，穿中央为贯头。"

儋耳夷，"生则镂其头皮……食诸，纺绩为业"⑤。

黄头人，"群相随行，无常居处，其类与禽兽同。或依大树，以草被其枝上，而庇阴其下。发正黄，如扫帚。见汉人散入草，终不可得近"⑥。

乌浒人，"巢居鼻饮，射翠取毛，割蚌求珠为业"⑦。

从这些记述可见杨孚采访记述视野之广。这些族群、方国，位于岭南东、南方，有的在海上，如儋耳、朱崖即今之海南省。所记述的镂面刻肤、纺绩、染齿、巢居、贯头穿衣之俗，不仅在古代海南、云南、贵州，也在东南亚等地的土著民族中长期流传。

---

① 引自《太平御览》卷七九〇"四夷部一一"。
② 引自《太平御览》卷七九〇"四夷部一一"。
③ 引自《太平御览》卷七九〇"四夷部一一"。
④ 引自《太平御览》卷七九〇"四夷部一一"。
⑤ 引自《太平御览》卷七九〇"四夷部一一"。
⑥ 引自《太平御览》卷七九〇"四夷部一一"。
⑦ 引自《太平寰宇记》卷一六四。

《南裔异物志》中条目有扶南国、金邻、斯调国，均为东南亚国家，有瓮人，则是海外之人。杨孚对异国的记述，在《史记》《汉书·地理志》中尚未出现，我国最早记载中国与东南亚海上交通的古籍是班固的《汉书·地理志》，但《汉书·地理志》只记载6个古国，而且既没有方位，又无里程，考证起来相当困难。《南裔异物志》是今见中国最早记载这些东南亚国名的史籍。

扶南，也作夫南，是汉代、六朝时期中南半岛上的古国名，意为"山地之王"，位于今柬埔寨。有人认为《后汉书·西南夷传》中记述汉章帝元和元年（公元84年）"日南徼外蛮夷究不事入邑豪献生犀、白雉"之"究不事"，即今柬埔寨之异译。① 若此，则汉章帝时，柬埔寨与东汉官方已有来往。研究柬埔寨史的外国学者一般认为，中国史籍中最先提到扶南王国的是三国东吴康泰出使柬埔寨的著述，中国史学关于此国古史之记载，多采自康泰、朱应使扶南后之撰述。其实，在官方正式往来之前，当存在一段时间的民间往来，在杨孚的著述中出现对扶南的记述，正反映了这一情况。迄今见于史籍的关于扶南的最早载述，就应该是《南裔异物志》，而不是康泰、朱应的《扶南异物志》。《南裔异物志》无法比肩《扶南异物志》记载之详细，但在首载这一点上却有其珍贵意义。《扶南异物志》之书名，恰恰反映了朱应的著述承杨孚遗风。

"金邻，一名金陈，去扶南可二千余里。地出银，人民多好猎大象。生得乘骑，死则取其牙齿。"② 金邻国地在今泰国西南部，金邻大湾为今暹罗湾。

辑佚"斯调国"的条目不止一条。"斯调国有火州，在南海中……"③斯调国，学者多认为其地为今斯里兰卡，或说印度尼西亚爪

---

① 白寿彝、高敏、安作璋主编：《中国通史》第四卷《中古时代·秦汉时期（上）》，上海人民出版社1995年版，第684页。

② 引自《太平御览》卷七九〇"四夷部一一"。

③ 引自裴注《三国志》卷四"魏书·三少帝纪"。

哇岛之东南一岛。所谓火州或为间歇式火山。

  汉代广州与东南亚国家发生密切的贸易关系,东汉时,从广州西航印度的中国商人或汉代使者,开始在印度、斯里兰卡同埃及、罗马的商人发生直接的贸易关系,而使海上丝路的贸易交流得以接力延长。《后汉书》有罗马人遣使直接航行到中国番禺的记载:"至桓帝延熹九年,大秦王安敦遣使自日南徼外献象牙、犀牛、玳瑁,始乃一通焉。"①"桓帝时,扶南之西,天竺、大秦等国,皆由南海重译贡献,而蕃贾自此充斥扬粤矣。"② 这些事件都发生在东汉末年,然而,大秦等国进贡的象牙、犀牛、玳瑁等物,在《史记》《汉书》中皆是番禺的特别出产,可以说明彼时番禺已是中外贸易来往的重要聚散地。在这条漫长的远洋航线上,东南亚各国的来往更不是问题。考古发现,加里曼丹出土的印图圈纹陶魁,与广州出土的西汉后期至东汉前期的同类器皿外形非常相似。加里曼丹的沙捞越河口发现有西汉元鼎五年(公元前112)的五铢钱,证明西汉与东南亚国家已有贸易关系。苏门答腊发现的陶器中有一个灰陶三脚鼎,底部刻记有西汉元帝初元四年(公元前45年)年号。③广州汉墓出土文物中常见熏炉,说明当时广州的富豪之家普遍燃烧香料,大部分是从东南亚地区输入的。广州汉墓还有较多的串珠出土,包括玛瑙、鸡血石、柘榴石、煤精、水晶、硬玉、琥珀和玻璃等。还有迭嵌眼圈式玻璃珠、蓝色玻璃碗,与传统工艺品不同,应是从海外输入。④

---

① 《后汉书》卷八六"西南史传"。
② 《后汉书》卷八八"西域传·大秦"。
③ 陈柏坚、黄启臣编:《广州外贸史》(上),广州出版社1995年版,第52页。
④ 杨万秀:《广州外贸的历史地位和特点——〈广州外贸史〉序》,见邓端本、章深:《广州外贸史》(上),广东高等教育出版社1996年版,第2页。

瓮人，"齿及目甚鲜白，面体异黑若漆，皆光泽。为奴婢，强勤力"①。应是当时输入中国的中印半岛南部及南洋诸岛的马来人。"在广州汉墓出土文物中，还有一种托灯的陶塑俑和侍俑，这些俑深目高鼻，两颧高，宽鼻厚唇，形象有异于汉人，亦不同于一般的侍俑。考古工作者认为他们就是杨孚《南裔异物志》中的瓮人。""这些'瓮人'就是通常所说的'黑奴'，他们'可能是中国船队带回，也有可能由印度商人贩运而来'。既然他们被杨孚载入书中，则当时广州富人使用这种奴隶已不是个别现象，而且其进口也有相当的一段时间。"②"这些'奴隶'可能是中国船队带回，也有可能由印度商人贩运而来。他们被贩运到中国后，成了当时贵家豪族的家内'奴隶'。"③

　　总而言之，《南裔异物志》中的上述记载，可以作为东汉时岭南与东南亚一带来往的实证史料。

　　《简明广东史》评价杨孚的《南裔异物志》"是南海郡人第一部学术著作"④。这部南海郡人第一部学术著作，显示出岭南著作的地方特色及其在学术史上不同凡响的地位。从《南裔异物志》中，可以检索到汉代岭南与海外交往的一些线索。有学者注意到，异物志这种体裁的编纂，其实"与朝廷索贡有关，也与增广中原人士见闻有关"⑤。嵇含在《南方草木状》序中说道："南越交趾植物，有四裔最奇，周秦以前无称焉。自汉武帝开拓封疆，搜求珍异，取尤者充贡，中州之人或昧其

---

① 引自《太平御览》卷七九〇"四夷部一一"。

② 杨万秀主编，邓端本、章深：《广州外贸史》（上），广东高等教育出版社1996年版，第17页。

③ 中国社会科学院考古研究所、广州市文物管理委员会、广州市博物馆编：《广州汉墓》，文物出版社1981年版，第478页。

④ 蒋祖缘、方志钦主编：《简明广东史》，广东人民出版社1993年版，第99页。

⑤ 王晓岩：《方志演变概论》，辽沈书社1992年版，第38页。

状,乃拟所闻诠叙,有裨子弟云尔。"王庸指出:"东汉以降,有所谓异物志者,其意义与《山海经》之记异物相类似而较为核实。且其所述,大抵以南方事物为多,所以为北方人广见闻者。"① 由此可见,称异物志为物产志还不全面,称风物志大体还可以,而最准确的还是异物志原称,其猎奇炫异的作用在于反映乡土可爱,增广见闻。《简明广东史》称其"在内容上向后人提供了汉代岭南植物学、动物学和矿物学的第一手资料;它也是我国第一部地区性的异物志,在体例上开了这类著作的先河"② 还是恰切的。

---

① 王庸:《中国地理学史》,商务印书馆1938年版,第133页。
② 蒋祖缘、方志钦主编:《简明广东史》,广东人民出版社1993年版,第99、100页。

十四

孙吴时期的广州

三国时期,今广州地属孙吴辖区。对于这一时期的广州,治史者言之甚少。《广州通史》将六朝合为一章记述,其中涉及三国时期内容甚少。① 胡守为撰《岭南古史》,对孙吴治下广州也记述不多。② 这也难怪,古籍文献对三国时期广州少有记载,而广州这一时期的考古发现在长期中近乎空白,《广州文物考古集——广州考古五十年文选》中,无一关于孙吴广州的文章。③ 然而,这一时期在番禺发生的重大历史事件,对于广州乃至全国,有着深远的意义。《广州通史》提出:"东吴至唐中叶,广州逐渐发展成为全国最大的海外贸易港,以广州为中心的

---

① 杨万秀主编,本卷章深主编:《广州通史·古代卷》,中华书局2010年版。

② 胡守为:《岭南古史》(修订本),广东人民出版社2014年版。

③ 广州市文物考古研究所编:《广州文物考古集——广州考古五十年文选》,广州出版社2003年版,第3页。

岭南东部行政体制也逐步定型。"① 将东吴定为这一个时期的起点,有其道理。集中而言,表现在三个重大事件上:一是番禺成为州治,交广分治,"广州"之称由此开始,恢复其在岭南的中心地位,影响深远;二是制止寺初建,佛教入华掀开新的一页,奠定广州作为岭南佛教中心地位;三是朱应、康泰奉使由番禺赴东南亚,这是中国派遣官员率队出洋的首次记录,是海上丝绸之路的一个标志性事件。这三个事件,分别属于政治、文化、经济方面的范畴,可视为这一时期广州发展史上三座里程碑,值得立足于比过去看待这些事件的更宽的空间和时间中去阐释其意义。

关于三国时期的番禺史事,为人所乐道的,无非是步骘徙交州州治至番禺,及交、广分治,"广州"得称;再就是孙权派兵掘寻南越国王室之墓。这两个事件透射出的是,孙权心目中的广州在岭南的战略地位。

孙吴政权历58年,在这段时间内,是如何经营广州的呢?

翻开《中国历史地图集》中的《三国时期全图》,② 可以看到孙吴辖下有扬州、荆州、交州三州之地。交州(后分为交、广二州)约占辖区三分之一。从战略地位上说,扬州是吴魏前方,荆州是吴蜀交境,交州既是吴蜀接壤之处,更主要是孙吴之大后方,与原来只是大一统帝国版图中的南隅边地大不一样。孙权是三国时期有作为的统治者之一,他将交州州治徙于番禺,是巩固其在岭南政治统治的一着要棋;派兵掘南越国王室墓,则反映其急于从岭南搜求财富不择手段。实质上都是将岭南视为重地所为。晋初左思《吴都赋》中,有谓"雕题之士、镂身之卒",即指交州兵,谓"槁工楫师,选自闽禺",即指选自闽和番禺

---

① 杨万秀主编,本卷章深主编:《广州通史·古代卷·本卷前言》,中华书局2010年版,第3页。

② 谭其骧:《中国历史地图集·第三册(三国·西晋时期)》,地图出版社1982年版,第3—4页。

（泛指交州）的水师精锐。这说明以番禺为中心的交州，确实为吴提供了大量兵源，起到大后方作用。

孙权决定将交州州治徙至番禺，在东汉末建安十五年（210），临近其称帝时间。任命步骘为交州刺史，志在与已经伸手的刘备势力争夺交州。汉末，在岭南有影响力的是以交趾为大本营，经营多年盘根错节的士燮家族势力的控制，步骘首要之务，就是使岭南摆脱士氏家族的控制，这是将交州州治从广信东迁番禺的战略意图。述史者对此事件，往往大加渲染的是步骘对番禺土地形势及财富充足之感兴趣，这只是表象。汉武帝平南越之时，面对着的是番禺为秦之南海郡治，加上为南越国都，超过百年，形成强大的地方势力。汉廷决意不允许番禺继续作为岭南政治中心，加上向西扩张的企想，遂将岭南政治中心迁到千里之外的交趾郡郡治（今越南河内一带）。东汉后期，交州刺史部治在苍梧郡广信，其实政治实力仍掌握在官居交趾刺史的士燮手中。士燮借交趾改部为州之机，表荐其三位兄弟分别任合浦、九真、南海太守，于是交州七郡，士氏家族任四郡刺史，权倾南国。在三方势力均垂涎岭南的情况下，士燮选择效忠于孙吴。但在孙权方面，固然要倚仗士燮巩固在岭南的统治，但对士家抱有戒心，力图使岭南彻底摆脱士燮的掌控，这是促使孙权做出交州州治西迁决策的根本原因。番禺在岭南具有明显的地理优势，南越国亡后，不再是岭南的政治中心，甚至连是否仍保持郡治地位也成历史疑案，其政治地位一落千丈，却仍不失为富庶之区，在步骘眼中，"斯诚海岛膏腴之地，宜为都邑"①。但这只是番禺恢复岭南政治中心地位的地理条件、经济基础，和孙权便于掠取财富有关，而更重要的原因，还是因其战略地位。

在广州城市发展史上，番禺成为州治，则具有里程碑式意义。交州州治迁至番禺，意味番禺在时隔三百多年后重新恢复了在岭南的中心地

---

① 《水经注》卷三七"浪水"。

位。此后，孙权采取一系列手法，先是于交趾太守士燮去世当年的黄武五年（226），分交州为交、广两州，削弱士氏势力；不一年，根除士氏势力，撤广州，重新并入交州（州治番禺）；永安七年（264），复分交、广二州。经此番折腾，从此，交、广分治成为定局。对于广州来说，其意义在于恢复了岭南中心城市的地位，为此后的发展奠下了稳定的基础；出现了作为行政区划的"广州"的名称，沿用至今。

"膏腴之地"，道出番禺是东吴统治者心目中一个聚宝盆。同时，孙吴政权当然也希望交州成为与魏蜀相争稳固的后方根据地，择定施政长官就很重要了。孙吴派驻岭南的长吏为交州刺史，志上有名共14位。步骘不在这14人中，他虽为孙权所委任，名义上还是汉吏。但他无疑是实施孙权战略转移的得力者，其对番禺城建设之功，载于旧志："骘徙治尉佗故都，筑立城郭，民用绥集。"① 番禺城在遭受兵燹重创三百多年之后，重新筑立城郭，恢复中心地位。14人中，多有走马而过者，也有几位成就卓越者，如在《三国志·吴书》列传的吕岱、陆允，还有南海郡守钟离牧。此外，曾任吴交州刺史滕修是《晋书》列传的。这些人物，可谓国家级名人。从他们的事迹，也可见吴国广州地区社会、番禺城建设之一斑。

首任广州刺史吕岱颇具文韬武略。他先任交州刺史（时州治在番禺），软硬兼施，打开局面。高凉贼帅乞降被收编；郁林夷贼攻围被讨破；桂阳、浈阳贼王金纠众作乱，被生擒送都斩首，俘万余众，壮大了军队。吕岱因而迁安南将军，假节封都乡侯。借交趾太守士燮卒之机，他审时度势，策划了让士燮子士徽离开交趾去做九真太守，委派亲信去士燮老巢做交趾太守；将交州分为交、广二州，分而治之。此后，进讨九真，南土尘落。几经折腾，铲除了士氏势力，即使番禺在此过程中发挥了新的政治中心作用，扫清了障碍。吕岱在广州积极发展外贸，财富

---

① 嘉靖《广东通志》卷四四《步骘传》。

源源不绝地输送东吴朝廷。他自己却是"清身奉公，所在可述。在交州历年不饷家，妻子饥乏"，临终前，对儿子吕凯"遗令殡以素棺疏巾，布构葬送之，制务从俭"①。

陆允出身望族，是东吴名将、丞相陆逊之侄，其兄陆凯时任镇西大将军，都督巴丘领荆州牧，进封嘉兴侯，是一方大吏。陆允"天姿聪明，才通行洁"，赤乌十一年（248）任交州刺史（此时刚设置的广州又归并交州，州治番禺）。史载陆允到了岭南，"喻以恩信，务崇招纳"，"深幽不羁，莫不稽颡，交域清泰"。也是一位恩威并施者。中书丞华覈上表荐举陆允，说道："苍梧、南海，岁有旧风障气之害。风则折木飞沙转石，气则雾郁，飞鸟不经。自允至州，风气绝息，商旅平行，民无疾疫，田稼丰稔。州治临海，海流秋咸，允又蓄水，民得甘食。惠风横被，化感入神。遂凭天威，招合遗散，至被诏书当出。民感受其恩，以忘恋土，负老携幼，甘心景从。众无携二，不烦兵卫。自诸将合众皆胁之以威，未有如允结以恩信者也。衔命在州十有余年，宾带殊俗，宝玩所生，而内无粉黛附珠之妾，家无文甲犀象之珍。方之今臣，实难多得。"②他在交州治上十余年间，廉洁奉公，施以恩信，风气大变，发展农耕，保障商旅。"他在任11年，是交州局势最平稳、人民稍得安居纾息的时期。"③ 在这个充满诱惑之地，能做到"内无粉黛附珠之妾，家无文甲犀象之珍"，说他"实难多得"并不为过，也反映了历任交州刺史中贪官是常态。陆允主持的蓄水工程是自白云山引水入城的甘溪，成为广州城重要的水源和交通渠道。宋人方信儒《南海百咏·甘溪》及明人张诩《南海杂咏·甘溪》诗序，均述及陆允凿泉事。

---

① 《三国志·吴书》卷六一《吕岱传》。

② 《三国志·吴书》卷六一，《陆凯传附陆允》。

③ 方志钦、蒋祖缘主编，本册汪廷奎主编：《广东通史·古代卷》（上册），广东高等教育出版社1996年版，第311页。

《南海百咏·甘溪》序称:"在郡东北五里北山脚下。东晋太守陆允所凿,引泉以给广民,亦呼甘泉。"《南海杂咏·甘溪》序称:"后人建亭其上,呼为'陆公亭'。"① 两咏均将陆允误作晋时官员,事则无误。甘溪造福番禺百姓,延及后世:"《南越志》:'昔交州刺史陆允之所开也,至今重之。每旦,辄倾州连汲,以充日用。虽有井泉,不足食。'"② 甘溪与民生休戚相关,后世故修建"陆公亭"以纪念陆允。三国时期广州城市水利建设,在考古中得到证实。2008 年在广州市中山五路南侧、西湖路大马站西侧,发掘出三国两晋水渠遗迹。水渠东西向,内宽 0.9 米、残深 0.9 米,中段南部有一口砖池,东西长 3 米,南北长 1.86 米,残深 0.3 米。池渠之间砖砌沟渠连通。水渠及池壁均为砖砌,水渠壁每隔 2 米左右立有方形木柱(壁柱)。水渠建造独特,初步分析与城市用水设施有关。③ 陆允在交州任上的建树不止于此,他为推行教化撰《广州先贤传》。《旧唐书·经籍志》著录该书为七卷,后仅在《太平御览》中保存了若干片断,记述东汉时岭南士人行孝、守贫、廉洁、忠义、好学等事迹,宣扬封建伦理节操。此书既是广东最早的人物志,也是现存最早的记述这一时期广东史事、人物的文献。

滕修也是一位出身将帅的能吏,在吴、西晋均任广州刺史。孙吴丞相陆凯临终向后主孙皓荐举了几个"社稷之桢干,国家之良辅"的重臣,其中就有滕修。④ 滕修因"夙有威惠,为岭表所服",被孙皓任为使持节都督广州军事,镇南将军、广州牧,委以讨伐作乱的广州部曲督

---

① 《南海百咏·南海杂咏·南海百咏续编》,广东人民出版社 2010 年版,第 24、64 页。

② 《太平寰宇记》卷一五七"广州·南海·菖蒲涧",中华书局 2007 年版,第 3013 页。

③ 张金国:《广州市中山五路三国晋唐南汉建筑遗址》,载《中国考古学年鉴 2009 年》,文物出版社 2010 年版,第 361、362 页。

④ 《三国志》卷六一"陆凯传"。

郭马。五羊传说与滕修就挂上钩，司马彪《续汉书·郡国志》说是吴时滕修上任广州刺史，"未至州，有五仙人骑五色羊，负五谷来迎而去"。这个故事大概可以说明他在广州重视发展农业，这应该就是所谓"威惠"。滕修在晋时仍任安南将军广州牧持节都督如故，封武当侯，加鼓吹。"委以南方事。在南积年，为连夷所附。"他死后，孙子滕舍又授平南将军、广州刺史，同样被誉为"在任积年，甚有威惠"。①

广州刺史中，还有下邳人吴展，"为政清平，著声南峤"。会稽人虞褒，"轸恤灾旱，申理幽滞，广民爱之。行部所至，密擒寇贼，劝相农桑，阖境大治"。② 难免有溢美之词，大体说明其时地方良吏的作为。会稽人钟离牧在赤乌五年（242）任南海太守，"其在南海，威恩部伍，智勇分明，加操行清纯，有古人之风。其见贵如此，在郡四年，以疾去职"。③

并非所有主政广州者都是良吏，吴时广州也不是只有太平日子。吴主孙皓是一个奢侈浮华、横征暴敛的昏君，为增加赋税、征发兵马，令"科实广州户口"。终于激化矛盾。"累世旧军"郭马等人，联络民众，发动兵变，攻杀广州督、南海太守，驱逐广州刺史。郭马自号都督交、广二州诸军事、安南将军，私自任命广州刺史、南海太守。滕修就是在此时奉孙皓所遣进讨郭马的。郭马之变给广州造成什么样的灾难，史书没有具体记载，但晋人陆机说，"广州之祸，有愈乎向时之难"④，可见后果之严重。

---

① 《晋书》卷五十七"滕修传"。
② 嘉靖《广东通志》卷四四"吴展传""虞褒传"。
③ 《三国志》卷六〇"钟离牧"，传引《会稽典录》。
④ 陆机：《辨亡论》，载《昭明文选》卷五十三"向时"，李善注："谓曹魏之世。"

不管如何，吴对于广州城的发展是一个重要的转折，一是恢复州治地位；二是城市重建，凿修甘溪；三是发展外贸、农业，文化也得到发展。诸如陆允解决城内之饮水问题，是延续民生之宜居大计。广州城址两千多年不变，其中重要原因就赖于历任贤宦不懈地治水，才得以实现。在吴治下，广州得到发展，为入晋时"永嘉世，天下乱；余广州，惟平康"的偏安局面奠下了基础。

十五

由制止寺说佛教初传入广州

佛教传入中国,岭南是最早的途径之一。一些史书述及佛教传入番禺(今广州)的史事,往往语焉不详,或事不贯通,究其原因,大概是此类治史者仅凭引证早期佛教著述记载,而早期文献又非常简略,未能从宗教史角度考证通解。

慧皎《高僧传》记载了汉末在洛阳译经传教的安息国高僧安清,与人辞别时,称其"当往广州毕宿世之对"。① 说明此时西来高僧对广州已有所来往了解。但在佛教史上,视为佛教传入的标志,不仅于西域僧人入境,更体现在其传教行为上,即是有译经和传经活动。而无论高僧驻锡、译经,还是组织信众传经、礼佛,均反映在建立寺院上。

先说译经。《广东通史》称:"自东汉、三国之交佛教传入交州之后,进入交州和番禺的外国僧人渐多,或建佛寺,或从事佛经的翻译。吴太平元年(256),'外国沙门支强梁接',于交州译《法华三昧经》六卷;《十二游经》一卷,'外国沙门强梁娄至,晋言真喜(中国名为

---

① 慧皎:《高僧传》卷第一《汉雒阳安清》。

真喜），泰始二年（266）于广州译'。"①并说，按照《历代三宝记》中全国译经的记载，从东汉明帝起，"按地点和时间先后排列，交州仅次于洛阳，为第2处，广州（番禺）为第5处"。②佛教吴时传入交州，可从康僧会在交趾出家北上传法之记载为证。③是见佛教传入岭南，先入交州再入番禺。从上例看，译经时间，吴有交州译经，晋有广州译经；全国范围译经时间排序，也是先交州后广州。中国最早的佛教论著《牟子理惑论》出自东汉末南逃交趾的苍梧人牟子。对东汉末交趾刺史士燮出巡时"胡人夹毂焚香者常有数十"的记述，④学者多认为此即来华经商的域外佛教信徒，士燮治所在交趾郡治，也说明佛教先传入交州。但至今未见三国期间交趾建寺的记载。士燮是个儒士，少时游学洛阳，著有《春秋左传注》，为北方名儒袁徽所称道，兄弟四人被时人称为"四士"。交州当权者皆治儒，未见奉佛说法，也未有传经之记载，这恐怕就是未建寺院之原因。

再看寺院之建立。《广州通史》称："东吴以后，外国僧人由海路来广州增多，从事传教和译经，广州番禺、罗浮山成为佛教传播的重地。建衡间，外国沙门强梁娄至（真喜）到广州，翻译《十二游经》。晋武帝太康二年（281），西天竺僧伽摩罗到广州，建三归、王仁两寺，传播佛教。其后天竺僧耆域泛海至交、广，后抵洛阳。晋末帝隆安五年（401），罽宾国僧昙摩耶舍至广州，在虞翻故宅建王园寺，又在白沙寺（今光孝寺）讲法。"⑤据此，自东吴以后有外国僧人由海路入广州传教、译经，广州成为佛教传播重地。外国僧人在广州从事传经和译经，

---

① 费长房：《历代三宝记》卷五、卷六《大藏经》本。

② 方志钦、蒋祖缘主编，本册汪廷奎主编：《广东通史·古代卷》（上册），广东高等教育出版社1996年版，第348、349页。

③ 释慧皎：《高僧传》卷一《康僧会传》。

④ 《三国志·吴志》卷四十九《士燮传》。

⑤ 《广州通史·古代卷》（上册），中华书局2010年版，第225页。

必然需要场所，述及寺院建设时，是从西晋说起。《广东宗教简史》指出："西天竺（今印度）梵僧迦摩罗，于西晋武帝太康二年（281）随商舶抵达广州，在城中建三皈、仁王二寺（寺庙确切地址已不可考）。这是广东建佛寺的最早记载。"① 二书对二寺称名不一，当以《广东宗教简史》为是。

上述见于文献的在广州最早的译经、建寺时间，均说明为晋代。以建三皈、仁王二寺的太康二年（281）为最早记载。而这一时间，离《高僧传》记载安世高初抵华夏在广州活动的汉桓帝（147—167）时间，有百余年；离交州州治迁入番禺时间，也有64年了。那么，有没有存在三国时就在广州建寺的可能呢？倘若将视野跳出于岭南而至于长江以南乃至全国，可对此做再一步考证。

所谓建寺，未必建成如今时一般模样的佛寺，而是指专用于僧人译经、传教之场所，正如洛阳白马寺建立之初，也不可能如今时规范的佛寺同理，而已采用了"寺"之称名。

南朝梁慧皎《高僧传》康僧会传，提供了一些线索。佛教史论者往往注重于以康僧会从交趾北上说明佛教由岭南传入，却鲜有提及康僧会在建业（今南京）的活动对岭南佛教传播的影响。吴赤乌十年（247），康僧会至吴都弘扬佛教，以舍利异象感化了孙权，由是"即为建塔，以始有佛寺，故号建初寺，因名其地为佛陀里。由是江左大法遂兴"②。孙权建了建初寺，"会于建初寺译出众经"，"是为南地寺院之始"③。建初寺（今南京大报恩寺前身），是孙吴时期建成的江南首寺，是继洛阳白马寺之后的中国第二座寺庙，是南方最早建立的佛寺，江南佛教中心道场之一。而"江左大法遂兴"，即包括在广州兴建制止寺的

---

① 雷雨田等：《广东宗教简史》，上海文艺出版总社、百家出版社2007年版，"序言"第5页。

② 慧皎：《高僧传》卷第一《魏吴建业建初寺康僧会》。

③ 蒋维乔：《中国佛教史》，上海古籍出版社2004年版，第38页。

举动。孙权是中国历史上首位信佛的帝级人物，这对佛教在中国的传播作用甚大，对佛教在南中国的传播更起着决定性作用。他被康僧会说服信佛，并非一时之念头，此前，于汉献帝乱世，就有月支人支谦避地于吴，"孙权闻其才慧，召见悦之，拜为博士，使辅导东宫，与韦曜诸人共尽匡益。但生自外域，故吴志不载"。① 支谦是汉灵帝时入中国籍的月支族后裔，精通汉文，"遍学异书，通六国语"，随族人避乱南渡到东吴，在建业的佛经译述比较丰富，此事为中国佛教协会编《中国佛教》所载入。② 可见汉末吴地的佛教译经传教活动已较活跃。孙权让支谦辅导太子，其活动已进入吴国中枢，康僧会是在此基础上推进了以建寺为标志的南方佛教兴起。此时在西僧入华译经要地的南方重镇广州建寺，理所当然。

据乾隆《光孝寺志》所载："寺，故建德所居之宅也，三国吴虞翻谪居此。……翻卒，后人施其宅为寺，匾曰'制止'。"③ "制止"为光孝寺最早之名，可钩沉光孝寺渊源。"制"，意为帝王之命令。《礼记》"士死制"句，郑玄注："制，谓君教令，所使为之。"《史记》记载秦王嬴政统一中国，臣下劝他自封尊号，说是"王为'泰皇'，命为'制'，令为'诏'"。④ 后世奉制文学、应制诗之说，皆因此义。"止"，有到来、居住、挽留、停歇等意思，也可以做招待宾客解。用于僧徒行止上，解为驻锡。如慧皎《高僧传》载，西域高僧"永嘉中，始到中国，值乱，仍过江，止建初寺"。"齐建元初来至京师，止毗耶离寺。"可为例证。"寺"的本义是衙署、官舍。《汉书》有"城郭官寺及民室屋"句，颜师古注："凡府庭所在皆谓之寺。"鸿胪寺就是朝廷

---

① 慧皎：《高僧传》卷第一《魏吴建业建初寺康僧会》。
② 中国佛教协会编：《中国佛教》（第一辑），知识出版社1980年版，第11页。
③ 乾隆《光孝寺志》卷二《建置志》。
④ 《史记·秦始皇纪》。

接待各国使者之官署。"制止寺"当解为朝廷接待番僧之处所。用现代的话来说,就是国家接待来华僧人工作站,东汉白马寺即为先例。孙权之后,晋代的皇帝未闻有信佛及下旨在广州建寺的说法,魏晋时期以皇帝身份下诏在广州建寺的,只有孙权有可能。佛教初传入华,不是朝廷允许,地方上也不可能擅定建立接待外国人的机构的。广州是番舶入华登陆口岸,光孝寺在中国佛教史上是一处十分重要的译经地,六朝时期驻此寺译经西域名僧尤盛。据载,三国吴废帝五凤二年(255),西域人支疆梁接在交州译出《法华三昧经》。①吴在东汉末的建安十六年(211)迁交州治于番禺,黄武五年(226)从交州分置广州,不久,撤广州复为交州,此一时期的交州治所仍在番禺,直至吴景帝永安七年(264)复从交州分置广州,番禺为广州治所,才不是交州治所。支疆梁接在广州译经时间在建初寺建成8年之后,应当有可能以制止寺作为译经道场。《光孝寺志》载,东晋时,昙摩耶舍"至广州止此,时地为虞翻旧苑,尊者乃创建大殿五间,名曰王园寺。遂于此寺奉敕译经,有武当沙门慧严笔授"。昙摩耶舍甫从海上入华,不可能事先到武当山招收翻译助手,参与译经"有武当沙门慧严笔授",说明先时寺中已配备有来自外地的专事翻译人员。王园寺址在虞翻旧苑,"奉敕译经"与"制止寺"含义何其相似。昙摩耶舍在此处创建"王苑朝延寺",又名"王园寺",此两个寺称,含义与制止寺究实相通。这么多意思相近的寺名,会不会是出自外国人对"制止寺"寺名意译而造成多译呢?尤其是"王苑朝延寺"之名,将王室宅园与朝廷礼请外宾场所的意思都包括进去了。后来的"王仁寺",粤音与"王园寺"何其相似。这都留下值得推敲的蛛丝马迹。

制止寺的含义,当代鲜为人知,即在前人,也未必都能理解,以致史籍上出现"制旨寺"之讹称,唐代《续高僧传》就不止一处出现"广州制旨寺",今时著述,有将制止寺括注"亦称制旨寺"。殊不知

---

① 冯承钧:《历代求法翻经录》,商务印书馆1931年版,第8页。

"制""旨"同义,"制旨"则不可言喻。寺名采用"制止"一词,今人有释为"佛家语,即制心止。谓抑止心欲之动;不使受外物之乱而作恶"。制止寺建成之时,中国人对佛学尚未了解,不可能以佛家语为寺名,何况此语未明典出何处,这一释义与建寺意义也说不上什么关系。

接下来,探究"翻卒,后人施其宅为寺,匾曰'制止'"之具体时间。孙权召见康僧会在赤乌十年(247),此时距虞翻病逝的嘉禾二年(233)已有14年。虞翻死后,家人北归,从时间上看不可能由虞翻家人舍宅为寺,否则岂不是制止寺建成早于建初寺了。何况虞翻贬居处当为官方资产,虞翻家人没有舍此为寺的财产处理资格。据《三国志》裴松注,虞翻被贬谪到广州后,屡就国家大事发表己见,惹得孙权又将他从广州迁贬到苍梧郡,广州已不是虞翻人生最后一站,其死后家人将广州之居处舍宅为寺的说法,就更加不成立了。所谓"后人",只说明制止寺建于虞翻死后而已。下旨建寺者,只能是"江左大法遂兴"时之孙权。孙权于赤乌十年(247)创建建初寺,死于太元二年(252),则制止寺建寺时间,当在此5年期间。孙权在建业创建建初寺之后,选择广州建立制止寺,以接待来自西域的高僧在此译经,这与孙权了解广州在海上丝绸之路的地位是相应的,吴国出访南洋的使节康泰、朱应就是从广州下洋的。

光孝寺前身之制止寺始建于三国,在佛教入华初期的地位及传播作用,不须赘言。见于《高僧传》及旧志,除东汉末之洛阳白马寺,三国吴建业建初寺及广州制止寺之外,朝廷在各地建寺记载,均在晋之后。则制止寺为吴在江南所建之第二所寺院,也是海路为早期佛教传入中国途径之一的实证。

十六

东吴番禺外贸及朱应康泰奉使南海

广州考古极少发现三国遗迹,终于有所突破。2000年年底,在西湖路广百新翼工地发现一处三国遗址,还是个钱窖!这是一处利用废弃水井做储存的窖藏,堆置成串成堆的铜钱,约有3000枚,从钱币窖藏看是经过专门安排的正常情况下贮藏货币的一种方式。① 这些铜钱中,可辨认的有汉代的半两、"五铢"钱,新莽钱及三国时期的"大泉五百""大泉二千""大泉当千"等。这不仅是广州三国考古一大发现,即在中国钱币史上也是一大发现!"大泉五百"开铸于孙吴嘉禾五年(236),是东吴自铸货币最早一种。"大泉五百"钱重十二铢,当时与五百个五铢钱等值。随后相继铸造了"大泉当千""大泉二千"和"大泉五千"。钱币面额越铸越大,物价越贵,受到民众抵制,孙吴不得不于赤乌九年(246)回收大钱。大钱只流通了10年,却为判定窖藏年代提供了可靠线索。三类大钱在国内不多见,几年前的市场价格,一枚大泉五百在500元左右,一枚大泉二千约在6000元,一枚大泉五千拍卖

---

① 《广东文物考古三十年·广州市西湖路三国钱币窖藏和唐代铸币遗址》,暨南大学出版社2009年版,第463页。

更达三十几万元。此次出土的"大泉二千"多达359枚（还未包括未去锈的一部分），此外，还有蜀汉的"直百"和"直百五铢"钱，未定国属的"太平百钱"和"定平一百"铜钱。如此大量三国货币的出土，反映了三国时广州货币流通何等热闹，显示出广州地区的商业发达，更显示其作为东吴大后方的重要性。在中国钱币史上，六朝时期"由于币制混乱，多用布帛交换，实物交换抬头，货币交换衰退"①。唐长孺研究认为："即使在三国时代，商品货币经济也不曾完全绝迹，三国间公私商旅的往还交市不仅始终存在，东吴上下的海外贸易还得到进一步的发展。"② 在广州发现的三国大量铜钱证实了这一观点，反映了当时广州商贸的繁荣。广州是东吴通往东南亚的重要港口，市面上有大量货币，正是外贸集散的需要。

《中国通史》述及"吴在岭南建立统治后，该地所产的明珠、大贝、犀角、象牙、玳瑁、翡翠、战马等珍品，源源不绝地运到东吴朝廷，这说明吴对岭南的统治是有效的"③。这些珍品中，多数属《史记》《汉书》所载粤地聚珍门类，其中不少是通过海上交通贸易获得的，这从文献中也可获得佐证。《三国志》记载，吴岱首任广州刺史，在平南顺利进展的同时，"又遣从事南宣国化，暨徼外扶南、林邑、堂明诸王，各遣使奉贡"④。扶南即今柬埔寨，扶南国是公元1世纪后半叶至7世纪的中南半岛古国，其领土包括今柬埔寨、老挝南部、越南南部、泰国东南部一带，最盛时期达泰国西部直至马来半岛南端，地扼东西海上交通要冲，处南海交通中心，是东南亚地区第一大国。东汉番禺人杨孚所

---

① 余也非：《中国古代经济史》，重庆出版社1991年版，第273页。
② 唐长孺：《魏晋南北朝史研究》，科学出版社1986年版。
③ 范文澜总主编，本卷主编黎虎：《中国通史》第五卷《中古时代·三国两晋南北朝时期》（下），上海人民出版社1995年版，第80页。
④ 《三国志·吴书》卷六十"吴岱传"。

著《南裔异物志》中已经提到:"金邻,一名金陈,去扶南可二千里。"① 杨孚生卒年无考,他在汉明帝和汉章帝期间(58—78)供职于朝,其生平活动时间正是一世纪后半叶。《南裔异物志》是最早出现"扶南"之称的古籍。由此可见扶南在建立初时就揭开了与中国关系史一页。杨孚生平未有出洋的记载,他的信息只能来自听闻,因此,其著述提供了中柬往来的信息,也是汉代海上丝路的实证。吕岱徼外国诸王遣使奉贡,传达的是朝廷意旨而不是岭南地方官的决策,建立外交关系目的十分明显,直奔建立官营贸易关系,成效可见,史载孙权赤乌六年(243),扶南王范旃遣使献乐人及方物。②

《汉书·地理志》记载海外交通航线,只提及徐闻、合浦。③ 因此,东吴以前,广州是否直接与海外通航,学者持论不同。入晋以后,史籍则有外域航海来往广州(番禺)的明确记载。东晋法显《佛国记》记载,他从耶婆提国(今爪哇岛)乘商舶"东北行,趋广州"。至于汉晋间三国东吴时期海上交通的史实,鲜为人注意,考证也不详。东吴时期,朱应、康泰奉命出使扶南(今柬埔寨),还到过东南亚其他一些国家,是史载中国政府使节首次访柬,也是我国首次遣使与南海诸国交好,启程之点就在广州,不仅说明了当时存在以广州为起点的南海远洋航线,而且是中外文化交流史上一个重要的事件,值得大书特书。《广州简史》对此事只字不提。④《简明广东史》称:"粤东海道汉代已初步开辟,六朝时通过的船只增多了。一是有组织的使船和兵舰:东吴派康泰、朱应出使扶南国(今柬埔寨)……"⑤ 按此,康泰、朱应途经粤

---

① 引《太平御览》卷七九〇。
② 《三国志》卷四七"孙权传"。
③ 《汉书》卷二八《地理志》。
④ 杨万秀、钟卓安主编:《广州简史》,广东人民出版社1996年版。
⑤ 蒋祖缘、方志钦主编:《简明广东史》,广东人民出版社1993年版,第88页。

东海道下东南亚,起点当不在广州。这种认识并非偶然,见《中国历代史话·三国史话》上的《孙吴海上交通图》,绘有由建业径至扶南航线,竟未标出广州或番禺。① 因此,很有必要对朱应、康泰出使扶南及此举与广州的关系评说一番。

孙吴政权重视海外关系。黄武五年(226),大秦(罗马帝国)商人秦论自海道来到交趾郡,太守吴邈派人陪往晋见孙权,孙权询以方土谣俗。② 此后,孙权曾数次派遣将领浮海求夷洲、亶洲,讨珠崖、儋耳。这些活动,或为求长生方药,或为耀兵扬武,也未涉及东南亚,其意义均不能与遣朱应、康泰出使扶南相比。

朱应、康泰出使扶南之事,《三国志》未做记述。《梁书·海南诸国》记载:"吴孙权时,遣宣化从事朱应、中郎康泰通焉(按:指海南诸国),其所经及传闻,则有百数十国,因立记传。"同书《扶南传》称:"吴时遣中郎康泰、宣化从事朱应使于寻国。"③ 汉代,"中郎"为光禄勋(九卿之一)属官,至东汉为后备官员,无固定职掌或给事于诸中央机构。三国时,仍置中郎,为储备人才的一种途径。"从事"或称"从事史",为州一级佐官,由州长官自辟。吴袭汉制,亦有此二官。"从事"冠以"宣化",标明外交使命之身份。由官衔推测,康泰是朝廷命官,朱应是较熟悉南海情况的交州从事。将《梁书》与《三国志》记载吴岱遣从事南宣国化,徼外诸王遣使奉贡事相对照,显然是同一事件。吕岱遣使紧接于定交州之后,使节从州治番禺启航,顺理成章。故《广东通史》称:"两使节从交州州治番禺启航。"④ 吕岱在孙权黄武三年至黄龙三年(226—231)任交(广)州刺史,两使节出使

---

① 潘国基:《中国历代史话·三国史话》,北京出版社1992年版,第235页。

② 《梁书》卷五四《诸夷列传》。

③ 《梁书》卷五四《诸夷列传》。

④ 方志钦、蒋祖缘主编,本册汪廷奎主编:《广东通史·古代卷》(上册),广东高等教育出版社1996年版,第333页。

时间应在此时。

朱应、康泰出使南海诸国,广泛进行实地考察,还进行了友好文化交流。《梁书》记载了两件具体事迹。朱应、康泰在扶南国受到国王友好接见时,既赞扬扶南"国中实佳",又诚恳地指出男子裸体之不雅。国王采纳建议,"始令国内男子著横幅,今干缦也。大家乃截锦为之,贫者乃用布"①。这种横幅、干缦,即沿用至今的东南亚民族服装之纱笼(Sarong)。中天竺国(今印度)遣使者到扶南国,正与康泰相遇。康泰向他们详细询问天竺土俗,"云佛道所兴国也"②。两国使者互相了解民情风俗,是一次友好的文化交流。朱、康出访成功,扩大了中国与南海诸国的文化交流,意义不亚于张骞、班超通西域。他们是史籍留名的通航南海先驱。朱、康回国之后,扶南国遣使入华访问、献礼不断。晋武帝六年(270)"扶南等十国来献",七年"扶南等二十一国、马韩等十一国遣使来献"③,证明了朱、康出使扶南的深远影响以及广州在东吴至晋时海贸盛况。吴万震《南州异物志》记载了当时东南亚国家来广州贸易商船:"大者长二十余丈,高去水三二丈,望之如阁道,载六七百人,物出万斛。"④ 古一斛十斗,"万斛"或为形容其多,而能载六七百人则是实数,也可见其商船之大。东吴时期东南亚诸王的遣使奉贡,使广州的港口地位得到提升。

回国以后,朱应著有《扶南异物志》,已失传。康泰著有《吴时外国传》,原书已佚,部分内容被引载于《水经注》《北堂书钞》《艺文类聚》《初学记》《史记正义》《史记索引》《通典》《文选注》《白孔六帖》《太平御览》《事类赋》等古籍中。仅从引用书籍之多,可见此书史料价值之高。引用时对该书题名不一,或作《吴时外国志》《扶南土

---

① 《梁书》卷五四《诸夷列传·海南诸国》。
② 《梁书》卷五四《诸夷列传·海南诸国》。
③ 《晋书》卷三《武帝纪》。
④ 《太平御览》卷七六九。

俗》《扶南记》《扶南传》《康泰扶南记》。前人考证，《吴时外国传》是该书总名，其他可能是子题或传抄者以意分之所致。吴人万震撰《南州异物志》，稍后郭义恭撰《广志》，都是参考了《吴时外国传》和《扶南异物志》。正史《南齐书》《梁书》《南史》编纂南海诸国传，均以之为重要依据。《吴时外国传》重点记述扶南，还记载了31个古国与地区。我国最早记载中国与东南亚海上交通的古籍《汉书·地理志》，只记载6个古国，且既无方位，又无里程。《吴时外国传》所载的多数国家则记有方位与路程，由此考出大致分布在今越南、缅甸、泰国、马来西亚、菲律宾、新加坡、印度尼西亚、斯里兰卡、印度、伊朗一带。《吴时外国传》还记载了许多古国和地区的交通、物产、贸易、人口、风俗、气候、服饰、宗教、工艺等情况，对南海交通也存下宝贵史料。中国古籍称古罗马帝国为大秦，康泰最早记载了海路至大秦航程日期。① 还述及"涨海中，倒（疑为'到'）珊瑚洲，洲底有盘石，珊瑚生其上也"②。当指西沙群岛一带的暗礁，是吴时已有海舶来往南海之确证。《吴时外国传》是世界上最早介绍柬埔寨的名著。柬埔寨本国没有早期历史记载，其古史一些重大问题的研究解决，得助于《吴时外国传》。西哈努克亲王1956年访华时曾说，高棉人于公元1世纪开始建立有组织的国家，这是根据中国使节康泰和朱应的记载。朱应、康泰是迄今所知东吴时期中国官方友好航海活动领队人及仅知的有名有姓者，他们是中外文化交流史、南海交通史上的先行者。出访的准确时间及是否有多次出访的使团等问题，因史料不全，暂时阙如，但也不影响上述结论。

---

① 《太平御览》卷七七一。
② 《太平御览》卷六十九。

十七

永嘉世的广州

广州考古极少发现三国墓，2013年11月出版的《广州考古六十年》说："目前广州地区未发现有明确的三国时期墓葬。"① 相比之下，新中国发掘的广州晋墓有十多处共数十座，颇有些收获。发掘晋墓均为砖室墓，墓砖印有各种图案及铭文，看来是时兴。这些墓中出土物，与在岭南各地发现的晋墓一样，反映了当时北方士族大姓南来之盛。各个年代的砖铭，内容大多是制作纪年或吉祥用语，唯独永嘉年间不一般。永嘉为西晋怀帝司马炽年号（307—313）。1954年在西村孖岗发掘的晋墓砖铭中，除了"永嘉六年壬申，宜子保孙""永嘉七年癸酉，皆宜市"的吉祥语之外，还有"永嘉世，天下荒，余广州，皆平康"。② 同类又有："永嘉世，天下灾，但江南，皆康平""永嘉世，九州空，余吴土，盛且丰。"

述广州史者少及晋事。《简明广东史》对西晋不做记述，东晋则只

---

① 广州市文物考古研究所编：《广州考古六十年》，广东人民出版社2013年版，第80页。

② 广州市文化局编：《广州文物志》，广州出版社2000年版，第67页。

记述卢循起义军驻广州事。① 多有人喜欢拿晋墓铭文的"余广州,皆平康(也有'平且康')"说明晋代广州之得天独厚。那么,此砖铭属祈福愿望,还是纪实之语呢?

　　永嘉世是个什么样的世道？西晋得天下才 25 年,晋惠帝期间就发生了长达 16 年（291—306）的"八王之乱",各少数民族贵族乘机起兵,政权风雨飘摇。晋怀帝司马炽接位,帝号永嘉。不到三年,又发生辅政的东海王出镇许昌,回京杀近臣之变故。永嘉五年（311）,建都平阳（今山西临汾）的汉王刘聪攻入洛阳,将司马炽虏至平阳。怀帝死后,司马邺即位,长安城中户不满百,蒿棘成林,一片荒凉,百官采野谷以自存。汉军进逼长安,长安内外断绝,人相食,死者大半,司马邺投降,晋亡。自永嘉至晋亡,10 年时光,说是天下荒,并不为过。

　　晋代广州城未见扩展记载,但此一时期人口增多,与北方战乱加剧,流民入粤有很大关系。移民首先从东汉末由遭受战乱破坏最严重的北方地区流入江南,入晋以后,更加大量南迁。永嘉年间,"雍州以东,人多饥乏,更相鬻卖,奔迸流移,不可胜数。幽、并、司、冀、秦、雍六州大蝗,草木及牛马毛皆尽。又大疾疫,兼以饥馑……流尸满河,白骨蔽野"。② 刘琨上疏,陈述他在并州目睹人民流亡情况:"臣自涉州疆,目睹困乏,流民四散,十不存二,携老扶幼,不绝于路。"③ "西晋建兴三年（315）,江扬二州经石冰、陈敏之乱,民多流入广州,诏加存恤。"④ 大规模南迁发生在永嘉年间,史称"永嘉南迁"。中原民户近者流入梁、益、荆、扬、豫等州,远者流至宁州、交州。西晋流民运动的特点,除了人数多、成分复杂、分布集中之外,还体现在士家大族往往举族流迁,形成特殊的家族组织。流民中有许多官僚士大夫、文人学

---

① 蒋祖缘、方志钦主编:《简明广东史》,广东人民出版社 1993 年版。
② 《晋书》卷二十六《食货志》。
③ 《晋书》卷六十二《刘琨传》。
④ 《交广记》,引自道光《广东通志》卷一《前事略》。

者等，谓之"衣冠南迁"，推动了南北文化交流和南方文化的发展。

岭南学者将晋末作为北方移民流入岭南的一个高峰，岭北学者未必这样看。葛剑雄等人所著《简明中国移民史》记述，晋代移民南迁分为东、西二区，东区包括长江中下游及淮河流域，以接受黄河流域下游及今山东、河北及河南东部的移民为主；西区包括长江流域上游及汉水流域，以接受今甘肃、陕西、山西及河南西部移民为主。统计方法是以侨州、郡、县的户口数为南迁人口的约数进行分析。据此，汉人迁入地区，只到了浙江、江西、湖南北部和四川东部。虽说"还可以找到南迁的移民一直达到了岭南和在今越南境内的交州的证据。但这些地区接受移民的数量是相当有限的，所以可以不把它们列入移民定居地区"。① 但是，正如谭其骧所指出，没有设置侨州、郡、县的地区不等于就没有移民。两晋时期，岭南同样流入北方移民，东晋曾在新置的晋康郡（治所在今德庆）立侨宁县，② 表明此县乃为岭北侨民而立。东晋义熙九年（413），粤东设义安郡，郡治海阳县，实际上是将汉设揭阳县升格为郡，1县分为5县，其一称义招县，有义招流民之意，此地乃"昔流人营也"。③ 流人营是为一定数量移民而设置的。之所以没有大量设置侨置区域，固然因为移民数量没有流入江南多，也因为岭南相对地广人稀。移民造成人口增加，主要体现在地方行政区域有所增加上。西晋永兴元年（304）至东晋末，广州由辖南海等5郡增至辖8郡，南海郡从辖6县增至8县。西晋后期中原大乱，无限征调，东晋初，世家大族集中江南，江东地区赋役加重，唯岭南得以幸免，"百姓乃从海道入广州"，"逃逸渐多"。④ 这也是这一砖铭的背景。

此时的广州，是另一番景象。从晋墓考古可见一斑。

---

① 葛剑雄、曹树基、吴松弟：《简明中国移民史》，第149—151页。
② 《宋书》卷三十八《州郡志》。
③ 《太平寰宇记》卷一五八引《南越记》。
④ 《晋书》卷七十三《庾翼传》。

十七 永嘉世的广州

1986年至1989年，在下塘狮带岗发掘了4座晋墓，墓室早年被盗，出土随葬物共53件，多为青瓷器，还有青铜器碗与玻璃器皿各一件，无论从外观还是成分上看都有可能是舶来品。①

1994年在黄埔区姬堂发掘3座晋墓，② 二号墓墓砖中有"永嘉元年正月十五日张秀士家作砖"字样铭文，是一处西晋后期家族墓地。二号墓被盗扰严重，在甬道还发现有青釉罐、唾盂、陶釜等生活用品及牲畜房、马厩、牛牢、囷、水田等明器。三号墓出土有青釉碗、碟、滑石铭牌、谒牌、金钗、刻刀、耳杯、铜镜、铜鼎、甗、摄、剪刀、石砚、砚墨条、银印、石印、铜带钩、弩机、滑石猪等。银印印文为"牙门将印章"，石印印文为"关内侯"。由滑石铭牌、谒牌得知墓主为"牙门将宣威将军武猛都尉关内侯南海郡增城县西乡梁盖"。古代埋葬地一般是墓主家乡。唐以前增城县域本无考，据此，姬堂在西晋为"增城县西乡"。

墓主一连串衔头中，"牙门将"为统兵武职，五品官职。"宣威将军"为无固定职掌的杂号将军。"武猛都尉"职见《宋书》，由此发现可见晋已设之，也是散官之职。"关内侯"仅为一种爵位品级，多系虚封，无食邑，以赏军功。那么，这位墓主是位军功出身的贵族，官至五品。铜鼎、铁足铜甗、金钗反映其享受着贵族生活待遇，石砚、砚墨条、弩机，反映贵族尚文能武时尚。水田及水井、灶、牲畜房、马厩、狗圈、牛牢、鸡舍等模型明器，是南下贵族在岭南发展农业，形象地再现了晋代庄园六畜兴旺的富有面貌。马厩是瓦屋顶，可见墓主经济实力之雄厚。出土的3件水田模型，形象地再现了晋代耕、耨、犁、耙等农作场面。广东地区的韶关、连县（今连州市）、肇庆坪石岗晋墓，均见有陶水田模型器，反映当时岭南地区水稻生产长足发展，由此印证"余广州皆平康"的真实性。黄埔地区出土，此前有先秦遗址和东汉墓地，

---

① 《广州市下塘狮带岗晋墓发掘简报》，载《考古》1996年第1期。

② 广州市文物考古研究所：《广州晋代考古的重要发现——黄埔姬堂晋墓》，载《广州文物考古集》，第316—319页。

隋代建成了南海神庙，唐代出现了国内贸易大港——扶胥港。可以推断，这里是广州地区较早为人们生息繁衍的重要地区之一。

1981年在广州沙河顶永福村发现的西晋砖室墓，有砖铭"太熙元年"（290），太熙是晋开国皇帝司马炎的年号，是广州发现西晋纪年墓中年代最早一例。墓中残存五十余件青釉器，随葬有陶牛车、骑马俑、簋。牛车用竹篾编造的较大的车棚，延伸到遮到牛身，适应南方多雨气候。① 两汉时期的广州墓葬中，陶器是主要的陪葬品，一入晋代则出现迥然不同的大量造型美观、制作精美、釉色晶莹的青釉器，其制作和烧造技术有较大进步，这一突变，与中原人南迁，先进技术传播不无联系。

广州之富裕，主要在于外贸。两晋南朝时期，广州成为海外贸易主要港口。孙吴时期尚未有海上商船由广州启航或抵达明确记载，西晋太康二年（281）出现大秦遣使来华登陆广州的记载："惟泰康二年安南将军广州牧滕侯坐镇南方……大秦国奉献琛，来经于州，众宝既丽，火布尤奇。"②《晋书》有东晋时印度洋沿岸及东南亚国家直接来广州贸易的记载："孝武太元三年诏曰：钱，国之重宝，小人贪利，销坏无已，监司当以为意。广州夷人宝贵铜鼓，而州境素不出铜，闻官驻贾人皆于此下贪比轮钱斤两差重，以入广州，货与夷人，铸财作鼓。其重为禁制，得者科罪。"③ 说明航路开通已成事实。当时，佛教人士从海外来华入粤，主要是搭贸易海舶。西晋时，天竺僧人耆域和迦摩罗先后乘商船到广州传教，建造佛寺。东晋时，中国高僧法显自锡兰返航广州，清楚地记载了印度洋远航的航线，亦说"常行时正可五十日便到广州"④。

---

① 广州市文物管理委员会考古组：《广州沙河顶西晋墓》，载《考古》1985年第9期。

② 殷巨：《奇布贱及序》，见《艺文类聚》卷八十五《布部》。

③ 《晋书》卷二十六《食货志》。

④ 《法显传》，文学古籍刊行社1951年版，第41—51页。

广州正式成为海上丝绸之路的起点,对经济发展有直接影响。时人说"广州包带山海,珍异所出,一箧之宝,可资数世"①。东晋末广州刺史褚叔度"在任四年,广营贿货,家财丰积……还至都,凡诸旧及有一面之欸,无不厚加赠遗"②。如果广州没有财货,就贪不到这么多财物。

外贸带动了手工业、商业发达。车永"为广州刺史,居官贪浊,土豪等以蔽之",其子车溢仗父权势,"多使工作象牙细簟,工甚患之"。③广州城的坡山,晋代是珠江西南江岸渡口,现存"仙人脚印"壶穴地形,是当时河边集市之实证。1994年,在广州市中山四路市文化局原址发掘晋代土层中,发现成片冶铸遗物,是一处大型冶炼作坊。史载,东晋咸和六年(331)邓岳为广州刺史,督交广诸军事,"大开鼓铸,诸夷因此知造兵器"④。此乃实证。

---

① 《晋书·吴隐之传》。
② 《宋书》卷五十二《褚叔度传》。
③ 《北堂书钞》卷七十二及《白氏六帖事类集》卷四引。
④ 《晋书》卷七十三《庾翼传》。

十八

经营广州的陶侃、卢循

晋代,曾有两个知名人物在广州活动:一叫陶侃,一叫卢循。两人皆出身士族,做过广州刺史。陶侃入粤于西晋临亡前的建兴三年(315),卢循败退岭南于东晋晚期的义熙七年(411),他们都是身在岭南,志在中枢,情况却天差地别。一为受封赴任,一为割据请封;结局一是荣华富贵,一是兵败身亡。不管差别如何,他们的经历,都透露了一个信息:晋代岭南已具备养兵以出师北伐的条件。

陶侃出名,是因为运甓的故事:

侃在广州无事,辄朝运百甓于斋外,暮运于斋内。人问其故,答曰:"吾方致力中原,过尔优逸,恐不堪事。"①

甓者砖也。故事说的是陶侃任广州刺史时,每天一早把厅堂里一叠叠砖搬到堂外地坪上,傍晚又一一搬回堂上,日日如是。有人问他干嘛这样做,他回答说:"我正效力于中原,养尊处优,怕挑不起重担。"这里说的中原,是政治中枢的代指。这个故事有三个关键词:无事、致力、堪事。"无事",可见陶侃不以广州为施展才干之地。他是江西人,

---

① 《晋书》卷六十六《陶侃列传》。

出身大族，其父曾任吴扬武将军。他自己战功赫赫，西晋封江夏太守加鹰扬将军，朝廷本意让他到战略要地荆州任刺史，手握大权的王敦深忌陶侃功，将从弟王廙安排在荆州，却让陶侃转赴远离政治中心的广州任刺史。那时候的交广，尚属于边远之地，政治上失宠的人物，往往被打发到岭南来（直到唐宋，岭南仍是流放之地）。陶侃于是视岭南为"无事"。致力中原，正是表明自己心怀天下。"堪事"，则是以重任自负，相机而动。

其实，广州也不是世外桃源，反而因为天高皇帝远，有另一番险恶。西晋建兴三年（315），陶侃带兵入广东始兴韶关。第三年，西晋就灭亡了，王敦及堂弟王导等拥立东晋政权。广州陷于一片混乱之中，在长沙的王机因父、兄曾任广州刺史，在广州有些影响，向王敦乞请为广州刺史，不获准，转而求任交州刺史。但交州的世族地主梁硕闹独立，王机进不了交州。可巧此时杜弘占据了临贺（治今广西贺县），王机投奔杜弘，力劝杜弘袭取广州，又串通广州城内的部将温邵及秀才刘沉以便里应外合。陶侃率兵直指广州城，杜弘声言归降，实则率军旅随后而至。陶侃设伏掩杀，杜弘片甲不留，跑去降了王敦。刘沉被俘，王机被斩。陶侃派人将王机的首级送到京中报捷，实际上是显示实力。手下劝他乘胜追击温邵，陶侃笑道："不必调兵遣将，写封信就行了。"一封信果然吓得温邵落荒而逃，被获于始兴。陶侃从容登上广州刺史大位，受封柴桑侯，广州局面得以安定，百姓免于兵祸。太兴元年（318），朝廷诏加陶侃都督交州诸军事，意在借助他的力量对付梁硕。永昌元年（322），王敦以"清君侧"为借口，进攻首都建康（今南京）。一片混乱之中，谁都想拉拢实力派陶侃。晋帝诏封陶侃以本官领江州（今江西南昌）刺史，企图以他牵制王敦。不久王敦得手后，又让陶侃官复本职加散骑常侍，对朝廷任命陶侃湘州刺史加以阻挠。任凭风云变幻，陶侃牢牢抓住广州地盘不放松。陶侃灭了梁硕，兼领交州刺史。正当王敦屯兵芜湖准备起兵篡权时，东晋朝廷也发起了征讨，陶侃派部下高宝率兵北上响应。平乱之后，加封都督荆、益、梁州诸军事，领护南蛮校尉、征西大将军、荆州刺史,进号征南大将军、开府仪同三司。开府仪同三司为大臣加号,意谓与三司即太尉、司徒、司空礼制、待遇相同,许开设府署,自辟僚属。这是权倾南国之封疆大吏。他在广州任上也留下了勤于吏职,还喜浮华清谈的事迹,深得广州人民所爱戴,这也是广州在晋朝战乱年代中的福分。

陶侃志不在广州,却认真经营着岭南地盘。新建晋兴郡(郡治今广西南宁),开辟新的贡赋来源,增强经济实力。北上的机会终于来了。东晋政权十分不稳定,咸和二年(327),参与平息王敦之乱有功的苏峻又发动了内乱。逃出建康的中书令庾亮邀江州刺史温峤和陶侃举兵讨伐苏峻,推陶侃为盟主。陶侃率大军出岭,收复了建康,被封为长沙郡公,任荆江二州刺史、都督荆江雍梁交广益宁八州诸军事,后拜大将军、持节侍中太尉,"剑履上殿、入朝不趋、赞拜不名",威势显赫。他不居功骄傲,上表固让,后来又再次上表让贤,称病告老还乡。离任时,将物资清查造册盖印加填充,仓库还亲自加锁,移给接任的王衍,公私分明,传为美谈。离岭之后,陶侃再没有回首岭南了,但他在广州任上10来年,无疑为后来的功成名就积累了重要资本。

卢循来广州实出无奈。东晋安帝时,在今江苏南部和浙东地区爆发了孙恩起义。孙恩的叔父孙泰是五斗米道教主,借此发展势力。晋朝镇压五斗米道,杀了孙泰,孙恩与百余党徒逃入海岛,后率众起义。元兴元年(402),孙恩败死,其妹夫卢循被推举为主。卢循为范阳涿郡(今属河北)人,出身士族。曾祖为晋司空从事中郎。西晋亡后,由于过江晚,屈于侨姓的王谢大族之下,心怀不满,是他结同孙恩叛乱的主要原因。次年,卢循在永嘉被安抚,受封永嘉太守,却被东晋建武将军刘裕击败,于是和姐夫徐道复率所部数千人,从晋安(今福建福州)乘船南下。这是史载大规模船队从闽粤沿海进入粤地大河首航,开辟粤东海道航线。元兴三年(402)八月卢循抵达广州,攻打州治番禺。广州刺史吴隐之下令闭城固守。这位吴隐之就是以清廉出名的"贪泉"掌故之主人公。攻城3个多月,相持不下。卢循派人入城纵火,这时入城避乱的人很多，吴隐之怕卢循内应乘机起事，下令严加把守，不先救火。结果，火势迅速蔓延，府舍焚荡，死者无数。史载焚烧三千余家，死者万余人，逃生者数千人而已。① 卢循乘隙攻入城内，吴隐之携家出奔被生擒。其后卢循于江南洲上掘成大坑将烧骨埋葬，名为"共冢"。②

卢循自称平南将军、广州刺史，又使徐道复攻始兴，并遣使入朝贡献。他已远离政治中心，朝廷亦无暇征讨，于是任命他为征虏将军、广州刺史、平越中郎将，徐道复为始兴相。刘裕写了封信给卢循，要求遣返吴隐之，卢循乐得作个人情。由于番禺城焚毁已甚，卢循在河南另筑造军事城堡训练水师，被称为"卢循城"。"此城形势比方壶，万堞周回势不孤"。可以想见其气势。南汉时，被利用作仓廪，故又称为"刘王廪"。明末清初，顾祖禹记述："卢循城在府南十里，遗址隐然，往往在断砖败瓦。"《南越志》："河南之洲，状如方壶，乃循旧居。晋义熙七年，沈田子破循，焚其巢穴，即此地也。"③ 近人考证，其位置在今小港路至万松园之间隆起的一个地段，昌岗一带，已难觅一砖一瓦了。

卢循驻兵广州不过是权宜之计，其意在养精蓄锐以图北上。他依旧例每年向朝廷上贡，又派人联络交州刺史结盟反晋，却遭到拒绝。驻广州近5年，政治宽平，社会安定，人民生活比较丰裕。还在新宁郡（今新兴县）组织开矿采银，创办了粤西早期的矿业。义军对贪官污吏、豪门大族的冲击，多少减轻了下层民众所受的压迫。与此同时，他暗中派人到南康山（今江西赣州一带）伐木，开成木板材，贱价就地出售。没有惊动朝廷。时机一到，即可征用这些藏之于民的板料，造成大船北上。徐道复在始兴还大量吸收当地溪洞青壮年入伍，壮大队伍。

等了几年，也得到机会。义熙六年（410），获悉刘裕率兵北伐南

---

① 《晋书》卷一七《五行志》。
② 《太平御览》卷三七四《髑髅》，引裴渊《广州记》。
③ 《读史方舆纪要》卷一百一《广州城·陆贾城》。又《元和郡县图志》卷三四《岭南道·南海县》："卢循故城，在县南六里。"

燕，建康兵力空虚，卢循与徐道复在始兴会师北伐，之后，卢循自始兴出湘攻长沙，直指江陵；徐道复出赣江下浔阳（今江西九江）直取建康。起义军在广东建造的船队十分强大，楼船高12丈。"舳舻千计"，回溯于赣江，纵横长江中下游，游弋大海上，为中国农民战争史上前所未有的壮举。刘裕此时已平定南燕，回师死守建康。卢循优柔寡断耽误战机，使刘裕得以喘息。卢循数战皆败，损失数万人，收拾残卒撤出，又想退保广州，以图再起。然而一个月前，刘裕已派兵泛海袭取广州，旋取邻近各郡。七年（411）三月，卢循围攻番禺20余日，腹背受敌。被迫西走交州，与交州刺史杜慧度在龙编交战时，仅存的舰船尽焚，兵众大溃，卢循中箭负伤，投水而死。孙、卢起义，先后经历12年，活动范围遍及长江、珠江、湘水和赣水流域广大地区，更拓展了岭南与北方水路交通来往联系。

有说卢循失败后，余部为逃避迫害，遁入海滨荒岛，部分地区流落在西江水上生活，与雕题、氐等部族一起，成为疍族的先民。这些水上居民成为广东滨海及某些海岛聚落的开拓者。这种说法起得很早，唐代的《岭表述异》就已说道："卢循背据广州，既败，余党奔入海岛野居。唯食蚝蛎，垒壳为墙壁。"① 又据说香港大屿山、宝安南亭竹没山就是当年卢亭的聚居点。广东人称这些水上居民为"卢亭种"。清人诗中有句："试问疍船歌管里，卢亭尚有子孙无。"胡守为根据学者的研究，认为"卢亭实是一种'海夷'，越族的一分支。后人以为广州一带称疍民的水上居民，是卢循余众的后代，实无根据，恐怕也是沿袭卢亭为卢循党羽的后人之误"②。

---

① 见鲁迅校本《岭表录异》卷下及卷上，广东人民出版社1983年版，第9、31页。
② 胡守为：《岭南古史》，广东人民出版社2014年版，第119页，原注：关于疍民的研究，可参何格恩《（疍）族事迹年表》（《岭南学报》6卷4期）、饶宗颐《说（疍）》（《选堂集林·史林》中，香港中华书局1982年版）。

500多年前,南海郡尉任嚣嘱咐其继任者赵佗闭关绝道以立国。任嚣与赵佗,均是南下秦军将领,手中握有兵力,在天下大乱之际,萌生的也只是割据的想法。同样是南下将领的陶侃、卢循,在以广州为据点养精蓄锐之际,却都是"志存中原",说明此时的岭南已具备北伐物资基地之条件了。卢循之后再过150年,就有陈霸先获冼夫人支持,由岭南出师问鼎成功之举。

十九

道教南传与葛洪夫妇行医

说到道教传入广州,有将秦时安期生在白云山活动视为最早在广州活动的人物,如说:"道教人物与岭南的关系,最早的可追溯到安期生。"① 汉末至魏晋南北朝是道教形成和确立的时期,安期生是秦汉之际方术之士,还不能称为道教人物。

真正组织起来的道教,产生于东汉末年,为太平道和五斗米道(即天师道)。原来传播于社会下层,属道教符箓派,主要讲求以符箓、咒语为人们祛祸祈福,带有巫术色彩,随着统治阶级上层人物与知识分子的加入,使道教渐渐转向丹鼎派,借外物(金丹)求存精固体的神仙术。

道教南传,有着其相应的客观环境和历史文化条件。在道家眼中:"朱砂为金,服之升仙者,上士也;茹芝导引,咽气长生者,中士也;餐食草木,千岁以还者,下士也。"② "上士得道,升为天官;中士得

---

① 胡守为:《岭南古史》,广东人民出版社2014年版,第289页。
② 葛洪:《抱朴子内篇·黄白》。

道，栖集昆仑；下士得道，长生世间。"①《本草经》说："凡药上者养命，中者养性，下者养病。"② 说来说去，上等仙药为金砂类，服之可以得道成仙；下等的草药，至少服用也可以长生不老。而金砂类的丹砂、金银、云母、珠玉等矿物质，岭南是主要的出产地。宋人《岭外代答》说道："勾漏，今容州，则知广西丹砂，非他地可比。……尝闻邕州右江溪峒归德州大秀墟有金缠砂，大如箭镞，而上有金线缕文，乃真仙药。"③ 还有认为："《仙经》亦用越砂，即出广州、临漳（今广西合浦）者，此二处并好。"④ 葛洪放弃高位，求为勾漏（今越南河内西）令，理由就是听说交趾出丹砂，打算在那里炼丹，以求长寿，这都可以成为高官低就的理由，可见当时信奉道教之盛。岭南草木可供养生长寿者尤众。例如"菖蒲放花，人得食之长年"。⑤ 广州白云山菖蒲涧产菖蒲，"此涧菖蒲，昔安期生所饵，可以忘老"。⑥ 古代岭南瘴气流行，"苍梧、南海，岁有旧风瘴气之害……气则雾郁，飞鸟不经"⑦。环境恶劣，崇尚巫鬼，重淫祀，天神百鬼，无不祭祀。岭南的巫舞、咒术，与道教文化有着相似或相近之处，有的甚至是道教某些内容的渊源。葛洪《抱朴子内篇》中有许多"禁咒之法"，"亦出于'越'，为南方民族之术"⑧。

论者将岭南道教开创者多归结于鲍靓、葛洪，如说"实有其人，并

---

① 葛洪：《抱朴子内篇·金丹》引《太清观天经》。
② 《艺文类聚》卷八〇《药》引。
③ 周云非：《岭外代答》卷七《金石门·丹砂水银》。
④ 陶弘景：《本草经集注》。
⑤ 《太平御览》卷九九九《百卉部·菖蒲》引《风俗通》。
⑥ 《太平寰宇记》卷一五七《岭南道一·土产》。
⑦ 《三国志·吴书·陆凯附陆胤传》。
⑧ 王家祐：《读蒙文通先师论道教札记》，见《道教论稿》，巴蜀书社1987年版，第188页。

在神仙论方面已有造诣，从而成为岭南道教开创者的，恐怕还是西晋时曾任南海太守的鲍靓"。①《广州通史》述及道教流传入广州，亦只提到鲍靓和葛洪。其实，起于汉末的道教，发展至晋已有一定影响力，官场信道者大有其人。"晋代道教的明显趋势是向上层发展，一部分道教徒奔走于权贵之门，'攀龙附凤'，直接参与封建统治阶级内部争夺政治权力的斗争，在这些斗争中为他们出谋献策，甚至起了极其重要的作用；而封建统治阶级中的一些高级士族，也有不少人直接参加到道教中来，成为它的信奉者，遂使道教和封建政治发生了更为直接的紧密联系。"②《广东省志·宗教志》提到："广州刺史王怀之、王机和南海太守鲍靓及其女儿鲍姑为道教徒，可成为道教传入的先声。"③ 这已经提到两位广州刺史之外。那位将葛洪留在广州的广州刺史邓岳，他在广州刺史任上，除了率军平定夜郎、利用南迁工匠大开鼓铸之外，"其余的日子大抵多在修道炼仙中度过"④。其实还不够，三国时，将州治移到番禺的交州刺史步骘，就"博研道艺，靡不贯览"⑤。步骘在广州，起用著名道士卢耽为其僚佐。"卢耽仕州为治中，少有栖山之术，善解飞，每夕辄凌虚归家，晓则还州。曾元会晓不及朝，化为白鹄，至阁前回翔欲下，威仪以帚掷之，得一只履，耽乃惊还就列。时步骘为广州刺史。"⑥ 这类夕飞晓返、掷帚见履的事，在道教故事中屡见不鲜。鲍靓就有同类传说："鲍靓为南海太守，法夕飞往罗浮山，晓还。有小吏晨

---

① 李锦全等：《岭南思想史》，广东人民出版社1993年版，第103页。
② 卿希泰主编：《中国道教史》（第一卷），四川人民出版社1988年版，第282页。
③ 《广东省志·宗教志》，广东人民出版社2002年版，第170页。
④ 胡守为：《岭南古史》，广东人民出版社2014年版，第109页。
⑤ 《三国志·吴书·步骘传》。
⑥ 道光《广东通志》卷三二九《列传六二·释老二》。

洒扫，忽见两鹊飞入小斋，吏亟掷之，堕于地，视乃靓之履也。"①

鲍靓为广州刺史，却归入《晋书》人物列传的"艺术"一类。卷首对"艺术"做了一番解释："艺术之兴，由来尚矣。先王以是决犹豫、定吉凶、审存亡、省祸福。曰神与智，藏往知来，赞冥符弼，成人事，即兴利而除害，亦威众以立权，所谓神道设教，率由于此。……详观众术，抑惟小道，弃之如或可惜，存之又恐不经，载籍即务在博闻，笔削则理宜详略。……今录其推步尤精，会能可纪者，以为艺术传式备前史云。"② 由此可见《艺术》收入的乃方士及信奉佛道者。此前的史书未有此类，这是汉晋时期佛教传入中国、道教兴起于中国的反映。至新旧唐书，仍于人物传设"艺术"类，至《宋史》乃称"方技"（《明史》称"方伎"）。《清史稿》（人物"艺术"类则是书画家，不设佛道人物类）。由此可见佛道在各个历史时期的地位及情况。而鲍靓传列入晋书"艺术"，突出道教的地位。鲍靓为东海（治今山东郯城）人，"学兼内外，明天文河洛书"。曾任南阳中部都尉、南海太守。他会一些法术，说他"行部入海，遇风饥甚，取白石煮食之以自济"。还说他"尝见仙人阴君授道诀"，活了百余岁。③ 由《老君中经》所说他在晋元帝时被委任广州刺史长史、南海太守，及《晋书》本传述及时王机为广州刺史，推算其在广州任职时间在元嘉初年到建兴二年（307—314）。而《鲍靓真人传》略云他在晋太兴元年（318）暂住江东，偶遇仙人阴长生，可见他在此前已离南海太守之职。释道安曾谓"鲍靓造《三皇论》被诛，事在晋史"④，陈国符考证，"此事未见史文，盖释子所造"⑤。《晋书》还记述东晋名士许迈前往寻访鲍靓求师。"时南海太

---

① 《太平寰宇记》卷七六五《器物部一〇·箕帚》引《南越志》。
② 《晋书》卷九五《列传第六十五·艺术》。
③ 《晋书》卷九五《鲍靓列传》。
④ 《广弘明集》卷八《二教论·明典真伪》，四部丛刊初编。
⑤ 符国安：《道藏源流考》，中华书局1963年版，第71页。

守鲍靓，隐迹潜遁，人莫之知，迈乃往候之，探其至要。"① 这种说法，或有一定根据。《云笈七签·鲍真人传》还称其曾"师左元放，受中部法及三皇五岳劾召之要，行之神验，能役使鬼神，封山制魔"②。有说"在丹鼎派中，有史可查的最早进入岭南的当为鲍靓"③。但也有研究者认为："符箓道术中鲍靓的重要法术，也是他授徒的主要内容。鲍靓在岭南传播符箓道术，成为迄今有史可考最早进入岭南的道教符箓派人物。"④ 由上述有关记载看，未见其炼丹主张，倒有些符箓行为，应属符图派。

《晋书》葛洪传列于正传而非艺术类。葛洪是丹阳句容（今属江苏）人，出身江南高贵家族，他父亲在吴、晋皆任高官，他从小受娇宠，不料年13时父亲去世，家道中落，自述"饥寒困瘁，躬执耕穑——伐薪卖之，以给纸笔，就营田园处，以柴火写书"⑤。他两度入粤。先是参与平石冰作乱事，任将兵都尉，升伏波将军，事平之后，"投戈释甲，径指洛阳，欲广寻异书，了不论战功"⑥。战乱之中，应新任广州刺史嵇含之邀，赴广州任参军，时年24岁。可惜嵇含未到任即被仇人暗杀，葛洪已到了岭南，停留多年，"征镇檄命，一无所就"，官差没有什么出色，只好北返。但另一方面，他在广州的活动其实很有影响。他原先已从祖父葛玄传授的弟子郑隐那里学了炼丹秘术。在广州，师事南海太守鲍靓，"玄亦内学，逆占将来"，被深为看重，招为女婿。鲍靓在今越秀山麓建越岗院为葛洪夫妇修了道场，让他们在此修

---

① 《晋书》卷八十《许迈传》。
② 《云笈七签》卷一百六《鲍真人传》。
③ 李权时主编：《岭南文化》，广东人民出版社2010年版，第283页。
④ 王丽英：《道教南传与岭南文化》，华中师范大学出版社2006年版，第106页。
⑤ 葛洪：《抱朴子外篇自序》。
⑥ 葛洪：《抱朴子外篇自序》。

道，兼为百姓治病。现三元宫中，还有鲍姑殿供奉葛洪之妻鲍姑。司马睿当丞相时，葛洪为属员，有军功，赐爵关内侯。司马睿在王导等人辅助下即了帝位，史称东晋。葛洪后转到司徒王导手下，升咨议参军。他的才干深为司徒右长史干宝赏识，认为他可胜任编修国史，推荐他当散骑常侍，领大著作。这是职掌皇侍从帝顾问应对的三品高官，葛洪却固辞不就，以年老欲炼丹以祈寿为理由，只求到出丹的交趾勾漏任一个小小的县令。获准后，带同子侄同行，经过广州，为信道的广州刺史邓岳所挽留，"乃止罗浮山炼丹"。邓岳想表奏他为官，他推辞不就，优游闲养，著述不辍，道事大有长进。81岁时，他写信告诉邓岳说将要远行寻师，邓岳赶去见他时，葛洪大白天坐着已"兀然若睡而卒"①。

葛洪学识渊博，著述甚多，现存主要有《抱朴子》内外篇70卷、《神仙传》10卷、《肘后备急方》（又称《肘后救卒方》）4卷等。《抱朴子》内篇20卷，言神仙方药鬼怪变化养生延年禳邪却祸之事，对道教的发展有深刻的影响。对医学、药物学、养生学等也有重要贡献。他主张医学应着眼于广大群众，医术医药必须经济适用，简便易行。所著《肘后备急方》全是验方，药物均是易得的草木，不用贵品，诊治各种急病的方剂都很齐备。其实，《肘后备急方》并非葛洪唯一的医药著作，据记载，他曾编著有《金匮药方》100卷，《肘后备急方》只不过是葛洪考虑到原著卷帙浩繁，摘录其中可供急救医疗、实用有效的部分验方及简要治疗法汇编而成。他在谈到自己的医学著作时说："余所撰百卷，名曰《玉函方》，皆分别病名，以类相续，不相杂错，其《救卒》三卷，皆单行径易，约而易验，篱陌之间，顾耶皆药，众急之病，无不皆备，家有此方，可不用医。"如此宏大的篇幅，不难想象其中必定会有更多珍贵的医药宝藏。可惜的是，《肘后备急方》虽得以保留，《金匮药方》则已散佚。《肘后备急方》是医学史上现存最早记载天花的科学文献，该书没有"天花"一词，而是称为"虏疮"，缘于这种病

---

① 《晋书》卷七十二《葛洪传》。

最早在战俘中发现。书中对结核病传染病的认识，比国外早了1千多年。在《抱朴子内篇·仙药》中，列举了许多药用植物，详述其形成特征、生活习性、主要产地、入药部分及主治范围。《肘后备急方》首次详细记录了一种"沙虱病"（恙虫病）。据描述：岭南地区的山水间多有沙虱，人在洗浴之时，或者阴天下雨时在草中行走，都会沾上此虫，钻入人的皮肤之中。开始皮肤会有小红点，以手碰触会有刺痛感，逐渐发疮，渐入至骨，甚至致人死亡。治疗时要用针挑出虫子，用灸疗法灸三四次，则虫死病除。这种由恙虫的幼虫作为媒介散播的急性传染病，在我国东南沿海一带流行，沙虱极为幼小，"其细略不可见"，肉眼几乎看不到。直到20世纪上半叶，国外学者才发现了恙虫病病原。葛洪在没有放大设备的情况下，能够将这种病的病原、症状、发病地点、感染途径、治疗方法等描述得清清楚楚，这种细致的观察与严谨的医学态度，不能不令人赞叹。

《肘后备急方》还提到如何治疗疟疾。诺贝尔医学奖获得者屠呦呦曾表示，青蒿素的发现是中国传统医学给人类的一份礼物，在研发的最关键时刻，是中医古代文献给予她灵感和启示。屠呦呦说的中医古代文献就是葛洪所撰的《肘后备急方》中"青蒿一握，以水二升渍，绞取汁，尽服之"几句话，引起了屠呦呦的注意。经反复实验，成功地从青蒿中提取出了抗疟的有效成分——青蒿素和双氢青蒿素，这一发明也被认为是抗疟史上的一次突破。如今罗浮山朱明洞洗药池旁，就矗立着一块"青蒿治疟之源"的石碑，以纪念葛洪的伟大贡献。对于给人类带来莫大痛苦的疟疾，《肘后备急方》的相关记载也很详细，不但有明确的分类，而且收录了方剂30余个，其中14个方子中都用到了一味药物——常山，现代研究证明常山的确是抗疟的特效药。

除此之外，《肘后备急方》中所记录的各种医学上的创新处还有很多。比如对于狂犬病的治疗，葛洪创造性地提出了"以毒攻毒"的治疗方法：被狂犬咬伤之后，杀掉该狂犬，取其脑敷于患者伤口上。虽然此法未必有效，但是这种治疗理念无疑是正确的，因为狂犬脑中含有抗狂犬病的物质。后来,法国的科学家巴斯德也正是在狂犬的脑组织中成功培养出了狂犬病疫苗。《肘后备急方》中还收录了不少有效的急症治疗技术,包括人工呼吸法、腹穿放水法、导尿术、灌肠术等。人工呼吸法要求塞住患者鼻孔,用芦管深入口中吹气来抢救患者,应用器具吹气,可防止医生与病人之间的交叉感染,是医学上的进步。道教南传,很大的功劳就在于这种医学的进步及效用,这与基督教传教士利用医病施药作为传教手段,倒有些相同之处。

妻子鲍姑与葛洪一同修道,是葛洪炼丹、著述的得力助手,至今为广州民众所津津乐道的也是鲍姑"行灸于南海,有神艾……疗疾有奇效"。她得传父业,毕生以医道济世,其活动范围遍及粤中,而主要活动与越岗院密切相关。她擅长灸法,因地制宜,利用越岗院内虬龙井的红脚艾,配以院中井水,为人灸疗,尤以治赘疣出名,"每赘疣灸之一炷当即愈。不独愈病,且兼获美艳"[①]。不仅是根治赘疣,简直是美容了。

---

① 仇巨川:《羊城古钞》卷八《崔炜传》。

二十

王勃绝笔《广州宝庄严寺舍利塔铭》

南北朝时期的南北文化交流以及当时广州的建筑技术水平，从广州宝庄严寺舍利塔可以得到体现。这座千余年前的古塔是今六榕寺塔的前身，对于这座建筑的建设及建筑特色，可从文献上钩沉。

宝庄严寺（今六榕寺前身）创建于南北朝时期，今人著述多有将寺、塔说成同时而建的，甚至将建塔作为建寺之缘起，连寺中长老自己也这么说。清末民初长期任六榕寺住持铁禅和尚所撰《重修六榕寺花塔缘起》一文，即称：

> 广州郡城西北隅六榕寺，建于梁代，距今千四百余年，即梁武帝敕建之宝庄严寺也。梁武帝之母舅内道场沙门昙裕法师，原志公和尚法嗣（见寺志公祖堂楠木牌刻），大同初，奉武帝命，往南海求得佛舍利塔，归献帝，备蒙宠异。师请于帝，愿往南海养疴，许之，诏分舍利，敕建寺塔，寺曰宝庄严寺，塔曰舍利塔。大同三年，师始驻锡。①

---

① 铁禅：《重修六榕寺花塔缘起》，载余庆绵主编：《广州六榕寺志》，广州市六榕寺1999年版，第198页。

二十　王勃绝笔《广州宝庄严寺舍利塔铭》

说六榕寺创建于南梁，说寺、塔同时创建，并不符合史实。初唐四杰的王勃笔下《广州宝庄严寺舍利塔铭》，是现时能见到的关于塔、寺创建史实的最早的文字，就把此事说清楚了。

王勃是在唐上元三年（676）写下这一塔铭的。有人说"他为了探望远戍交趾（今越南）的父亲王福畤，曾两度万里迢迢的从长安取道广州桴海前往交趾"，此塔铭是在他第一次南来的作品。① 此说不当。事实是王勃在虢州（今河南洛阳西部）任参军，因犯罪连累其父王福畤被贬到交趾驩州（今越南宜安一带）任刺史。上元二年（675），他随父踏上赴交趾行程，只有一次机会到广州，此事，为学者所考证。②此行，途经洪州（今江西南昌）、南海（今广东广州），先后写下《滕王阁序》和《广州宝庄严寺舍利塔铭》，此后因渡海遇风溺死于南海，因此，《广州宝庄严寺舍利塔铭》是这位大文豪的绝笔。然而，在他所写的两篇文章中，阁序是脍炙人口的千古名文，还给南昌人带来一座屡毁屡建引为地标的滕王阁，塔铭却鲜有人提及。其实《广州宝庄严寺舍利塔铭》既是中国历史上最长的塔铭，文字优雅，内容上更留下丰富的历史信息，可惜至今没有得到应有的珍惜和宣传。

宝庄严寺舍利塔建成在梁大同三年（537），王勃撰铭于唐上元二年（675），距离百余年时间，是迄今所见的最早记载宝庄严寺舍利塔创建的文献。王勃当时亲睹这座宝塔作文，当为信据。以下，看看这篇名家绝笔能够提供哪些历史之谜。

由此记述，可知建塔缘起，亦即建塔人昙裕法师的经历。"夫宝庄严寺舍利塔者，梁大同三年内道场沙门昙裕法师所立也。其琅琊贵族，则汉庭峻节，祖德犹传。梁甫高吟，嘉声未远。法师夙登真地，深入慧

---

① 李松庵：《王勃两次来广州与宝庄严寺碑》，载《岭南文史》1984年第2期。

② 长期以来的说法是王勃南下探望已赴贬任的父亲，据考，应为随父南下。见张志烈：《初唐四杰年谱》，巴蜀书社1992年版，第177页。

门,照果业于三明,拂尘劳于八解。……(昙裕)往返九十旬,楫柂不辍,风潮八千里,以大同三岁届于兹邑。法师性丰幽澹,质固虚羸,绵历是淹,疲疴屡积,维摩见病,益伸方便之门,道安谢归,思远朝廷之事,愿居此刹,有诏许焉,仍分舍利,俾宏真福。"昙裕出身琅琊贵族,出家为僧。琅琊地在山东胶南、诸城县一带,是诸葛亮的故乡,东晋时,于白下(今南京市北)侨置琅琊郡。梁武帝的叔伯兄弟轻车将军萧昂曾任琅琊郡太守,娶了当地诸葛氏女子,昙裕因此成为萧梁皇族姻亲。他出家后成为内道场沙门,出入宫禁,参与朝廷之事。萧昂后任广州刺史,正是昙裕回国途经广州之时,有了这层关系好说活。梁武帝崇佛出名,梁国与扶南互遣使节通好,并交流佛教文化,梁朝改元"大同"(公元535年),扶南遣使来贺,尔后,朝廷派遣昙裕为特使前往答谢。梁武帝是开国之君,在位四十八年,本可以有更大作为,而他却徒费时光,愚蠢无能,掌握不了局面,晚年还爆发了侯景之乱。昙裕本为避世出家,南下时深知朝政之不堪,因此,回国时,向朝廷要求居于广州宝庄严寺,并分出奉取的部分舍利在此寺中建塔供奉,"称病"是借口,实际上是为了"远朝廷之事",这说明当时的广州是相对平静之地。

由此记述,可知南北朝时期海上丝绸之路的情况。昙裕"轻赍棹海,重赏梯山……师既达国城,式敷朝命,受铁筐而顶礼,抚瑶缄而跪发,尽收其宝,重载而归。……往返九十旬,楫柂不辍,风潮八千里,以大同三岁届于兹邑"。昙裕乘舶到了扶南国都,完成了朝廷使命,尽收其宝,重载而归,自海路往返,计两年半时间,说明当时以广州为始发港的海路畅通无阻,以及中外友好。广州作为外贸重镇,获利不少,官府以低价买进高价卖出牟取暴利。南梁时,"郡常有高凉生口及海舶每岁数至,外国贾人以通贸易,旧时州郡以半价就市,又买而即卖,其利数倍,历政以为常"。皇帝也以广州刺史有利可图而索取奉献,广州刺史回朝"南奉为半"的通例成为潜规则。刘宋时,广州刺史刘道锡就曾"倾南奉之半"。为官清廉的广州刺史王琨回京,"无所取纳,表献禄俸之半"。① 广州地方收入成为中央政府重要财政来源。梁武帝曾慨叹:"岁中数献,军国所须,相继不绝。武帝叹曰:'朝廷便是更有广州。'"②

由此记述,可知当时中外以佛教交往的方式。由于中外交往利用贸易海舶为交通工具,广州成为佛教传播及兴盛之重地。王勃塔铭说道:"四维信受,三明弘益。贝叶纷纶。讲肆宏敞,斋筵巨翼,供引纯陀,饭迥香积。天人合契,幽显同心,倾家奉贿,破产移琛……还淳息诈,道济香城。"固然难免溢美,也可见广州城中奉佛盛况。从塔铭所说"此寺乃曩在宋朝早延题目,法师聿提神足,愿启规模,爰于殿前更须弥之塔",③ 可知宝庄严寺始建于刘宋,梁武帝时始建舍利塔,寺塔并不建于同时。尽管佛教传入岭南,始于汉末三国时期,从西晋到南朝,不断有西域僧人来广州传教、译经、建寺,这一时期在岭南建的佛塔,留下记载的仅有宝庄严舍利塔,成为有案可稽的广东最早的佛塔。但塔铭中"更沙弥之塔"一句,透露出在宝庄严寺舍利塔兴建之前,寺中已建有塔,至南梁更新为舍利塔。从此处看来,岭南建塔之历史还可以上推至宝庄严寺舍利塔之前身,这是有可能的。与刘宋朝同时的北魏,即大肆兴建佛塔,对刘宋朝应有影响。可惜无法弄清宝庄严寺舍利塔前身之塔创建的具体时间。

从此记述,可知宝庄严寺舍利塔的形制:"崇阶遽积,宝树俄周,不殊仙造,还如涌出。故其粉画之妙,丹青之要。璇基岌其六峙,珝关纷其四照。仙楹架雨,若披云翳之宫;绿槛临风,似遏扶摇之路。……瑶窗绣户,洞达交辉;方井圆泉,参差倒景。雕镂备勒飞禽走兽之奇,藻绘争开复地重天之变。……庄严宝塔,基构鼎新,亭栾栌欒,奔日霄排,归云晓纳,架壁三休,连甍四合。"看来这塔高耸入云,像云彩笼

---

① 《南齐书》卷三十二《王琨传》。
② 《南史》卷五十一《吴平侯景传附子劢传》。
③ 王勃:《广州宝庄严寺舍利塔铭》。

罩中的仙宫，似乎跨出栏杆就可以一步登天。石叠的基座上耸立着平面四角六层木塔，窗户、藻井装饰彩绘，细绘着故事景观，精雕着飞禽走兽，令人眼花缭乱。

从此记述，还可知当年宝庄严寺舍利塔曾有异象。"是岁也，忽于此塔重睹神光玉林照灼，金山具足，倏来忽往类奔电之含云，吐焰流精若繁星之转汉，倾都共仰，溢郭同窥，士女几乎数里，光景动乎七重。实孟冬之日也。"宝庄严寺塔在王勃抵穗这年十一月大放神光，有类奔电吐焰，广州百姓倾城出观。这种现象在以后的六榕寺塔上仍有出现，至今无法解释。既然是倾城观看，当不为虚造故事，或有待科学发展以解释。

总之，王勃为宝庄严寺所撰塔铭，是为广州留下了一份极有价值的遗产。

从中国古代建筑史的角度看，广州宝庄严寺舍利塔还有着重要的地位。此塔在南汉大宝七年（963）因寺僧不慎而毁于火。直至北宋绍圣四年（1097）才新建落成一座砖塔，因内藏贤劫千佛，又称千佛塔，此即今时所见之六榕花塔。重建此塔时，赵叔盎撰有《重修广州净慧寺塔记》（简称《塔记》）。《塔记》云："比工之兴，地基广狭既已定矣。一夕，梦人告使广之，众从其说，遂广其基，以为四十五尺，撅地得古井九，环列基外，适与度合。中央复获巨鼎，中藏三剑一镜，铦莹如新。"① 是说动工之始，地基位置已定。所谓梦人告使广之，有可能就是主持重建的林修当时为探究塔之地基应该多广，日有所思而夜有所梦。按此尺寸掘地，得古井九，所得之井显然是埋于地下。地基四十五尺，所说的是宋尺，宋尺短于今尺，四十五尺约折为 14 米，井桩位置即在今塔身与副阶之间，正好作为塔之地基的承重圈，其原理类似现代的梅花桩。由于建筑技术的进步，重建的不再是木塔，而是砖塔。砖塔是在对原塔地基原封不动地重建新塔。那时，珠江江面远比现在宽得

---

① 赵叔盎：《重修广州净慧寺塔记》，载《六榕寺志》，第132—133页。

多，北岸靠近这一带，采用九井环列的方式打地基，和现代建筑采用梅花井桩解决高水位是同一原理，反映了岭南建筑工匠的智慧。这个塔基，承受了近500年的木塔，尔后又承受了900年的砖塔之重压，确实经得起历史的考验。宋人方信儒题诗之"九井神光射斗牛"，正是根据《塔记》，对千佛塔构筑神工发出的赞美。

学术界公认中国最早有寺院，是建于东汉永平十年（67）的洛阳白马寺，最初建于寺内的塔早已无存，据《魏书·释老志》所载，为方形九层，塔身盛饰佛图，从层数上说，为已往楼阁之未见，但高度未详。中国古建筑史上有遗址可考的最早的佛塔之一，是北魏时期所建的洛阳永宁寺木塔，号称"天下第一塔"。永宁寺塔建于北魏熙平元年（516），是一座"殚土木之功，穷造形之巧"的雄伟壮观的木塔，也是方形九层。据载高度为70丈，按魏尺折算为200米，这显然是夸大之辞。根据专家对遗址实地考证，其高度最高可以达到81.66米。那么，也相当于现代建筑20多层的大厦了。可惜，这座一千多年前的摩天楼，只存在18年就焚毁了。宝庄严寺塔比永宁寺塔仅迟21年，屹立了近500年，从史书描写其形制以及现有砖塔地基承受力推算其高度，可与永宁寺木塔媲美，展示了一千多年前南北朝时期岭南木构建筑的综合科技工艺水平之高超。

二十一

达摩广州行踪与西来堂、西来庵

广州是西域佛教由海路传入的要地，南北朝时期是广州佛教史上入粤传教的西域高僧人数众多、译经与传教活动十分活跃的时期，《广州宗教志》记载，"南朝宋元嘉十二年（435），通晓大小乘经典的中天竺僧求那跋陀罗（394—468）在王园寺始建戒坛，增筑毗卢殿，至此，广州出现初具规模的佛教寺院。宋泰始年间（465—471），天竺僧竺法眷到广州，译出《无尽意经》等6部28卷。齐永明年间（483—493），西域僧摩天楼诃乘于广州翻译了《五百本生经》《他毗利律》等4部21卷典籍"，① 这才轮到达摩登场。"西来初地"，特指达摩登陆之处，不是佛教最早东传的初来之地。达摩之后，有应梁武帝之邀而来的西竺僧波罗末谛在广州译出《金刚经》等18部。在此期间，广州有佛寺10多间，中外僧人在此译经、著述、传教，对中国佛教的形成和发展起着重要作用。在众多来华传佛高僧中，达摩是一位中国人老少皆知的有着神奇经历的人物。他的名字，最早出现在成书于东魏武定五年（547）杨炫之的《洛阳伽蓝记》中，离常说的达摩到广州的梁普通七年（526）

---

① 李伟云主编：《广州宗教志》，广东人民出版社1996年版，第1、2页。

二十一 达摩广州行踪与西来堂、西来庵

只隔了十来年。

达摩菩提,是中国佛教称为禅宗始祖的达摩。《广州通史》说:"达摩菩提,南天竺婆罗门族。梁武帝普通七年（516）来广州,创西来庵。今广州下九路称'西来初地',有华林寺,存五百罗汉堂。"① 说的并非史话。所谓达摩在广州创西来庵之说,流传甚广而实为无稽之谈,至于"五百罗汉"群体图像的出现,是五代时期之事,与达摩没有什么直接关系。本节要讨论的就是:达摩登陆广州驻锡何处,西来庵创建于何时。

关于达摩登陆广州行迹,地方志中最早见于明成化《广州志》。原文为:悟性寺,在郡北粤台下。梁普通七年,达摩禅师自西竺航海至,凿井号"达磨泉"。南汉大宝间建寺于泉北,以达磨悟成佛,故名。②

该志还收录有元至正五年（1345年）黄观光撰《重修悟性寺记》,曰:"萧梁时达磨西来……当时锡卓越山之麓,因创兰若曰'悟性'。"③ 据此两则文献,达摩抵穗驻锡之处是越山之麓、粤台之下的寺院,并指地掘井,南汉大宝年间因纪念达摩将寺名称为"悟性寺"。"悟性成佛"是后人对中国禅之总结,此寺在达摩驻锡时不可能称为悟性寺。悟性寺在元初重修,明嘉靖三年（1524）并入光孝寺。④《光孝寺志》记载,"光孝寺廊外界址,原系十房僧徒自行盖造居住,相传世守。既而有穷乏转卖与士民为书舍者,亦有外寺之僧买入而居者"。悟性寺属于这一类型,或因此故,《光孝寺志》索性记载达摩驻锡诃林

---

① 杨万秀主编,本卷章深主编:《广州通史·古代卷》,中华书局2010年版,第247页。

② 成化:《广州志》卷二十四。

③ 成化:《广州志》卷二十四。

④ 仇巨川:《羊城古钞》卷3"一三,寺观",广东人民出版社1993年版,第262页。

(光孝寺别称)。① 后世称达摩到广州寓于光孝寺，当由此而来。

南朝时，受海潮影响，广州城居民饮水确实仍成问题，来华之西域高僧，为传教安身，或有掌握掘井技术之高人，指地掘井遂成大事。达摩至广州，传说及记载最多的，也是他指地掘井的事迹。《光孝寺志》载："今大殿东南大井，初祖住此所穿也。""《南海志》称：'罗汉井在光孝寺东廊，相传达摩洗钵于此。达摩井，在寺东界法性寺内，旧志失载。'"② 所引《南海志》似为元大德《南海志》（残本无见此内容）。嘉靖黄佐《广东通志》"外志·达摩"称："梁僧达磨者，本天竺王子，以护国出家，普通间入南海，止王园寺……今广州北悟性寺井甚巨，相传以达摩所穿云。"③ 此条目始称达磨，后称达摩，始说王园寺，后说悟性寺，可见其转引资料不止一处。比较而言，说达摩凿井在悟性寺，比在诃林更为可信，光孝寺始建在三国时，未必要等到达摩才来凿井。成书于南宋中期嘉定、宝庆年间（1208—1227）的《舆地纪胜》记载："达磨井，在悟性寺前，梁达摩指其地曰：'下有黄金万余两。'贪者力凿，泉溅而金亡，以师为诳。师曰：'是金，未易以斤两计也。'"④ 这是今见最早关于达磨井的记载，特别是点出其位于悟性寺前。同书"达磨禅师"条，称："梁普通中，达磨航海至其地，指示人曰下有黄金万余两，贪者力凿。今汲者不绝，号为'达磨井'。"⑤ 这也是今见最早关于达磨（摩）在广州事迹的记载。在荔湾区今下九路西来后街还有一口据说能止烦渴、疗眼疾的五眼井（又名达摩井），也传说为达摩指地掘出的井。

康熙《广东通志》达摩传引载的是明嘉靖黄志为达摩列传，说的

---

① 乾隆《光孝寺志》卷3《建置志》，中华书局2000年版，第19页。
② 乾隆《光孝寺志》卷3《建置志》，中华书局2000年版，第38页。
③ 嘉靖《广东通志》卷六四"外志一·达磨"。
④ 王象之：《舆地纪胜》卷八九"广南东路·古迹·达磨井"。
⑤ 王象之：《舆地纪胜》卷八九"广南东路·古迹·达磨井"。

是达摩驻锡地后称悟性寺。该志中始出现有"华林寺"条目，也是"华林寺"一词始见于《广东通志》，① 说的是达摩登陆西来初地建西来庵，为华林寺前身，此条目较为粗率，显示其沿袭康熙时《华林寺开山碑记》的痕迹。同一志书中，出现了达摩在广州登陆驻锡之地说法不一的情况，这是在不经意中留下了达摩事迹演变的轨迹。雍正《广东通志》照搬康熙《广东通志》，其"仙释·达磨列传"照录康熙《广东通志》，"寺观·华林寺"条则说达摩"始建"华林寺，没有注明出处。②道光《广东通志》仍然出现列传与寺院记述各行其是的做法，不过，该志达摩列传不再照搬前志，而是广采《五灯会元》《旧唐书·方技传》等多处古籍加工记述。③

考察广州地区方志有关记载，可见达摩登陆西来初地、创建西来庵（华林寺）的说法，乃是逐渐演化而成。达摩入华地点，古籍中最早记载是唐《续高僧传》所载"初达宋境南越"，只是笼统而言，明成化《广州志》所载元人陈植《重修西来堂记》，是今见方志中最早有关西来堂沿革的记载，同样是今见最早出现达摩名称的广州地区方志，此碑记并未点明达摩在广州登陆、驻锡地点。嘉靖《广东通志》则明确记载达摩"止王园寺"，万历、崇祯及清康熙《南海县志》记载达摩均沿此条。此后，直至乾隆府志、道光通志及县志，才有达摩"至此始建"华林寺的记载。可见，达摩始建华林寺的说法，始自乾隆。

今见记述华林寺最早文献，是清康熙二十年（1681）八月立的《华林寺开山碑记》，最早收录在道光《南海县志》。④ 碑载：

---

① 康熙《广东通志》卷二十五"寺观"。
② 雍正《广东通志》卷五十四"坛祠附寺观·华林寺"。
③ 道光《广东通志》卷三二八"列传六十一·达摩"。
④ 离幻圆觉：《华林寺开山碑记》，见道光《南海县志》卷12。

> 法乳渊源，西来一脉，我华林寺，实肇其基，旧称西来庵，地曰西来初地。萧梁大通元年，达摩尊者自西域航海而来，登岸于此，故名。至今三摩地，西来古岸，遗迹犹存。明嘉靖间，慧坚老宿悬记云：一百单八年，当有大善知识在此建立法幢。崇祯初季，我师宗符老人，由漳州行脚入粤，路出关西。先一夕，庵主梦金翅鸟，翱翔空际，光烛茆茨。及见师，大奇之，愿布坐具地，为建道场。……爰拓基址，定方隅，引河流为功德水，植材木为祇树园。首建大雄宝殿次及楼阁庑寮室庖湢，无不圆成。榜曰"华林禅寺"。乃国朝顺治乙未岁也。①

从此碑文字，可以说明几个问题：

其一，碑文只说达摩登岸之地称西来初地，并未述及达摩在登岸之地建寺庵；只说华林寺旧称西来庵，建于西来初地，对西来庵历史沿革语焉不详；

其二，称明嘉靖年间，有和尚预言108年后"有大善知识在此建法幢"，说明当时这里还未建立寺庙；

其三，崇祯初时这里建有寺庵，但规模不大，庵主方有梦见金翅鸟要发愿建道场拓基址之事。清乾隆四年（1739）立于华林寺内的《鼎建西来禅院关帝圣殿碑记》，称华林寺为明壬午、癸未间（崇祯十五、十六年，1642—1650）"创建"，"初止一椽，足蔽风雨，中奉佛座，未有廊庑榱桷漆饰丹雘之煌煌也"，可为确证；

其四，清初宗符禅师复到西来初地，"首建大雄宝殿，次及楼阁、堂庑、寮室、仓厨"，至顺治十二年（1655）落成，始称华林禅寺，并为华林寺始具一定规模的确切年代。

《广州宗教志》称："后人在达摩登岸处建庵纪念，称西来庵，该处地方称西来初地。西来庵历隋唐宋元各朝，其间有无变革，未见史

---

① 离幻圆觉：《华林寺开山碑记》，见道光《南海县志》卷12。

志。明嘉靖年间（1522—1566）有慧坚耆宿居此。"① 这里所说的西来庵为后人所建，从西来庵到华林寺间"有无变革，未见史志"，其言得当。但说西来庵"历隋唐宋元各朝"，则将庵之始建时间定格于隋代之前，其实没有确切依据。迄今为止，华林寺未修志，查考明代以前史志，并未有达摩至广州时始建西来庵的证据。查北宋《舆地纪胜》、南宋《方舆胜览》、明嘉靖《广东通志稿》《广东通志》，直到清康熙十二年（1673）纂修的《新修广州府志》，均未有关于华林寺或西来庵的记载。现在能见到的最早关于华林寺的记载，是成书于清雍正九年（1731）郝玉麟修《广东通志》。以后的乾隆、道光《广东通志》及道光《广州府志》记载华林寺，均注明引自郝志。

见于志书所载，明代广州有西来堂。成化《广州志》"寺·西来堂"条称："西来堂，在郡泰通坊。其碑云：自唐宋以来已有其堂。元延祐丙辰，居士觉真始广精舍，至顺辛未毁于火。嗣当法欧阳觉通与口帅斡赤答失复鼎新，扁曰'西来院'。元末复毁。国朝洪武七年僧惠福重建。郡人刘庆堂施屋十二间，月入其资为香灯之费。屋在新桥街泰通坊，司其事者民黄子成也。"②

该志还收录有元人陈植《重修西来堂记》，撰于元至元五年（1339年）。此记是迄今见于史籍的在广州有关达摩西来寺院最早记载，未见于他志，难能可贵。明人张诩《西来堂》诗序曰："在城南，昔达磨西来，驻锡于此。"③ 说明明人已有达摩到广州驻锡西来堂之说法。从《重修西来堂记》结合成化《广州志》"西来堂"等有关记载考之，可得出结论：西来堂建于番禺城南，其历史始于唐代，宋代仍之。宋元易帜之际因战火废，沦为民居。元延祐三年（1316），来自江西的居士刘

---

① 李伟云主编：《广州宗教志》，广东人民出版社1996年版，第22、23页。

② 成化：《广州志》卷二十五。

③ 张诩：《南海杂咏》卷之八《寺观·西来堂》。

觉真带头与雍氏出资修复此寺，建有精舍、殿庑、云堂、山门、斋厨完备。只隔了15年，至顺二年（1331）寺又悉毁于火。江西人欧阳觉通来到此院主持，发愿复兴。由连州长官斡赤答失带头发起募捐，不一年将寺院重建起来，题额"西来院"，院东建有观音阁。碑记撰于此时。西来堂复毁于元末，明洪武七年（1374）由僧惠福重建，郡人刘庆堂施屋12间而成，由郡民黄子成掌管屋资作为香灯费用。① 如此一座具有一定规模的西来堂佛寺，明中叶以后，在广州地面上莫名其妙蒸发了。

至于华林寺，确切的文献记述是清顺治重建寺院并改名为华林寺，只说其旧称西来庵，何时有庵说不清，从碑记还知道明末崇祯初年有庵主得梦之事，推知至迟在晚明有西来庵。

总而言之，西来堂的历史，可以确定的是从唐到明代，具体位置在广州城南泰通坊，张诩《西来堂》诗可证其明弘治年间仍存在。华林寺的历史，可以确定的是从晚明到清初称西来庵，顺治中重建寺院后改称华林寺至今。明末清初时人咏华林寺诗，有屈大均的《过华林寺作》，梁佩兰的《除夜宿华林寺呈宗公》，陈子升的《寓华林寺飓风欲归不果与天藏上人》《西来庵放生》《盂兰盘日西来庵舍利》，可知清初华林寺、西来庵之称并用。是否可以将不明其末之西来堂与不知其始之华林寺视为一脉相承呢？阻碍链接的环节，就是元西来堂碑与明成化《广州志》都言之凿凿地提到西来堂位于广州城西南泰通坊。泰通坊是元代番禺县城"城南八坊"之一。② 明清时期为番禺县城十一坊之一，③ 据曾昭璇教授指认，泰通坊之位置可能在今海珠南路一带。泰通

---

① 元代有两次采用至元纪年，文中提及此前有至顺年号，故此处只能是后一次采用的至元年号。

② 《元大德南海志残本》"辑佚附录·番禺县坊里"，广东人民出版社1991年版，第127页；《永乐大典》卷8782"辑佚杂录诸僧四条"。

③ 同治《番禺县志》卷三"舆地略一"。

坊属番禺县治境，华林寺址属南海县治境，肯定不是一处。由此，对西来堂与华林寺之关系，有两种推断模式：一、西来堂与华林寺之间没有任何沿革关系，一消失于前，一重建于后；二、西来堂也称西来庵，明末毁坏后，择址迁建至今华林寺址。此外，或许广州城内既有西来堂也有西来庵，清初合二而一，但史志未见有西来堂、西来庵并存的记载，不宜臆测。

综上所述，由旧志所载得出的结论：达摩登陆广州最初驻锡越山之麓（地在南汉称悟性寺）；唐至明代，奉拜达摩的西来堂址在番禺县境泰通坊；今华林寺建寺历史有文献可稽最早在晚明；达摩始建华林寺的说法是清初开始演变而成。由此可见中国人改造佛教之能耐。

二十二

由冼夫人事迹看广州政治中心地位之加强

有一种说法是说广州自建城以后一直是岭南政治、经济、文化的中心，这种说法并不符合史实。即如南越国后汉代近四百年，岭南的政治中心即不在番禺（今广州）。即便番禺成为广州州治，岭南政局也未必牢牢掌控在广州刺史手中，六朝时期，岭南土著豪酋的势力甚大，岭南的政治重心在粤西的西江流域。陈霸先就是从西江督护、高要太守的位上开始其创立陈国的龙兴之业的。

南朝时期，岭南百越遗裔族名众多，一般通称为"俚"，有时亦称"獠"。这一时期岭南俚人仍占多数，朝廷为加速俚人地区封建化进程，增置郡县，把俚人纳入编户，并以当地酋帅为郡县官吏，"岭外酋帅因生口、翡翠、珠玑、犀杖之饶，雄于乡曲者，朝廷多因而署之，以收其利，历宋、齐、梁、陈，皆因而不改"①。增置郡县集中在西江、潭江流域和高雷、粤中地区，反映了岭南中心腹地还是俚人势众之地。朝廷对俚人渠帅实行羁縻政策，敕封爵位高至公侯，官职有将军、刺史、太守、县令（长）等；对有功者赐给仪仗、汤沐邑，授予统治州郡大权，

---

① 《隋书·食货志》。

二十二 由冼夫人事迹看广州政治中心地位之加强

朝代更换而官职爵位不变,或由子孙世袭。实施这种政策,助长了各州郡豪族势力增长,但也增进了俚汉交融。广东西部以汉人豪族冯氏和正在汉化的俚人豪族冼氏最为强大。隋初,番禺俚帅王仲宣、陈佛智起事反隋,苍梧、冈州、藤州、罗州(今化州)各部落豪强首领响应,聚兵围攻广州,隋广州总管韦洸中流矢身亡,还是冼夫人遣兵才解了广州的围。可见尽管南海郡汉化进程更快,俚族豪帅势力仍很强大。

造成这种政治局面的主要原因是六朝时期珠江三角洲的开发利用还是有限的,地方经济实力尚未居于粤地最前列。"即使番禺(即广州)是较大的都会,但整个经济活动的重心,仍在粤北和西江流域,那些地方的人口也相对较多"。① 北方汉族南来,仍是以粤北山区、河谷平原地带为主要落脚点,南部平原、沿海地带人口较少。西晋人口密度以粤北始兴郡(今韶关地区)为最密,每平方公里有0.19户以上;其次为西江流域,苍梧、广兴、高凉郡,平均有0.16—0.19户;粤中、粤东极为稀疏,南海郡不到0.1户。直至陈代仍未改变长期以来人口分布"西多东少,北多南少"的状况。西江流域最密,信安郡(今高要一带)每平方公里超2户,永熙郡(今罗定一带)1.6—2.0户。广东南路和连江流域(合浦郡东部)、熙平郡(今连县、阳山一带)1.1—1.5户,而珠江三角洲一带只有0.5—1.0户,② 人口分布情况随着开发重心向珠江三角洲不断转移起变化,并影响到政治中心的转移。隋代是一个转折,南陈在岭南置151县,至隋撤并至140县。广东境内由南陈的40郡撤并为9郡,南海郡由7县增至16县。

冼夫人是岭南历史上有重要影响的人物,以往研究多着重于其在维护祖国统一和开发粤西南,促进民族团结上的贡献,将其与赵佗开越之

---

① 朱云成主编:《中国人口·广东分册》,中国财政经济出版社1988年版,第42页。

② 朱云成主编:《中国人口·广东分册》,中国财政经济出版社1988年版,第41—44页。

事迹对比，可以进一步认识岭南开发的历史规律以及冼夫人顺应历史潮流，推动岭南开发的历史贡献及地位。秦平南越，南越立国，采取"和辑百越"的民族政策，开始了在岭南通过政治力量促成民族融合的进程。然而，从秦到南北朝约七百年间，在岭南的民族融合进程比较缓慢，直至南北朝时，仍为"广州诸山并俚僚，种类繁炽"。[1] 而从南北朝中期至隋代约百年间，民族融合进程实质是汉化的进程大大加快，其中，冼夫人的"怀集百越"[2] 起了重要作用。

从先秦到南北朝时期，土著民族活跃在粤西、粤西南。先秦时期生活在岭南境内的是属于百越的南越、骆越和西瓯等民族。南越族分布在今广东中部和北部，大体与后来的广府民系分布地区相符。骆越族生活在今广东西南部、广西南部地区和越南北部。西瓯在今广东西部及其以西的广西东北部地区。今海南省亦为瓯、骆居地。入粤秦军将领屠睢采用军事暴力，"三年不解甲弛弩"，[3] 落得惨败身亡的下场。后来的秦军将领任嚣、赵佗采用和辑百越的策略，取得了进军岭南的胜利。值得提出的是：一是大败屠睢的是越人中的西呕（即西瓯）人。秦军"杀西呕君译吁宋，而越人皆入丛薄中，与禽兽处，莫肯为秦虏，相置桀骏以为将，而夜攻秦人，大破之，杀尉屠睢，伏尸流血数十万"[4]。所谓瓯人的"君""将"之说，可能是撰史者从中原社会的角度对少数民族部落联盟首领的称呼，但这说明西瓯人社会组织已有一定的规模，而且有相当的战斗力。西江流域出土的战国墓在岭南同时期古墓中规模最大、随葬品最丰，也反映了骆族军事氏族社会之颇具规模，秦军入粤必然受到顽强狙击。秦军在南越族地区未见有受到激烈抵抗的记载，应是南越族社会与中原及北方文化接触交流在秦军南下之前已较为密切，秦向岭

---

[1] 《北史》卷91"列女·谯国夫人冼氏传"。

[2] 《北史》卷91"列女·谯国夫人冼氏传"。

[3] 《淮南子·人间训》。

[4] 《淮南子·人间训》。

南军事行动一开始即有"一军处番禺之都"的说法，秦平南越后设南海郡治于番禺，当然是因为此地具备基础条件。因此，粤中的南越人活动地区与粤西的瓯、骆人活动地区，处于不同的社会进程，有不同的文化底蕴。二是南越国立国期间，推行和辑百越政策，根本原因在于入粤中县人（秦时对中原汉人之称）与土著民族相比，人数要少得多，赵佗要巩固政权，和辑是正确的政策。南越国的上层政治架构虽然搬用了秦、汉朝的政治体制，而经济、文化方面的影响则需要一个渐变过程，民族融合非一朝一夕所能实现。秦以及南汉时期入粤中原人在岭南的直接控制区是有限的，推行影响的能量也是有限的。秦在岭南三郡中只设南海郡尉，称"东南一尉"。① 桂林、象郡配官只会比南海郡更不健全，说明在岭南需要以军事管制手段进行政治统治。秦在岭南设立三郡，其地域大致依照南越、西瓯、骆三族活动范围考虑，而不是随意划分的。南越王赵佗改以越人装饰，让越人参与高层政事，鼓励汉越通婚，土著在南越国统治集团中地位明显上升。南越国内的民族融合，是越汉之间互相影响渗透，产生双向变化，越人有汉化表现，中县人有越化表现，就社会风俗、文化传承而言，总的趋势是越化。

南越国灭亡后，以至东汉、三国时期，岭南社会接受中原文明的汉化过程继续，瓯、骆族与汉文化融合程度，较之南越族始终有差距。汉朝重新划定郡县，南越族分布主要在南海郡，西瓯主要分布在郁林、苍梧郡，即今广东西部，而骆越族主要在合浦郡，即今广东西南部。合浦郡设徐闻、高凉、临允三县，高凉包括今阳江到高州一带。三国东吴时，南海、苍梧治域基本不变，而将合浦郡分设高凉、高兴、珠官三郡，说明了这一带人口增加及经济发展较快，战略地位加强。但分布在这一带的人口仍是土著民族，主要是俚、僚族。学者尤中说："对于僚，我同意很多人的说法，即是雒的音转，乃'越种也'。"② 俚最早见于

---

① 《晋书》卷一十五《地理志》。
② 尤中：《汉晋时期的西南夷》，载《历史研究》1957年第12期。

《后汉书·南蛮传》："建武十二年（36）九真徼外蛮里张游，率种人慕化内属，封为归汉里君。"至建武十六年（40）征侧、征二反，"九真、日南、合浦蛮里皆应之"。注曰："里，蛮之别号，今呼为俚人。"① 由此可见俚族在交趾、桂地及粤西南是连成一片的。吴万震《南州异物志》载曰："广州南有贼曰俚，此贼在广州之南，苍梧、郁林、合浦、宁浦、高凉五郡中央，地方数千里。往往别村，各有长帅，无君主，恃在山险，不用王，自古及今，弥历年纪。"② 这一片地区在先秦为骆越所居，说明俚族是由骆越族为主体发展而来的。俚、僚大多杂处，故史籍多将"俚僚"联称。直至南北朝，土著民族仍是岭南包括广州的主要居民。《南史》载："广州诸山并俚、獠，种类繁炽，前后屡为侵暴，历世患之。宋孝武大明中，合浦大帅陈檀归顺，拜龙骧将军。"③

三国、南朝时期岭南俚、僚已有一定程度汉化，有列入编户之民，故史籍将当时尚处于较为落后状态的獠人称之为"生獠"，以区别于编户纳赋的僚人。但俚僚人数众多，豪族势力又盛，封建政权并未能牢固掌握统治权。从吴至南朝初时，对俚族的赋税征收既多而频，剥削过重，俚人反抗不断，征剿也不断。黄龙三年（231），孙权将交州刺史吕岱从交州召回时，吴合浦、交趾太守薛综恐继任者不当，向孙权奏曰："今日交州虽名粗定，尚有高凉宿贼，其南海、苍梧、郁林、珠官四郡界未绥，依作寇盗，专为亡叛逋逃之薮。……窃惧朝廷忽轻其选，故敢竭愚情，以广圣思。"④ 所谓"高凉宿贼"，指的是高凉郡的俚人，可见高凉之难治及战略地位之重要。这种情况至南梁未得到明显改善，梁高凉太守冯融，"本北燕苗裔也。初，冯弘之南投高丽也，遣融大父

---

① 《后汉书》卷116《南蛮传》注。
② 《太平御览·四夷部六》卷785。
③ 《南史》卷78《林邑国传》。
④ 《三国志》卷53《吴书·薛综传》。

二十二　由冼夫人事迹看广州政治中心地位之加强

业以三百人浮海归宋，因留于新会。自业及融，三世为守牧，他乡羁旅，号令不行"。①冯家三代为粤地方主官，却无法树立起权威，阻力来自于他们是外来人。正是出于政治上的原因，冯氏选择了与俚族首领冼氏联姻。《北史》称："罗州刺史冯融闻夫人有志行，为其子高凉太守宝聘以为妻。"②冯融选择冼夫人为媳，着眼于其"有志行"。冼夫人后来之所为，可以说明她的志行，就是深明大义，运用她的政治才干，在复杂多变、动荡不定的政治局面中，坚定不移地维护岭南的稳定和国家利益，推进岭南民族的汉化。冯冼联姻，是冯氏家族扩展势力的佳作，而在历代史籍上，冼夫人的名声却要比冯氏家族显赫得多，其原因除了冼夫人个人的决断魄力之外，更主要的还因为当时的岭南尤其是粤西南，俚僚的势力相当大，冼夫人充分利用了她作为俚人首领的威望和号召力，所起的作用远在三世为守牧的冯家之上。冯冼联姻之后，从罗州（治今廉江）、高州到广州的新会郡，联成一大片，成为冯氏势力中心地区，胡守为称"冯业留于新会即番禺"，③其实新会郡在今江门市，番禺属今广州市，但冯氏势力已经直逼广州刺史治所的南海郡，则是既成事实。后来的发展证明了，广州的政局直接受到以冼夫人出面的冯氏家族所掌控。

冼氏"世为南越首领，跨据山洞部落十余万家"④，在岭南极具影响力。清冼宝干《岭南冼氏宗谱》说冼氏之先与越佗同乡，后投奔赵佗帐下，⑤这是一种攀附，冼玉清考证，中原无冼氏，故而《隋书》等史籍将其写成"冼"。冼氏乃土著民族。⑥由于战乱，这一时期人口统

---

① 《宋书》卷54《羊玄保列传》附。
② 《宋书》卷54《羊玄保列传》附。
③ 胡守为：《岭南古史》，广东人民出版社2014年版，第263页。
④ 《北史》卷91《列女·谯国夫人冼氏传》。
⑤ 冼宝干：《岭南冼氏宗谱》卷一。
⑥ 冼玉清：《冼夫人非姓冼》，载《羊城晚报》1962年8月6日。

计很不完整，梁方仲据《宋书》统计，南朝宋大明八年（464）广州138县只有4万多户近19万人口，广州高凉郡7县只有1429户8123口。①这一数字虽只包括编户人数，显然也是偏低。但当时在粤西南地区拥有十余万家的冼氏家族之势众，足以左右局势，是可以肯定的。冼夫人"幼贤明，多筹略，在父母家，抚循部众，能行军用师，压服诸越。每劝亲族为善，由是信义结于本乡"。②显示其出身俚僚豪族特殊身份所受不同于汉民族大家闺秀的教育，同时接受了汉族传统礼教的教育，这正是高凉地区少数民族豪族家庭的特定背景，也是推行汉民族封建礼教过程的现象。她本人则体现出民族融合的良好素质，广树威德。"兄南梁州刺史挺恃其富强，侵掠傍郡，岭表苦之。夫人多所规谏，由是怨隙止息。海南儋耳归附者千余洞。"③冯冼联姻，使俚僚族与汉族的融合前进了一大步，使冼夫人身份由俚族首领而变成为郡守夫人，由俚族妇女变为汉家媳妇，以特殊身份去推行封建礼教和推进民族的汉化，强化了封建统治，"夫人诫约本宗使从民礼。每共宝参决辞讼，首领有犯法者，虽是亲族无所舍纵。自此政令有序，人莫敢违"。④同时，冼夫人利用其联姻后特殊的社会地位，成为岭南地区举足轻重的政治人物，既阻遏了统治者对俚僚族的欺压，又利用其自身威望招抚民众，缓和了民族矛盾。例如，隋"番州总管赵讷贪虐，诸俚獠多有亡叛。夫人遣长史张融上封事论安抚之宜，并言讷罪状不可以招怀远人。上遣推讷得其赃贿，竟致于法。降敕委夫人招慰亡叛。夫人亲载诏书，自称使者，历十余州宣述上意，谕诸俚獠，所至皆降"⑤。

---

① 梁方仲：《中国历代户口、田地、田赋统计》，上海人民出版社1980年版，第55页。

② 《隋书》卷80《谯国夫人传》

③ 《隋书》卷80《谯国夫人传》。

④ 《隋书》卷80《谯国夫人传》。

⑤ 《隋书》卷80《谯国夫人传》。

二十二 由冼夫人事迹看广州政治中心地位之加强

赵佗的"和辑百越"与冼夫人的"怀集百越",看来都是重视民族融合的政策,实质上有很大不同。

从政治上看,同样是在天下大乱时自保,但赵佗南越国自治之独立性很强,实行的是对内称帝和对天子称侯的"双轨制"。冼夫人则明确表示她只是保境安民的"一片好心"。她数历改朝换代的动乱时期,完全有条件割据自立,伺机而动,陈霸先之所以得以扫除障碍出岭称帝,就离不开冼夫人的鼎力支持。冼夫人在数郡共奉夫人号"圣母"的情况下,一旦中原争鼎尘埃落定,立即决定归附,始终奉中原为正朔,接受中央政权的任命封赠,并谆谆告诫子孙应以赤诚之心服事天子。她所奉行的"忠孝"观念,完全是汉化的传统观念。

从风俗上看,赵佗鼓励汉越通婚与冼夫人出嫁冯氏似乎相同,但越化与汉化趋势有明显区别。赵佗接见陆贾时是越人的打扮与坐姿,上书汉廷以外臣和岭南蛮夷首领自居。汉越通婚的趋势是越族势力加强,南越丞相越人吕嘉家族"男尽尚王女,女尽嫁王子兄弟宗室"①,但吕嘉最终却因为反对南越王朝向汉廷要求内属而发动了政变。赵佗身后,"瓯骆相攻,南越动摇"②,没有从根本上解决民族融合的方向问题。冼夫人加强了用封建礼制对家族的约束,不仅不参与地方势力的分裂活动,而且大力支持朝廷平叛,甚至大义灭亲,将临阵不愿与叛乱豪族陈佛智交战的孙子冯暄关押起来,改派冯盎出战。平叛之后,不顾年近古稀,不怕劳顿,亲自披甲乘马,率车骑陪同隋朝的诏使巡抚岭南诸州。冼夫人活跃于岭南的政治舞台几十年,促进了粤西南地区乃至更广地区的俚僚族与汉民族的融合,推动融合向加速汉化的方向发展。魏晋时期普遍存在的俚人,隋唐以后在历史典籍中的记载已渐渐减少了,大多融于汉族之中。冯家在岭南的影响和势力则一直延续到唐代,1983年年底,在电白发现冼夫人第六代孙墓,从墓志铭落款时间,在武则天神功

---

① 《汉书》卷95《两粤传》。
② 《汉书》卷95《两粤传》。

元年（697），墓主人的官职曾任潘州和恩州刺史,① 此为史籍所不见载，说明冯氏家族在粤西南任一方大员已历三个朝代而延至九世，自冯冼联姻起也有六世之久，其影响之大不言而喻。唐初武德五年（622）七月，由于"隋汉阳太守冯盎以南越之地来降，岭表悉定"。② 说明冯氏势力的归向决定着岭南大局。唐代对民族地区设置了大量羁縻州府以治理不断分化的各民族，而于今广东境内已不设羁縻州，说明大部分地区汉化程度已相当高。唐代在岭南设5个都督府，皆隶于广州都督府，由广州刺史兼任五府经略使。广州作为岭南政治中心的权威地位得以体现。

总之，岭南地区的民族融合，赵佗是主要的肇其端者，冼夫人是主要的毕其功者，他们在各自所处的历史条件下，为岭南社会进步做出了重要贡献。

---

① 广东省博物馆、电白县文化局：《广东电白县霞洞墟唐墓简报》，载《考古》1986年第1期。

② 《旧唐书》卷一《高祖纪》。

二十三

南海建县与南海镇之谜

南海县何时建县,建县时,县治设于何处,按说南海县志应该说清楚。其实未必。今见《南海市志·大事记》有此说法:隋"开皇十年(590),以原南海郡治所在地番禺县改置南海县,隶广州总管府。南海县建制从此始,县治也从此与州(府)治同城"①。该志"政区建置·县城"则称:"南海县建置时,广州府城为南海县辖地,故府城即县城。"② 上述说法,不符合史实。南海县建置于隋代开皇十年时,广州城并未成为府城,因为当时既未有广州府,哪来的府城?就算隋朝设有广州总管府,府治初时设在曲江县,直到开皇末才由曲江移置南海。总管府与州(府)治同城的府,也不是同一类行政区划概念,隋代广州不能称为府城。

相比之下,《广州市志·建置志》对于南海建县的记述,要翔实得多,虽篇幅较长,对本文之论证有关,故引如下:"广州在梁末曾分置南海县。按宋《舆地广记》载:'吴立广州,后改番禺为南海县,隋曰

---

① 《南海市志》,中华书局2000年版,第10页。

② 《南海市志》,中华书局2000年版,第95页。

番州.'可见隋代之前有南海县之说,宋人已有记载。郭棐《广东通志》卷十四曰:'梁始析番禺为南海县,陈仍梁。'魏琯《南海县志》记:'梁武帝天监中始析番禺为南海县。'(《建置沿革表》)该志《周文育列传》云:'梁大同中除南海令;'《职官表》称周是'梁令'。可见梁代确有南海县。《陈书·周文育传》云:'卢安兴为江南都护,启文育同行,所在有功,除南海令。'按卢安兴大同中任江南都护,可知南海令的存在当早于大同年间。按《梁书》无《地理志》,故史家认为难以详考。……《陈书》亦无《地理志》,且陈立国只三十二年,多沿梁制。明朱光熙《南海县志》云:'梁始析番禺为南海县,陈仍梁。'史家认为可疑,因南海县有说为隋开皇十年置。""南海建县按《元和郡县志》云:'南海县,本汉番禺县之地也,属南海郡。隋开皇十年以其地置南海县,属广州。'(笔者按,查《元和郡县图志》原文为:'隋开皇十年分其地置南海县。'①)在'番禺县'条又云:'隋开皇十年改置南海县,即今县是也。'《舆地广记》卷三十五'广南东路'条也说:'番禺县,秦汉旧县,后改为南海。隋平陈,分南海置,寻省入。'上述均说明隋时南海县曾分置番禺县。隋代广州地区主要属南海郡南海县地。"②

记述南海县建置,以《广州市志·建置志》最为详细也最具学术水平,这与该志主编为地理学家曾昭璇有直接关系。大致记述南海建县的重要古籍均点到了,而述及"明朱光熙《南海县志》云:'梁始析番禺为南海县,陈仍梁。'史家认为可疑",应是指道光《南海通志·舆地略》引载《元和郡县图志》隋文帝开皇十年"置南海县属广州"一

---

① 《元和郡县图志》卷第三十四《岭南道一》,中华书局1983年版,第887页。

② 《广州市志》卷二,曾昭璇主编:《建置志》,广州出版社1998年版,第143、144页。

句加注:"案:魏志作'梁天监中',未知何据。"①

为此,有必要梳理一下文献记载的情况。由于《梁书》《陈书》均无《地理志》,而这一时期州郡县增置颇多,建置复杂无绪。但是,从所引相关记载,还是可做一分析:记载隋置南海县的文献有唐《元和郡县图志》;记载南梁时(或云隋之前)由番禺析置南海县的文献有宋《舆地广记》、明万历《广东通志》、清乾隆《南海县志》。从载体上说,隋说早于梁说,但是,梁说重要的佐证,有《陈书·周文育传》中已出现了梁代"南海令"职位。《陈书》撰于唐贞观三年(629),要远远早于成书于唐元和年间(806—820)的《元和郡县图志》。因此,南海县于梁立县之依据更权威。

《广州市志》引述的最早的《南海县志》,为乾隆《南海县志》。道光《广东通志》中载有宋陈岘修《南海县志》、元陈大震辑《南海县志》,与原书名称其实均是《南海志》,所述为广州路。《广东方志要录》称万历《南海县志》"是南海县第一部县志"是对的。②道光《广东通志》"艺文略"记载,万历《南海县志》"未见",此志并未佚,收入《广东历代方志集成》。万历《南海县志》总纂为王学曾,总校为庞尚鹏。王学曾官至光禄丞,以言事得罪皇帝罢官归乡,曾协助郭棐纂修《广东通志》,也是《南海县志》《番禺县志》两部县志总纂。庞尚鹏官至右佥都御史,曾巡按河南、浙江,也因得罪权贵被罢官。二人搭档纂志,志书质量当佳。万历《南海县志》中载:"梁始析番禺为南海县,陈仍梁,隋开皇十年废郡,寻省番禺入焉,唐因之,长安中,复置番禺。"③道光《南海县志》提出"魏志作'梁天监中',未知何据",魏志是在乾隆《南海县志》中,提出南海立县于梁的,是早于乾隆志

---

① 道光《南海县志》卷五《舆地略一》。

② 李默:《广东方志要录》,广东省地方志编纂委员会办公室1987年版,第23页。

③ 万历《南海县志》卷一《舆地志·沿革》。

的首部南海县志的万历县志，就不能说无据。

综上所述，固然未有足以推翻原有南海县始立于隋的绝对依据，南海立县于梁的说法也有其权威性，至少应并存，以待确证。

南海立县初时，既是析番禺成县，则有两县县治各治一方的可能。唐《通典》上出现有南海镇一称，记载隋朝"祀四海……南海于南海镇南并近海立祠"。① 在广州古志籍上，却从未见过南海镇之称。对于这个南海镇，曾昭璇认为："南海镇是隋代南海置县时邑治。"其根据是1911年修铁路时出土有《隋大业三年太原王夫人墓志铭》称："窆于南海，治扶胥。"即扶胥是土名，南海是官名。黄伟解读："如此碑真实可信，则南海镇易名为扶胥镇，当在594年至607年之间。"② 其慎重的解读竟一语成谶，此碑后来被考为伪造，但伪造者对隋地名的使用并非空穴来风，否则难以以假乱真，竟迷惑了不少考古人士及治史者。这说明了千余年来南海神庙的位置不变。1973年，在南海神庙西侧鱼塘（此地土名"码头园"）中出土枕木，为两侧桩木夹持，排成直行，枕木每根长2米多，延伸20米以上。经鉴定为海南紫荆木，坚硬异常。广州市文物管理处将枕木样本送北京大学历史系碳-14实验室做年代测定为公元1110±80年，相当于晚唐遗物。③ 有关专家研究论定，此为扶胥港码头枕木。一千多年来，由于珠江带来的泥沙，在入海处受海潮顶托，海湾逐渐淤浅，南海神庙附近水口堵塞，渐成桑田鱼塘，整排枕木沉没鱼塘底部。1984年在码头园又出土了一批唐代壁饰，为浴日亭附近建筑残件。证明了唐代南海神庙的存在及繁荣。龙庆忠在

---

① 杜佑：《通典（校点本）》第四十六卷《礼六》，中华书局1988年版，第1282页。

② 赵立人、黄伟：《黄埔港的变迁》，载《南海神庙文献汇辑》，广州出版社2008年版，第80页。

③ 何天相、陈鉴朝：《广州南海神庙出土枕木的鉴定》，载《广东林业》1979年第4期。

1948年实地考察南海神庙并得出结论:"黄木湾及扶胥江,实为构成此胜地之要素也。今察黄埔之地势,居庙头镇之西不远,其港口尚宽沿深,巨舶尚多停此而不能直溯省垣,则今之黄埔港或即昔日黄木湾之一部分欤?"①

关于南海镇的称名,还出现于一些古碑上。元大德七年(1303)《重修波罗庙记》称:"隋文帝始命于近海立祠……南海祀于南海镇南,即今之扶胥镇,距城八十里者也。"② 既然南海神庙立祠于南海镇南,南海镇应位于今南海神庙北面庙头村一带。南海镇至迟出现在隋代,南海县析分时,以南海镇为南海县城,可谓言之成理。

秦平岭南之前,史书上所谓南海,指的是东海,那时中原国家的版图及概念里未及岭南往南的大海。"南海"在古代或泛指南方的海,《书·禹贡》:"导黑水至于三危,入于南海。"孔传:"黑水自北而南,经三危,过梁州入南海。"而《禹贡》中的梁州,范围包括华山以南,直至西南地区。即今陕西秦岭以南,子午河和任河以西,至贵州桐梓。《史记·秦始皇本纪》中,以"南海"专指东海,说秦始皇"上会稽,祭大禹,望于南海,而立石刻颂秦德"。后来还将在东海的浙江定海县东落伽山海岛指称为南海观音道场。秦平岭南,设南海郡,说明此时已将岭南所临大洋称为南海,亦可见南海对于秦朝的重要。南朝梁从原来作为南海郡治的番禺县析出南海县,县城称南海镇,是为南海郡南海县城南海镇,"南海"地名益显重要。更有甚者,入隋,连番禺县也并入南海县,直至唐长安三年(703),析南海县置番禺县,说明了南海、番禺两县县治分开的可能性。隋代有郡县同名却未必同城而治。如隋初长沙郡置长沙县(郡县均治今长沙市)、长乐郡置长乐县(郡县均治今河北冀县),隋开皇元年(581)平阳郡、平阳县分别改置平河郡、平

---

① 龙庆忠:《南海神庙》,载《中国建筑与中华民族》,华南理工大学出版社1990年版。

② 光绪《番禺县志》卷三十《金石略》。

河县，均是郡县同名同治所。而隋以嬴陵县（今越南河内市西北）改置交趾县，大业初复置交趾郡，移治宋平县（今越南河内市），却是郡县同名不同治处。因此，隋置南海县，与南海郡同名却有可能郡、县不同城而治。

南海县以南海镇为县治有多久，是一个谜。曾昭璇认为："设镇要有条件，隋唐建镇，虽无明文，但要有人、有钱和人口多、经济发达和交通要冲之地。……扶胥升镇，后更升为县治，可见扶胥在隋已很繁荣了。海舶驶入广州不如舶于扶胥方便。""南海镇的衰落与战争残破有关。有唐一代，以黄巢攻占广州一役，影响至大。"① 乾符六年（879年）九月，黄巢入粤，攻下广州，俘唐岭南东道节度使李迢。据载黄巢攻陷广府时，除杀中国人外，回教徒、犹太人、基督徒、火教徒，亦被杀甚多，死于此役者达十二万人。② 有研究者怀疑此数太大，但如果考虑其除了广州城西番坊之外，当时南海镇一带作为外贸重港，居留有不少外国人，死于此役的外国人人数也是有可能的。则此次战争对南海镇的打击，远大于广州城，因为广州城作为郡治，还是容易恢复的。从有关文献记载看来，唐代之后，扶胥镇仍是外国商人杂居之地，不止一次遭受杀戮。宋章望之《重修南海庙碑》称："先时，此民与海中各国四方之商贾杂居焉。皇祐中，广源州蛮来为患，民之被杀之余，流散殆尽，后虽归怀，无复昔日之饶。及是嘉祐七年（1062）秋，风雨调顺，五谷丰实，人无疫病，海无飓风……无盗贼之侵，民……遂入谒府廷曰：海祠颓败，愿输吾赀新之，用以答谢神嘉贶。"广源州侬智高入侵广州事在皇祐三年（1051），城外居民惨遭杀戮，"番汉数万家"被"席卷而去"③，广州城池未陷，城内居民避过了这场灾劫，所谓"民之

---

① 曾昭璇：《广州历史地理》，广东人民出版社1991年版，第248、251页。
② 《中西交通史料汇编》第二册，中华书局1977年版。
③ 《续资治通鉴长编》卷237。

被杀之余,流散殆尽"说明扶胥镇在战乱中被严重破坏。而宋碑称庙在"今扶胥镇之西",系与昔在庙北的南海镇相对而言,换言之,隋时镇在庙北,而到了北宋治平四年(1067)镇已在庙东。这样的变化,最大的可能是兵灾后重建的结果。随着海外贸易的复兴,扶胥镇也很快重新繁荣起来,《元丰九域志》记,扶胥镇为宋代番禺八大镇之一。宋室南渡之后,扶胥镇更趋繁盛,"羊城八景"以"扶胥浴日"居首。刘克庄《即事》诗称:"香火万家市,烟花二月时;居人空巷出,去赛海神祠。""东庙小儿队,南风大贾舟,不知今广市,何似古扬州"。波罗诞会时,扶胥镇上的热闹景象,以致广州城中居民倾城而出,前往赴会。而诗人目睹扶胥镇上的商贸热闹景象,发出"不知今广市,何似古扬州"的感叹,说明扶胥镇人口稠密,商业繁荣,不比广州城内逊色。广州城的繁荣主要是依赖对外贸易,扶胥镇是当时对外贸易的重要货物集散地,出现这种情况完全合理。龙庆忠在1948年考察时对此说道:"可知宋皇祐之以前,此地外舶之多,贸易之盛及镇民之殷,或有如后世广州十三行以及西关之情状也。意者当时之黄木湾,乃一水深浪平面积宽之良港,足以容受外舶(大逾万斛),彼外来洋商海贾,由扶胥江进入扶胥镇,而贸易焉,而谒神焉,而居留焉。"正是南海神庙一带之繁盛,浴日亭观日才能成为一处观景热点,流放南来的苏东坡专程往观日出并写下诗句,南宋杨万里、刘克庄亦都留下了浴日亭诗。刘克庄"亭下高桅泊睆湾"句,反映当时此处航运之盛。这与明代陈献章吟诗"渔舟数点落前湾"之景致迥然不同。①

隋朝为了加强中央集权和国家统一,在政治、经济、法律、兵制等方面,整顿并建立了一系列制度,对隋唐以后各王朝产生了深远的影响。在国家祭典规范化中,就包括祀海。隋文帝于开皇十四年(594)闰十月诏"东海于会稽县界南海于南海镇南并近海立祠"。② 由此见到,

---

① 嘉靖《广州志》卷二十九《宫室》。

② 《隋书·礼仪志》卷七。

隋祭海着重于东海、南海，体现了朝廷对海路的重视。那么，是否此时才开始在广州设立南海神庙，南海镇南在何处？

今庙头村是古扶胥镇的一部分。在地形上，扶胥北依丘陵山地，将军山、大田山直临岸边，南迎熏风，北防寒流吹袭，而且二山可作归航标志。西边河南，市桥台地，可阻挡台风袭击。同时，"扶胥"正当凹岸，珠江到此转向南流，凹岸水流较急，不易淤塞。故黄木湾是个深水港湾、适宜建筑港口之处。

扶胥港雏形早在晋代就出现。据《广州记》载："广州东百里有村，号曰'古斗'（又称古兜），自此出海，溟渺无际。"《元和郡县图志》由此沿袭而来，说明了今庙头村在晋代已是村落，而且是放洋启航的地点，也是海舶到达广州的第一个停泊站，古斗村的地点正好在隋南海镇、唐扶胥镇一带。据曾昭璇考证，"'古斗'是古越语，意即'岗村'或'山村'['古'今壮语读 guek，即岗，'斗'（dou）指'有人居之地']，古扶胥镇亦正当岗地和海岸相接处。'扶胥'亦古越语，'扶'即人，今壮语仍用。'胥'即'溪边'，今壮语仍称溪边、河边为'huij'，音'胥'。即'人墟'之意"。① "古斗"是现存早的黄埔区村名。晋代广州外贸已盛，史载："晋元帝居江左，岭外酋帅因生口、翡翠、明珠、犀、象之饶，雄于乡曲。"② 此时在地方可能已建有海神庙。东晋初庾阐有诗云："南海纳朱涛，玄波洒北溟；仰盼烛龙曜，俯步朝广庭。"③ 庾阐是颍川鄢陵（今河南鄢陵北）人，他是位喜欢旅游的诗人，范文澜认为他是山水诗的创始人。他的诗留下了在南海出海口建庙的蛛丝马迹；也有人认为南海神庙创建于梁大同元年（535），④ 南海郡于梁析番禺县置南海县。《六侯之记》碑称："达奚司空。庆历中际遵

---

① 曾昭璇：《广州历史地理》第 245 页
② 《隋书》卷二十四《食货志》。
③ 庾阐：《游仙诗》，引自《艺文类聚》卷七十八，《晋诗》卷十二。
④ 森清太郎《广东名胜古迹》（1921）。

有记云：'普通中，菩提达摩由南天竺与二弟航海至，达奚乃季弟也，经过庙，款谒王，王留共治，达奚立化庙之东。'"此虽为神话，但故事以庙为背景，也透露了梁代之前建庙的可能性。对比建东海庙，只说会稽县而未指定具体地点，而对建南海庙地点却具体至南海镇，不会没有原因。在安全上，扶胥是保卫广州的外据点，是从海道进出广州的门户，东晋安帝元兴三年（404），卢循由晋安（今福建省南安县）率领大批海船驶经扶胥攻占了广州城。义熙六年（410），孙恩从江南取海道经扶胥攻占了广州城。因此从安全考虑，在扶胥设站监视出口船只，很有必要。在经济上，扶胥外港检查阅实货物，可防止进入内河后走私漏税。而且能为远航的中外船舶提供充足的淡水、粮食、蔬菜和日用品，扶胥港因而充分发挥着其"外港"的重要作用。

隋朝的统一，结束了中国南北分裂割据的局面，对经济的发展、商业的繁荣以至海外贸易的扩大是有利因素。隋唐时期，广州的对外贸易，主要在广州内港进行。外港扶胥港自隋形成以来虽也有贸易活动，但更多的作用主要是作为进出广州的一个船舶停泊地而存在的。中外商船由海道前来广州，或从广州扬帆出海，按照规定必须在此停靠，接受检查，这是出于安全和经济上的需要。"大业三年（607）屯田主事常骏、虞部主事王君政等请使赤土"。这是隋炀帝专门派遣使团从广州出使赤土国（今马来半岛）招徕贸易的记载。其时，东南亚与隋朝往来贸易的有十余个国家。南海神庙的建立，供水手、船员们顶神膜拜，祈求航行安全，这是从一个侧面反映出当时广州海上交通的繁荣盛况。今庙中仍保存有唐元和十五年（820），韩愈撰文的《南海神广利王庙碑》碑文还记载了"天宝中……因其故庙……易而新之"。此"故庙"指隋朝始建之南海神庙。隋朝时南海镇在南海神庙北，南海设镇，后升为县治，表示其在隋代已是人口多、经济发展和交通要冲之地。隋代南海庙北为南海镇，现只留码头园故址为证。庙北大片山坡地，实为当日人烟稠密市廛。

二十四

常骏出访赤土国

短寿的隋朝其实是一个很有作为的朝代,留存至今的京杭大运河就是这一时期的杰作,同样也给广州留下了一座流传至今的南海神庙,印证了这座长盛不衰的海港对外贸易城市的历史。南海神庙的建立,不仅是朝廷祀典完善及对广州外贸重视的体现,在广州历史上,也有着重大的背景,可以联系起来考察。

历代在广州建有各种神庙,但是,留存至今历史最为悠久、享受祭祀规格最高的,就是南海神庙。南海神庙建立于隋朝并非偶然,其背景条件,首先是广州外贸发展,其次是朝廷注重外贸发展与祀典发展。

隋统一中国,为岭南外贸创造了一个环境条件。从秦始皇开始,历代的中央政权,对岭南对外贸易的作用都很重视,隋文帝开皇八年(588),隋平岭南,由于有冼夫人等地方势力的支持,进展比较顺利,但由于各地豪族反抗,直至开皇十年(560)隋在岭南的统治才趋于巩固。平定岭南伊始,当冼夫人忙于陪着隋朝长官巡视岭南以安定局面的时候,隋文帝的眼光已经转向了外贸,他为宣示皇化下《安边诏》,迫不及待地直指陈朝时由于岭南地方官吏之贪暴,断了朝廷海上贸易的财路,"南海诸国,欲向金陵,常为非法盘检,远人嗟怨,致绝往还"。①由此可见陈末岭南已到了外国商舶不至,海外贸易近于绝迹的地步了。隋文帝深知岭南对于朝廷来说最重要的是什么,坚决申明要革除陈朝弊政。过了四年,已有明显进展。由于外贸发展起来,开皇十四年(594)在广州南海镇建南海神庙祀南海神,显示对发展海外邦交贸易的重视。这年,"诏东镇沂山、南镇会稽北山、北镇医无闾山、冀州镇霍山,并就山立祠。东海于会稽县界、南海于南海镇南并近海立祠"②。在这四镇名山和两海祠中,只有南海镇是很明确的具体镇名,显示出朝廷对南海镇的关注。而此次祭海立祠只有东、南海,这两处都是对外口岸,也反映出并非一般祈风雨祭山川之举。与此同时,南方各国的朝贡也摆上日程。由于年代久远,朝贡国家的名单不得其详,"大业中,南荒朝贡者十余国,其事迹多湮灭而无闻",《隋书·南蛮列传》只存录五国。③

五国之一是林邑国,又作临邑国,是位于中南半岛东部之古国,约在今越南中南部顺化等处。此地西汉设为日南郡象林县,称为象林邑,略去"象"字,故称林邑。东汉末年,有名为区连者,杀害了县令,自称林邑国王。晋以后林邑国屡向中国朝贡。隋初,停了朝贡。杨坚平定天下,有臣下进言说"林邑多奇宝者"。于是,仁寿四年(604),隋派大将军刘方征服林邑,"林邑大败,俘馘万计"。隋兵获城内庙中十八尊铸金偶像,刻石纪功而还,设置林邑郡。此役隋军也付出不少的代价,或许是水土不服,或许是装备不能适应南方环境,"士卒肿足,死者什四五"。④ 隋方最大的收获就是林邑"遣使谢罪,于是朝贡不

---

① 许敬宗:《文馆词林》卷六六四,李德林:《隋文帝安边诏》。
② 《隋书》卷七"礼仪志"。
③ 《隋书》卷八二《南蛮传》。
④ 《资治通鉴》卷一八〇。

绝"。① 隋炀帝大业元年（605）遣刘方为驩州道行军总管，经略林邑，于其地建3郡领12县。

四国之另一国是赤土国，赤土国"在南海中，水行百余日而达所都"，② 研究者大多认为地在今马来半岛，或认为在今泰国宋卡、北大年一带，或认为在今马来西亚的吉打、吉兰丹或彭亨。或因其气候炎热，或因其土地呈赤色而得名，简称"赤土"。

隋朝开中国历史上实行对外开放政策的先河。隋炀帝即位之初，在加强鸿胪寺的外交管理职能外，又增设了四方馆，"以待四方使者"。四方馆分工细密，设有接待南方使者的"南蛮使者"。③ 隋炀帝还在全国有计划地招募通晓外域地情的外交人才。果然有应募者，大业三年（607），屯田主事常骏、虞部主事王君政，主动请使赤土国（马来半岛）。④ 炀帝大悦，赐以帛物，让常骏等赍物五千缎，从南海郡启航，前往赤土，《隋书》《唐书》和《通典》等史书都记录了此事，只是出访时间略有出入。从所带货物的数量之大，可见常骏出使实际上也是一种使团贸易的方式。

常骏一行于大业三年（607）十月从"南海郡乘舟，昼夜二旬，每值便风"，可见当时航程20天，而且有利用顺风的经验。《隋书》对常骏航海的路径有较具体的记载，点明其航线所经的几个地点，"至焦石山而过，东南泊陵伽钵拔多洲，西与林邑相对……又南行，至师子石，自是岛屿连接。又行二三日，西望见狼牙须国之山，于是南达鸡笼岛，至于赤土之界"。对于这一长串的地名，学者的研究有不同指认。且以陈尚胜所著《五千年中外文化交流史·第一卷》与韩振华所著《中外关系历史研究》做一对比。焦石山，陈说是今越南岘港，韩说是有可能

---

① 《隋书》卷八二《南蛮传》。
② 《隋书》卷八二《南蛮传》。
③ 《隋书》卷二八《百官志下》。
④ 一说在马来半岛中部，一说在印尼苏门答腊。

为九州石（即七洲洋，今之西沙群岛）或越象山（海南岛东南端的独珠山）；东南泊队伽钵拔多洲，陈说为占婆岛，韩说 Sa-hoi 岬之一岛；师子石，陈说今越南南部海岸外的昆仑岛，韩说其在暹罗湾中，未详；狼牙须国，陈说是今北大年一带，韩认为亦可以拟指整个马来半岛北部的狼牙须（包括西岸为主）；鸡笼岛，陈说是马来半岛东岸外的大雷丹岛，韩认为有可能是吉兰丹；至于赤土，陈记载其位于今马来半岛，或认为在今泰国宋卡、北大年一带，或认为在今马来西亚的吉打、吉兰丹或彭亨，韩则认为赤土国国都僧祇城乃在马来半岛南端之新加坡岛。①

炀帝让常骏带了很多丝织品送给赤土国王，常骏到达赤土国境，赤土国王派了 30 艘船来迎接隋朝的使者，"吹蠡击鼓以乐隋使，进金镞以缆骏船"，吹着螺号，打起鼓来迎接隋朝使者，还用金索为缆为常骏的船只导航。如此走了一个多月，到了都城，赤土国王遣王子那邪迦礼见，举行了热烈隆重的欢迎仪式，包括派出"象二头、持孔雀盖以迎，致金花金盘以藉诏函，男女百人奏蠡鼓，婆罗门二人导路至王宫"，郑重地接受隋朝诏书。此后，赤土国王曾在宫中设宴接待常骏一行，向隋朝使节赠送很多礼品。常骏到达赤土后，曾以赤土国为中心，四出交往，使南洋十多个国家与中国建立交流。回国时，赤土国王派王子那邪迦随骏贡方物，献上金芙蓉冠、龙脑香。②

常骏回国，航海到达交趾。大业六年（610）春到达京中。隋炀帝在今河南灵宝接见了赤土国的王子，赏赐了王子及随行官员。常骏等获赐物两百段，俱授秉义尉。赤土国与隋朝友好往来成为常态，就在常骏一行于赤土国逗留期间，大业四年（608）、五年（609）每年赤土国均遣使来过中国贡方物。常骏一行出访赤土成功，不仅使隋与赤土关系加

---

① 陈尚胜：《五千年中外文化交流史·第一卷》，世界知识出版社 2002 年版，第 203、204 页；韩振华：《中外关系历史研究·常骏行程研究》，香港大学亚洲研究中心 1999 年版，第 311—317 页。

② 《隋书》卷八十二《赤土传》。

强，还推动了与赤土邻近的东南亚国家如真腊（其领土包括今柬埔寨、老挝及越南南部）、婆利（一般认为印尼巴厘岛）、盘盘、丹丹、迦罗舍（一般认为今泰国西部的叻丕）等国与隋朝官方交往。大业间，"南荒诸国朝贡者十余国"，可考的有赤土、林邑、婆利、丹丹、盘盘。[①]从常骏下南洋事，也可见此时在岭南，南海、交趾都是对外商业都会。从与内地的联系看，"炀帝开通济渠，自扬、益、湘、南到交、广、闽中等州，公家运漕，私行商旅，舳舻相继"[②]。也反映出交、广二州在当时都是岭南重要的对外贸易港口。

常骏自赤土回国后，著有《赤土国记》，还有人写成《真腊国事》。

[①] 《隋书》卷八十二《南蛮传》。
[②] 李吉甫：《元和郡县图志》卷五《河南道·河南府河阴县》。

二十五

州城三重与城门洞开

唐代广州城,作为一个重要的海上贸易大港城,其规制是什么样的?日本真人元开著《唐大和上东征传》云:"州城三重。"① 此部传记包含盛唐政治、经济、佛教、地理、社会生活、风土习俗等第一手资料,是后世研究当时中国社会的一部重要信史。所说"州城三重"当事出有据。学界对"三重"的理解不同。徐俊鸣主张指唐代的主城,即子城和东面古越城及西门外番坊,如此即是三城并列横的一字排开。他在1984年7月25日给曾昭璇的信中称:"即以广府城为一,文溪以东的古越城东半残垒为一,其他一可能是蕃坊,因《天下郡国利病书》有'(蕃人)筑石联城,以长子孙'的话。"② 陈代光的《广州城市发展史》也持这种观点。③ 曾昭璇的理解是:"则以为南城、子城及宫城三重,似更雄壮,即自珠江岸上陆,穿过南城区,入清海军楼子城内,再入古越

---

① 〔日〕真人元开著,汪向荣校注:《唐大和上东征传》,中华书局1979年版,第74页。

② 转引自曾昭璇:《广州历史地理》,广东人民出版社1991年版,第233页。

③ 陈代光:《广州城市发展史》,暨南大学出版社1996年版,第81页。

王宫的官衙区（即今财政厅），也有三重城区，且皆繁华壮丽之区，气魄雄伟。……此三重与徐氏'三重'各具特色。"① 那么，是纵的三层深入。显然，上述讨论双方均在于对状况的理解而不是制度的依据。

其实，"州城三重"的说法，出自子城制度，指的是以子城为主体的罗城、子城、牙城合构成三重，在当时并不是很特殊的情况，也没有很特别的意义。罗城为子城外的大城；子城即内城及附郭的瓮城或月城；牙城是子城中之重地，指卫护节度使住宅的更内围的内城（后称衙城）。《资治通鉴》对此有明晰记述。是书《唐懿宗咸通九年》称："不移时，克罗城，彦曾退保子城。"胡三省注："罗城，外大城也。子城，内小城也。"是书《唐宪宗元和十四年》称："比至，子城已洞开，惟牙城拒守。寻纵火，斧其门而入。"胡三省注："凡大城谓之罗城，小城谓之子城。又有第三重城以卫节度使居宅，谓之牙城。"这里明确使用了"三重"的说法。唐代广州城称三重，因其为岭南节度使之治所，规制符合城池三重的制度。在前面列举的两种不同理解中，曾昭璇的理解更为接近。只是三重不是横列、纵深的关系，而是大、中、小三环的关系。

子城制度并非自古至今不变，而是只存在于历史上一个时段，此后，其概念渐而模糊，以致对"三重"说不清。郭湖生指出："子城罗城之设，昉于南北朝，或可追溯于两晋。唐代州军治所设子城已为常规，两宋因方志图经遗存较多，方可展开集中研究，元朝堕毁城墙，子城之制乃绝，明代重修城池，与子城制度迥异，且南北异趣。"② 袁琳认为："筑子城作为一种制度差不多是在唐代定型的，两宋作为'非筑城时

---

① 曾昭璇：《广州历史地理》，广东人民出版社1991年版，第233页。

② 郭湖生：《中华古都——中国古代城市史论文集》拾贰，《子城制度》，（台北）空间出版社2003年版，第145页。

期'，多数两宋城市因袭了唐代的子城制度。"① 据程存洁研究："岭南道何时出现了子城罗城制度，我们尚难确定，但可肯定的是，至唐代，岭南道的城市已普遍推广子城罗城制度。"② 说明唐代的子城罗城制度已很普遍，在节度使所居的州城，还有牙城，就是"州城三重"了。

  我看过广州有的博物馆将唐代广州城的景象按唐长安城外观予以复原，其实并不符合史实。唐代的广州城，是外贸重镇，也是封疆大吏治所，有的建筑物的确相当气派，广州城内唐代建筑遗址的兽头砖制作精致，近似长安大明宫麟德殿出土文物。城外代表朝廷接待外宾的广阳馆十分宏伟，说明广州城有其繁华与威严之一面，但却远不能与首都长安相比，中心区之殿堂也不能与南越国的番禺城相比，因为州城不是国都。《唐律》规定，建舍违令者杖一百，并强迫拆改。如被指为模仿宫殿者，就会招来杀身之祸。在这种十分严格的限制之下，岭南各州县不可能大兴土木营建宫署。唐王朝灭亡前一年的天祐三年（906），主政广州的刘隐在城南凿禺山建双阙，扩建城池，号"新南城"。这一番大胆行为，是在唐王朝奄奄一息，地方坐大的氛围中进行的，建新城之举为唐代广州城建打上了句号，而这仅是南汉国大规模营建的开头。

  三重的广州城，究竟是一座什么样的城市？唐代广州首先是一座外贸发达的大港城。隋唐时期，在广州城南临江地区淤出大片滩地，逐渐形成工商业发达的码头区，沿江街市随之形成，其附近番舶蚁聚，中外客商来往如鲫。唐代广州，外贸商业繁荣，是一座国际性城市，新旧唐书等古籍中不乏这方面的记载："广州地际南海，每岁有昆仑乘舶以珍

---

 ① 袁琳：《宋代城市形态和官署建筑制度研究》，中国建筑工业出版社2013年版，第75页。"非筑城时期"是鲁西奇、马剑《城墙内的城市——中国古代治所城市形态的再认识》（《中国社会经济史研究》2009年第二期）的提法，指筑有城市郭的州（郡）县城在全部州县治所城市中不会超过50%的时代。

 ② 程存洁：《唐代城市史研究初稿》，中华书局2002年版，第233页。

物与中国交市。"① "广州有海舶之利,货贝狎至"。② "外蕃岁以珠、玳瑁、香、文犀浮海至。"③ "海外蕃贾,赢象犀贝珠而至者,帅与监舶使。"④ "巨商万舰,通犀南金,充物狎至。"⑤ 王锷任广州刺史岭南节度使时,"西南大海中诸国舶至……日发十余艇,重以犀象珠贝,称商货而出诸境。"⑥ 韩愈《送郑尚书序》说:"外国之货日至,珠、香、象、犀、玳瑁,奇物溢于中国。"⑦ 张九龄是岭南人,他眼中的广州有一番不同景象:"海郡雄蛮落,津亭壮越台。城隅百雉映,水曲万家开。里树桃榔出,时禽翡翠来。"蕃舶到广州来,不仅贸易,更有进贡。黄巢起义后,左仆射于琮说:"南海有市舶之利,岁贡珠玑。"⑧ 外国经广州进贡的舶来品,数量甚多。张九龄《狮子赞序》中所说的狮子,⑨ 还有大历六年(771)文单国王婆弥来朝进贡的11头驯象,⑩ 贞元九年(796)环王国及大中八年南蛮进贡的犀牛,⑪ 都是经由广州入口。广州唐代官署遗址出土有长沙窑青釉执壶、青釉褐彩狗俑。⑫ 长沙窑,又名

---

① 《旧唐书》卷八九《王方庆传》。

② 《旧唐书》卷一六三《胡证传》。

③ 《新唐书》卷一四三《徐申传》。

④ 《文苑英华》卷九一五,萧邺《岭南节度使韦公(正贯)神道碑》,又见《全唐文》卷七六四。

⑤ 《文苑英华》卷九三九,权德舆《徐公(申)墓志铭》,又见《全唐文》卷五〇二,"物"作"牣"。

⑥ 《旧唐书》卷一五一,《王锷传》。

⑦ 《全唐文》卷五五六。

⑧ 《旧唐书》卷一七八,《郑畋传》。

⑨ 《曲江集》卷十七,上海古籍出版社1992年版。

⑩ 《旧唐书》卷十一。

⑪ 《旧唐书》卷十三、十八下。

⑫ 南越王宫博物馆编:《南越国宫署遗址——岭南千年中心地》,广东人民出版社2010年版,第211页。

铜官窑，是唐代著名窑场，产品且远销东亚、南亚、西亚地区，最远抵达非洲东北部。广州出土的长沙窑青釉器，还有高鼻深目卷发的外国人形象象牙印章毛坯件，是广州作为远洋出口地的佐证。同一地点出土西亚产的玻璃杯、波斯孔雀蓝釉陶瓶残片，① 是舶来品物证。长期固定外贸来往，广州云集了大量外国人。"8世纪，广州有20万人口，是一座国际性的城市，有大量商人阶层，主要是印度支那人、印度尼西亚人、印度人、僧伽罗人、波斯人和阿拉伯人"。② 在蕃人居住区，"筑石联城，以长子孙"。③ 联结广州西城墙建起围墙。外国人聚居区的蕃坊，区域范围颇大，以现代地名而言，北到中山路，南达惠福路和大德路，西抵人民路（西城之西墙），东达解放路。④ 在这个区域内，还遗留不少反映外贸特色的街名，如玛瑙巷、象牙街，还有不少为阿拉伯语翻译而来。据马逢达考证，"大市街"是"大食街"变音，"诗书街"是"狮子街"的谐音。民间传说，诗书街得名，是因明人张诩（《南海杂咏》作者）居于此处，此人诗书俱佳，德行高洁云云。然而这里既然在元代已有"诗书行"之名，⑤ 得名于明人之说显然是后人所附会，而唐代已有"狮子"之名也不是没有可能的。番坊形成的年代，有研究者据《旧唐书·卢钧传》所载："先是土人与蛮獠杂居，婚娶相通，吏或挠之，相诱为乱。钧至立法，俾华蛮异处，婚娶不通，蛮人不得立田宅，由是徼外肃清而不相犯。"⑥ 因此于广州的华蛮异处始认为卢钧出

---

① 南越王宫博物馆编：《南越国宫署遗址——岭南千年中心地》，广东人民出版社2010年版，第213页。

② Edward H. Schafer, "*The Vermilion Bird：T'ang Images of the South*", University of California Press. Berkeley and Los Angeles. California, 1967, p.28.

③ 顾炎武：《天下郡国利病书》。

④ 曾昭璇：《广州历史地理》，广东人民出版社1991年版，第235页。

⑤ 《广州市地名志》，香港大道文化有限公司1989年版，第15页。

⑥ 《旧唐书》卷一七七《卢钧传》。

任广州刺史的开成元年（836）。但成书于太和中（827—834）的房千里《投荒杂录》上已出现有"番坊"一词，则番坊之形成更早，至卢钧是加强管理，解决番汉混居的状况。番坊以"回教寺和光塔为其中心地区。大食人居大纸巷大市街，走木巷为市集，竹篙巷为仓库，扁担巷为起陆点，杏花巷为造船处，白薇巷为香料街"①。

对这一区域蕃商侨民的管理，唐朝政府有一套制度，赋予其一定的自治权。阿拉伯商人在游记中写道："在商人云集之地广州，中国官长委任一个穆斯林，授权他解决这个地区各穆斯林之间的纠纷；这是照中国君主的特殊旨意办的。每逢节日，总是他带领全体穆斯林作祷告，宣讲教义，并为穆斯林的苏丹祈祷。此人行使职权，做出的一切判决，并未引起伊拉克商人的任何异议，因为他的判决是合乎正义的，是合乎尊严无上的真主的经典的，是符合伊斯兰法度的。"②

广州城南珠江边建有广阳馆，既是朝廷派驻广州的市舶使院，又是接待外宾的驿站。广阳馆又称"岭南王馆"，"前临广江，大槛飞轩，高明式叙，崇其栋宇"。"除供备物之外，并任蕃商列肆而市。交通夷夏，富庶于人，一无所阙，车徒相望，城底洞开，于是人人自为，家给户足"③。这一段话很重要，很具体地展现了当时广州城西区成为最繁华的商业区的实况：既有中央专管外贸特使临江宏伟华丽的官邸，又有筑石联城的外商侨聚区，城门洞开，任凭外商列肆而市。"富庶于人，一无所阙"，"人人自为，家给户足"，显示了蕃商在城市中富有地位和生活特色。唐代中前期，都市执行着十分严密封闭式的里坊制与两市制，岭南首府广州城竟然允许提供自由贸易之便，势必影响城内居民区

---

① 曾昭璇：《广州历史地理》，广东人民出版社1991年版，第237页。

② 《中国印度见闻录》卷1第12条，穆根来等译，中华书局1983年版，第7页。

③ 《全唐文》卷575《进岭南王馆使馆图表》。

的商业化和临街设店的城市布局。商业街道行肆邸店林立。① 邸店是批发和零售兼营的商号，"居物之处为邸，沽卖之所为店"。这里外向消费服务的特色突出，经营寄存业务的货栈生意兴隆，而"生酒行""两两相列"，一间紧挨一间，"皆是女人招呼"。② 唐都长安是繁华的国际大都市，却受开、散市时间限制，还实行夜禁，直至北宋京都才通宵达旦营业。对于大多数都市来说，里坊制的瓦解则是到了唐末与五代时期才开始发生的，唯独唐代广州，官府批准在城边设立番坊，对商业往来敞开城门，城内为适应商业活动一再扩街道，列店肆，呈现沿河布市与临街设市的格局，夜市已颇为热闹，有诗人张籍"蛮声喧夜市"句可证。③ 反映出经贸发达带来都市建设的率先变化。

唐代广州是一座由原来反差甚大到全面提升的转型期大城市。唐代北方人印象中的广州，其实有极大的反差。一方面是财货堆积的外贸港口，另一方面却是天荒地远的蛮区。除非任职或流放，并不想前往。这种心态从唐诗中可见一斑。流放岭南的张悦称："秋雁逢春返，流人何日归。"④ 状元贾至云："闻道衡阳外，由来雁不飞。送君从此去，书信定应稀。"⑤ 边塞诗人岑参："不择南州尉，高堂有老亲。……此乡多宝玉，慎莫厌清贫。"⑥ 透露出复杂的心情。元结语友人："吾闻近南海，乃是魑魅乡。……相劝早旋归，此言慎勿忘。"⑦ 韩愈于贬途经广州附近增城，有诗："嗟我亦拙谋，致身落南蛮。茫然失所诣，无路何能

---

① 《唐律》（四）。
② 《太平御览》卷八百四十五引《岭表录异》。
③ 《全唐诗》卷三百八十四，张籍：《送郑尚书出镇南海》。
④ 张悦：《岭南送使》。
⑤ 贾至：《送夏侯参军赴广州》。
⑥ 岑参：《送杨瑗尉南海》。
⑦ 元结：《送孟校书往南海》。

还。"① 他送友人赴任广州，说的却是另一番景象："番禺军府盛，欲说暂停杯。盖海旗幢出，连天观阁开。……货通狮子国，乐奏武王台。事事皆殊异，无嫌屈大才。"②同一人眼中的广州，竟有如此截然不同的情景，是因居位不同使然。

唐人诗句中，广州城池之雄，沿河排列民居之密以及观阁之高，如在眼前。张九龄《送广州周判官》诗有"海郡雄蛮落，津亭北越台"句，许浑有《登赵佗楼》诗，牛征有《登越王楼即事》诗，可见城内外建有一批楼台亭阁，其中最为引人注目的是越王台。唐初宋之问《登粤王台诗》有"江上粤王台，登高望几回。南溟天外合，北户日边来"句，是现存最早越王台诗。越王台，传说为南越王赵佗张舞作乐之处，也称歌舞冈。唐刘恂《岭表录异》谓"冈台有古台基址，地势高旷"。山环水绕，景致宜人。广州刺史李玼于左址上筑亭，成览胜景点和广州城人文地标。张九龄《使至广州》诗有"人非汉使橐，郡是越王台"句，唐代诗人崔子向、刘言史、李涉、许浑、李群玉、黄滔、曹松等都在诗中述及此台。李群玉《中秋越台看月》诗有"宵分凭槛望，应合见蓬莱"句，黄滔《广州试越台怀古》有"吹窗风杂瘴，沾槛雨经梅"句，均可佐证此台上建有亭阁。不过，唐代广州城北已不如南越国之花团锦簇，而是郊外荒芜景象，"越井冈头松柏老，越王台上生秋草。草木多年元子孙，牛羊践踏成官道"③。广州的确有两种场景并存，沿江商业区繁华热闹，形成鲜明对比的是，城内建设，除了官署之外，居民区仍是比较落后，城市面积不足 1 平方公里，东起今德政路，西至今教育路；南至中山路，北抵越华路。④饮用水源主要仍依靠珠江，掘井也成了都督任上一件大事，"广州都督刘巨麟曾带领居民在城内凿井四口，

---

① 韩愈：《宿曾江口示侄孙湘》。
② 韩愈：《送郑尚书权赴南海》。
③ 崔子向：《题越王台》。
④ 刘成基：《南汉时期广州的发展》，载《羊城今古》1992 年第 4 期。

以方便居民饮用"。① 城内居民区茅屋成片，街道因地形而设，密集杂乱，不利于交通贸易。当局致力于整治市区建设，疏浚渠道、推广瓦屋、整顿商肆以及扩宽干道。在疏浚渠道方面，东汉末年，广州刺史陆胤凿甘溪水入城北，建水塘储水以解决饮水水源。唐会昌时，岭南节度使卢贞"疏导其源，以济舟楫，更饰广厦，为踏青避暑之胜地"。在推广瓦屋方面，② 开元初年，广州市常住人口已达30万，民房多系茅棚竹寮，虽能就地取材及构筑方便，却易致火灾。广州都督宋璟不遗余力地推广中原民居建筑技术，教民以"陶瓦筑墙，列邸肆"。③ 亲自带领夯筑土墙壁，教人烧陶瓦，室内批荡，"越俗始知栋梁利而无患灾"。④ 从南越国宫署遗址考古，可知秦汉岭南烧砖制瓦水平之高，但也只是应用于官署及少数上层人士府宅。宋璟向民间推行以瓦代茅，是广州住宅史上划时代的改革。宋璟在店铺排列上也下了一番工夫。在中唐时期的都市，致力于"改造店肆"⑤，更是"开风气之先"。易茅为瓦及改造店肆非一时之功。宋璟治粤70余年后，兴元元年（784）岭南节度使杜佑"为开大衢，疏析廛闬，以息火灾"⑥，"修伍列，群康庄"⑦。主要是加宽干道，疏析里巷，既利于交通，又便于防火。贞元四年（778）广州刺史兼岭南节度使李复"劝导百姓令变茅屋为瓦舍"⑧。元和元年（806）岭南节度使杨于陵又一次"教民陶瓦易蒲屋，以绝火患"⑨。此

---

① 张岩：《古代广州市的供水工程》，载《羊城今古》1993年第3期。
② 方信儒：《南海百咏·甘溪》。
③ 《新唐书·宋璟传》。
④ 《新唐书·宋璟传》。
⑤ 《新唐书·宋璟传》。
⑥ 《新唐书·杜佑传》。
⑦ 《全唐文》卷349，权德舆：《杜公淮南遗爱碑》。
⑧ 《旧唐书·李勉附李复传》。
⑨ 《新唐书·杨于陵传》。

时距宋璟治粤已近百年，可见这个移风易俗过程之不易。在大量烧制砖、瓦等建筑材料使木构建筑得以推广的同时，也采用了一些颇具地方特色的建筑材料。《岭表录异》卷中谓："卢亭者，卢循昔据广州，既败，余党奔如海岛野居，唯食蚝蛎，叠壳为墙壁。"蚝壳在珠江三角洲当时俯拾可得，而且具有坚固、不怕雨水冲刷，建成墙体后室内冬暖夏凉，外表美观等特点。但蚝壳只起填充材料而不是直接承重支撑作用，必须有木骨架或砖石柱为框架。蚝壳为墙体建材的做法直至近代仍流行于珠江三角洲一带，现所能见到已不多了。广州怀圣寺塔以蚝蛎壳灰批荡，这也是一种沿海地区经济实用的建筑粉饰材料。

古代广东的人口增长，很大程度是依靠北方移民的徙入，北部山区、西部河谷平原地带的人口密度，大于南部平原、沿海地带人口，直到隋唐时期仍如此。只是隋时人口分布，以西江流域为最密，信安郡（今高要一带）人户密度居全省第一，每平方公里超过 2 户。珠江三角洲一带人口每平方公里约 0.5—1 户。唐代，由于大庾岭道的开凿和武水的逐步利用，韶、连州人口密度大大增加，并驾于西江沿岸诸郡之上，居全省首位，平均每平方公里 4.7 户。珠江三角洲未筑堤垦耕，人口仍较北江、西江、潆阳江流域稀疏。① "在当时条件下，移入之民开发沿江谷地和沿海台地比开发卑湿又需进行大规模建筑以排干沼泽的三角洲为易，因而平原人口反而较少。"② 晚唐，广州城区四周兴起新的大片居民区和商业区，形成对原城区包围之势。乾符六年（879），黄巢由东南转战入粤，围攻广州，战火之损，以蕃坊区为甚。黄巢北上之后，大顺元年（890），岭南东道节度使、广州刺史刘崇龟至广州，对

---

① 朱云成主编：《中国人口·广东分册》，中国财政经济出版社 1988 年版，第 44、47 页。

② 胡修道：《开皇天宝之间人口的分布与变迁》，载《中国史研究》1984 年第 4 期。

子城有所修葺，"始修理城隍、抚恤疮痍"。① 终唐一代，在历任行政长官的不懈努力下，广州的城市建设有了转折性的变化。广州历代城址，以唐代广州平面最近正方形，而且区划明确。居子城北部，隋为广州刺史署，唐为岭南道使署，称"都府"。府前以清海军楼直街为前道。向南出清海军门直至江边，为南北主干道，在珠江北岸建广阳馆以行使市舶使职能并接待外宾。与南北干道正交有东西向干道，为今中山路。南海县衙在城西北南湖边；番禺县衙建于河南"江南洲上"。② 城内的建筑物，高大者，有建于唐代的光塔、南梁留存下来的宝庄严寺舍利塔；华丽者，有法性寺等寺观，还有广阳馆及建于城西郊外的广思馆。广思馆是元和十二年（817）广州刺史兼岭南节度使孔戣为收留"宦粤子孙之流落者"所建。市内溪溪沟连，舟楫通行，城北兰湖码头区有刺史李玭建于高岗上的余慕亭，城西西澳有码头区，澳口涌上有水陆码头戙船澳。在轮廓上极力追求规整方正的广州城，其街市布局却不受当时盛行的里坊制所严格约束，一再扩宽干道、列店肆，成为一个生机勃勃的商业味很浓的城市。

---

① 《新唐书·刘崇龟传》。

② 道光《广东通志》。

二十六

押蕃舶使、监舶使、市舶使与结好使

广州这座城市,两千余年长盛不衰,固然有岭南中心地位,外贸之盛则是其地位之基本保障。述及广州外贸史,唐代在广州设市舶使是免不了的一笔。"市舶使"是中央派出地方专管海上贸易的专员,此词首见于《旧唐书·玄宗纪》中的"时(按:开元二年十二月乙丑)右威卫中郎将周太立为安南市舶使"。唐代广州何时设市舶使,没有发现明确的记载,研究者说法不一。举数例如下:

《广州外贸史》说第一个市舶管理专官市舶使"在广州诞生",时间可以肯定在武则天临朝之前,东南沿海城市无市舶使之设,推证市舶使设置较为可靠的时间,应在唐玄宗先天元年(712)至开元二年(714)之间,其依据是《唐国史补》卷下曰:"开元以前,有事于外,则命使臣,否则止。自置八节度、十采访,始有坐而为使,其后名号益广。"并说,"押蕃舶使即市舶使的另一称呼"。广州市舶使一职,不列于《百官志》之中,因它是带有临时派出的性质。[1]

---

[1] 邓端本、章深:《广州外贸史》(上册),广东高等教育出版社1996年版,第71—75页。

二十六 押蕃舶使、监舶使、市舶使与结好使

《广东通史》说:"市舶使,又称监舶使、押蕃舶使。高宗显庆六年(661)或稍前置。① 总管东南海路邦交外贸事务。设置之初,大概由广府都督兼任,开元以后,始设专官。唐后期常以监军兼任,权力大增,堪与节度使相抗衡,形成岭南最高权力的二元结构,一如柳宗元在《岭南节度飨军堂记》所云:'唐制,……合二使之重,以治于广州。'市舶使的官署称'市舶使院',在地方自成一系,独立于岭南当局之外。"② "唐代市舶使的差遣有一个变化过程,在选官是或以专官充任,或由岭南地方长官兼任;开元间,始以宦官充任市舶使;中唐以后,随着宦官势力的扩张,虽时有岭南帅臣兼任市舶使,但宦官似更占上风,尤其是以广州监军兼任市舶使。"③

《广东海上丝绸之路史》说:唐节镇兼有涉外职能(包括蕃商互市)的本道或数道的押蕃使,其称法视所押对象而定,如押奚、契丹两蕃使,押蕃营田诸使,"可见唐代边镇所置押蕃等使不仅长期设置,而且边防外交事务中占有十分重要地位","元和间(806—820),岭南则有押蕃舶使,与节度使合称'二使'"。④ 市舶使创设于唐高宗显庆六年(661),其依据是该年所颁《定夷舶市物例数》中涉及朝廷给岭南有关贸易部门发出敕文,从内容看,此部门应当是专司外贸的专使,而证之以《潭州都督杨志本碑》可见高宗朝已有派遣"岭南市阇□珠玉

---

① 原注:参见李庆新:《论唐代广州的对外贸易》,载《中国史研究》1992年第4期。

② 方志钦、蒋祖缘主编,本册汪廷奎主编:《广东通史·古代卷》(上册),广东高等教育出版社1996年版,第441页。

③ 《广州通史·古代卷》,中华书局2010年版,第300页。

④ 黄启臣:《广东海上丝绸之路史》,广东经济出版社2003年版,第119、120页。

使"，推测市舶使在制度上有某种渊源关系。①

再看看较权威的辞书《中国历史大辞典·隋唐五代史卷》中"市舶使"一条说法："官名。唐时亦称押蕃舶使、监舶使、结好使。始见于开元二年（714）。中唐以降，大食、吐蕃崛起，西域商路梗阻，东南海运大盛，朝廷为谋市舶之利，创设于广州、交州和扬州。先后以节度使、节度观察使监领，或由宦官充任。其职掌蕃舶检阅、抽收舶脚、收购舶货及处理外商遗产等外贸事宜。迄宋开宝四年（971），始置市舶司（务）。"②

综合上述各种说法，可以归纳出以下几点认识：市舶使为唐代官名，亦称押蕃舶使、监舶使、结好使。但也有不同之处，如对其职责或为专司外贸、专管市舶，或为"总管邦交外贸事务"、边防外交事务等涉外职务。创设地点，一说广州，一说广州、交州和扬州。创设时间，一说唐玄宗先天元年（712）至开元二年（714）之间，一说高宗显庆六年（661）或稍前。③ 设官方式，一说临时派出；一说长期设置；一说"设置之初，大概由广府都督兼任，开元以后，始设专官"；一说"先后以节度使、节度观察使监领，或由宦官充任"，"唐代市舶使的差遣有一个变化过程，在选官是或以专官充任，或由岭南地方长官兼任；开元间，始以宦官充任市舶使；中唐以后，随着宦官势力的扩张，虽时

---

① 黄启臣：《广东海上丝绸之路史》，广东经济出版社2003年版，第143页。

② 金维和撰条目"市舶使"，《中国历史大辞典·隋唐五代史卷》，上海辞书出版社1995年版，第204页。

③ 黄启臣：《广东海上丝绸之路史》（广东经济出版社2003年版，第140—141页）对市舶使创设时间，除上述说法之外，还列出明学者黄佐撰《广东通志》的唐贞观十七年（643）说，以《唐书》《唐会要》《资治通鉴》等记述为依据的周庆立唐玄宗开元二年说，以及唐高宗朝说。其中，唐高宗朝说与高宗显庆六年实为相同。

有岭南帅臣兼任市舶使,但宦官似更占上风,尤其是以广州监军兼任市舶使"。①

上述说法五花八门。其实在隋代,朝中已设有主管外贸、外交的机构,除了加强鸿胪寺外交管理职能外,又增设四方馆,"以待四方使者"。四方馆中按四方分工设使者,"南方曰南蛮使者"。各方使者分别"掌其方国及互市事。每使者署,典护录事、叙职、叙议、监府、监置、互市监及副、参军各一人。……互市监及副掌互市,参军掌出入交易"。② 到了唐代,朝廷还派出驻边地口岸负责管理外贸的专使。"上元二年稍前,桂管佐僚杨本被任命为'岭南市舶口珠玉使','据水衡之钱,权御府之产','散国财,市蛮宝'。③ 这是史料所见唐朝委派专官管理贸易、珍宝等事务的最早记录。"④ 这里反映了两个问题:一是当时还未见市舶使之职,二是此专使在桂管范围。桂管全称桂管都防御观察处置等使,辖13州及6个羁縻州,驻桂州治(今桂林),说明当时岭南外贸口岸不止于广州。

黎虎在所著《汉唐外交制度史》中对押蕃使、市舶使、互市监等有较详细考证。较之上述各种论证及论点,其考证更有说服力,观点更为严谨,其结论是:

押蕃使是唐代设于四周边境地区的外交与民族事务管理部门。押蕃使始置于开元四年(716),有时称押蕃落使、捍蕃使,有时简称押使。"押"即掌管之意,在负责南海诸蕃舶管理的岭南设置性质类似的押蕃舶使。市舶使设置较押蕃使为早,最早见于开元二年(714),《册府元龟》载,这年"市舶使、右卫威中将周庆立、波斯僧及烈等广造奇器

---

① 《广州通史·古代卷》,中华书局2010年版,第300页。

② 《隋书》卷81《百官志下》。

③ 《全唐文》卷267。

④ 《广州通史·古代卷》,中华书局2010年版,第300页。

异巧以进"。① 当时殿中侍御史、岭南监选使柳泽抨击周庆立是"欲求媚圣意，摇荡上心……宣奢淫于天下"。《旧唐书》则谓周庆立此时为"安南市舶使"。②《通鉴》卷二一一还有唐玄宗开元四年（716）条载"胡人上言海地多珠翠奇宝，可往营致，因言市舶之利"，说得唐玄宗差点动了心，要派监察御史杨范臣与胡人偕往，后来被范臣谏阻之事。③ 说明当时市舶使还只是临时差遣，更无常驻广州的市舶机构。

唐代担当岭南的市舶使者，初由朝官，至开元十年（722）始见以宦官任其职，有内府局丞宦官韦某"寻充市舶使，至于广府"的记载。④ 天宝初年卢奂任南海太守，大力整顿蕃舶管理，其时"中人之市舶者亦不敢干其法"。⑤ 可见时有宦官派驻广州充作市舶使。唐德宗朝有王虔休《进岭南王馆市舶使院图表》可证此时有市舶机构。至开成年间（836—840），由宦官临时出使演变为相对长驻岭南之"监军"兼任市舶使。开成元年（836）卢钧为广州刺史、岭南节度使，其"性仁恕，为政廉洁，请监军领市舶使，己一不干预"。⑥ 其后有李敬实于"大中四年（850）除广州都监兼市舶使"的记载。⑦ 因而这个时期又把市舶使称为"监舶使"。⑧ 这个称呼意味着监军在岭南监督军事的同时亦监督市舶事宜。由于唐后期监军已制度化，才有秩满朝觐之事，于是市舶使由临时指派演变为相对固定的常驻之官。那么，朝廷向岭南派遣

---

① 《册府元龟》卷五四六"谏诤部·直谏一三"。

② 《旧唐书》卷八《玄宗纪上》。

③ 《通鉴》卷二一一"开元四年"条。

④ 于肃《内给事谏议大夫韦公神道碑》，《全唐文》卷三七一。

⑤ 《新唐书》卷一二六《卢怀慎传》附《卢奂传》。

⑥ 《旧唐书》卷一七七《卢钧传》。

⑦ 《李敬实墓志铭》，见《考古与文物》1985年第6期关双喜《西安东郊出土唐李敬实墓志》。

⑧ 见萧邺《岭南节度使韦（正贯）公神道碑》，《全唐文》卷七六四。

二十六 押蕃舶使、监舶使、市舶使与结好使

司市舶事宜的市舶使，与掌管市舶管理大权的岭南地方长官之间是什么关系呢？据黎虎所考，当朝廷派有市舶使时，两者并存，共同管理；当朝廷未派市舶使时，则完全由节度使负责市舶事宜；市舶使与地方长官在市舶管理权能方面有一个消长变化的过程，地方长官对市舶之管理是全面的、经常性的和一贯的，市舶使则是自开元初新起之事物，初期的使命主要是为皇室采购舶来珍异物品，随着朝廷对于市舶收入需求的不断增长，以及市舶制度的逐步发展完善和行使经验之积累，其权能逐渐增强扩展，扩及外商与外贸之综合管理。由于市舶使不仅是管理对外贸易的官员，同时也是外交官员，因而又称为"结好使"。《全唐文》就收有裴次元《奏广州结好使事由奉诏书谢恩状》。① 到了这个阶段，市舶管理的主要权力还是在地方长官手中。岭南节度使并不担任市舶使，而是以押蕃舶使身份进行蕃舶之管理。因此，押蕃舶使与市舶使是不同性质的两种官职，押蕃使是节度使的兼官，是作为全面负责对外管理的一种官职，市舶使是负责外贸管理的特定专职官员。节度使兼押蕃舶使，为一身兼内外之职，节度使主内，押蕃舶使主外。押蕃舶使的职权比市舶使广泛得多，是全面负责外交和外贸，所以，柳宗元在《岭南节度飨军堂记》中就明确记述了"岭南为五府，府部州以十数，其大小之戎，号令之用，则听于节度使焉；其外大海多蛮夷，由流求、诃陵，西抵大夏、康居，环水而国以百数，则统于押蕃舶使焉"。② 北方和内陆地区面对若干具体之蕃国，故以"押某某等蕃使"为称，而广州面对数以百计的蕃国，故只能笼统地称之为"押蕃舶使"。

我们从公元 9 世纪中叶至 10 世纪初旅居中国的阿拉伯商人根据其亲身闻见写成的《中国印度见闻录》书中，可以了解到监军领市舶使与节度使（也是押蕃舶使）之间的权力对外国人在中国活动的影响。是书记载，到中国旅行，要有两个证明：一个是城市王爷的，另一个是

---

① 裴次元：《奏广州结好使事由奉诏书谢恩状》，《全唐文》卷六一一。
② 柳宗元：《岭南节度飨军堂记》，《全唐文》卷五八〇。

太监的。城市王爷的证明是在道路上使用的，上面写明旅行者以及陪同人员的姓名、年龄，和他所属的宗族……而太监的证明上则注明旅行者随身携带的白银与货物，在路上，有关哨所要检查这两个证明。① 发给这两个证明的官员，所谓"城市王爷"即节度使，发的是唐代通行的"过所"，登记的是旅行者的身份，是在路上使用的，相当于现代的通行证；所谓"太监"，应指监军领市舶使，他发给外商到内地的是贸易许可证明，登记的是其财产、货物，应是舶商在港口完成舶脚、收市、进奉等手续之后，进而与民间进行贸易的许可证明。表明了监军领市舶使与节度使在共同管理外商上不同的职权范围。

  综上所述，可以对《中国历史大辞典·隋唐五代史卷》中"市舶使"一条所说"官名。唐时亦称押蕃舶使、监舶使、结好使"做进一步纠正。押蕃舶使与市舶使是不同官职。押蕃舶使是全面管理外交、外贸的官员，由地方长官兼任；市舶使是专职管理外贸的官员，可由地方长官兼任，也可由朝廷派出专使，开始是临时的，后来是固定的；监舶使指由监军领市舶使职务；结好使是市舶使别称，表明其兼具外交官员身份的性质。

---

  ① 《中国印度见闻录》卷1第43条，穆根来等译，中华书局1983年版，第18页。

二十七

一柱轮囷说光塔

古时广州番坊中,最为高标注目的建筑物,就是光塔。在蕃坊聚居的阿拉伯人,为了举行伊斯兰教仪式,在蕃坊中建有宗教活动场所清真寺怀圣寺。怀圣寺是我国沿海地区最早建立的伊斯兰教清真寺之一,与泉州清真寺、杭州凤凰寺并称沿海三大清真寺。所谓"怀圣",有人说是追念伊斯兰教创始人穆罕默德,有人说是纪念唐初来华的阿拉伯传教士阿布·宛葛素,如果说,怀圣寺是宛葛素所创建的话,后一说在道理上似乎就讲不太通。塔以寺得名,原称怀圣寺塔,俗称光塔。约定俗成,叫光塔的人多了,也就成了正名。称光塔的原因,一说因塔的外表光滑,以形得名;一说是塔为蕃人所造,被称为"蕃塔",因谐音得称光塔;一说每次做礼拜时,主持人阿訇登塔呼喊教徒做礼拜,阿拉伯语"呼礼"音为"邦卡",广州话"邦"和"光"音近,得称。

怀圣寺光塔是国家重点文物保护单位,是我国现存最古老的伊斯兰教建筑物。光塔建造时间问题,涉及伊斯兰教传入中国的初始时间,是研究中国伊斯兰教史的重要问题,也是研究中外宗教文化交流史的重要问题,为不少专家学者所关注并予以研究考证。在至今未成定论的诸说中,作者认为唐建说理由较足,并就光塔建筑型制及其历史文化地位问题，进一步考析。

关于光塔建造时间各说，从隋开皇七年（587）至南宋绍熙三年（1192），跨度竟超过600年，差异甚大。主要又分为唐说、北宋说与南宋说。

南宋方信儒称"番塔""始于唐时，曰怀圣塔"。① 地方志籍多沿此说。持唐说者众，但年代说法不同，主要有武德年间（618—626），贞观元年（627）、三年（629）、六年（632）以及天宝十一年（753）等各说。光塔南门上方阿拉伯文碑记，为1934年重修光塔所立，即有"此塔建于回历一千三百五十一年前即唐贞观皇帝的第一年"之句。② 建筑学教授龙庆忠"为证明广州怀圣光塔寺是建于唐初，特从现在可能收入的文献资料，来研究该寺自唐以来的礼拜堂及前之月台、门廊、院子之尺寸风格以及其左前光塔之尺寸风格"③。邓其生推论："广州怀圣寺始建年代不会超过唐贞观六年（632），即不会早建于麦地那先知寺之前，也不迟于唐大中五年（851），因这年苏莱曼来广州已看过怀圣寺。比较合情理的说法是：怀圣寺是建于唐天宝十一年（753）左右。"并说："从世界伊斯兰教建筑发展史来看，光塔在八世纪中叶建造是合理的。"④

持北宋说者人数不多，但较活跃。廖大珂的看法有代表性："广州怀圣塔应当属于公元11世纪的建筑物，也就是说它建筑年代不在唐代，

---

① 方信儒：《南海百咏·番塔》。

② 穆罕默德·也而顾吧撰文。转引自马逢达《广州怀圣寺史略补遗》，见市伊斯兰教协会文史资料研究组1985年编印：《广州回族、伊斯兰教文史资料选辑（第二辑）》。

③ 龙庆忠：《中国建筑与中华民族》，华南理工大学出版社1990年版，第159—168页。

④ 邓其生：《广州怀圣寺的建造年代考释》，载《广州研究》1988年第4期。

而是在北宋元祐之前的年代；同时它的创建者是来自波斯。"①

持南宋说者不乏其人。罗香林力主塔在南宋初年广州的阿拉伯商人蒲玛哈朱兄弟所倡筑。②陈垣认为是南宋的建筑。③日本学者桑原鹭藏经十余年的研究至1929年结集出版《蒲寿庚考》，推断怀圣寺和塔为南宋所建。白寿彝《跋〈重建怀圣寺记〉》云："其创建时期最早恐不过在绍熙壬子前百年之内（1091—1191）。唐建之说不足信也。"④

此外，还有隋说。最早见于泉州《重修清真寺碑记》："至隋开皇七年，撒哈达阿的于葛思者，自大食航海至广东，建礼拜寺于广州，赐号怀圣。"清《清真释疑补辑》也持此说。与伊斯兰教创建时间相比，此时间显然过早，可以排除。

求证于古文献。北宋元祐三年（1088），诗人郭祥正时任端州知州，他与广南东路经略安抚使兼知广州蒋之奇私交甚好，时常往来广州与蒋之奇同游名胜，唱和咏赋，写下不少记述广州风物的诗篇，其中有《广州越王台呈蒋师侍制》《同颖叔修撰登番塔》诗，是至今所知最早描写光塔的诗，又是郭祥正亲自登上光塔的题咏，至为难得。诗中描述光塔为"拔地无层限，登霄有路通"。⑤塔的外表不分层数，塔内可拾级而上，内外与今时无异。有此确证，南宋说其谬自见。

---

① 廖大珂：《广州怀圣寺塔建筑问题初探》，载《宁夏社会科学》1992年第1期。

② 罗香林：《蒲寿庚传》，台北中华文化出版委员会1955年版，第124页。

③ 陈垣：《回回教入中国史略》。

④ 白寿彝：《重建怀圣寺记》，原载《中国学术论文集》，转引自《广州伊斯兰古迹研究》第300页。

⑤ 龙庆忠：《中国建筑与中华民族》，华南理工大学出版社1990年版，第165—166页。

进一步的问题，是如何将光塔的存在时间推证至唐代，往者论证的大体途径：其一是从寺院建筑风格和布局规制（怀圣寺的礼拜堂明间与次间比是唐初规制，礼拜堂、月台、门廊平面尺寸关系均合唐初尺，看月楼、门廊及礼拜堂保持了中唐甚至初唐建筑风格）[①]；其二是从地面相对高度的变化测算其年代（今光塔塔脚低于地面2米，正是唐代地面）[②]；其三是引用中阿历史文献（包括穆罕默德圣训："学问，虽远在中国，亦当求之。"）分析阿拉伯人及伊斯兰教入穗年代；其四是以广州番坊必有礼拜之需为背景条件，并以苏莱曼的记述为佐证；其五是对唐代西澳古地形的分析，说明建寺与塔的可能；其六是塔砖尺寸与唐初砖相符[③]；其七是从方信儒身份和人品考察其作品的可靠性[④]。以上诸论证，含有历史文献、地理、考古、古建筑等多学科综合研究成果，有相当的说服力，因而，1980年代以后，唐说渐占上风。

今怀圣寺礼拜堂正梁、望月楼正梁及其他碑文匾额上可见到"贞观元年岁次丁亥秋季建"字样。这些建筑与碑匾都是后世之物，题记是清康熙朝所记，虽是重建的建筑物上传抄之词，但未能确证其谬，也不宜即予否定。更何况南宋方信儒《南海百咏》有谓"番塔始唐时"，元郭嘉《重建怀圣寺记》称"世传自李唐迄今"，可为佐证。历史文献没有记载的事物，并不等于当时就不存在。例如北宋说以诗证史有可靠证据，至于现存的宋代地理、历史文献如《舆地纪胜》《舆地胜览》《太

[①] 龙庆忠：《中国建筑与中华民族》，华南理工大学出版社1990年版，第165—166页。

[②] 曾昭璇：《广州怀圣寺光塔兴建年代考》，载《广州伊斯兰古迹研究》，宁夏人民出版社1989年版，第346页。

[③] 龙庆忠：《中国建筑与中华民族》，华南理工大学出版社1990年版，第165—166页。

[④] 中元秀：《广州怀圣光塔寺唐建说》，载《广州伊斯兰古迹研究》第365页。

平御览》上却均没有光塔与寺的记载。这大概与伊斯兰教宗教活动有特定范围，地方载籍一般只记述道、佛活动有关。因此，不能以光塔未见于唐代文献记述就断定其不是唐建。依据圣训："谁为真主建造了清真寺，真主就为他在天堂建筑同样的建筑物。"在伊斯兰教地，清真寺的建造可以说是与教民的活动同时而来。唐代阿拉伯人来广州做生意及定居者越来越多，官府在城西划定外侨居住区，仿照里坊制度定名"蕃坊"，聚居的阿拉伯人当有进行伊斯兰教礼拜之处。成书于唐大中五年（851）的苏莱曼（Suleiman）的《东游记》，记述聚居广府的伊斯兰教徒有"回教牧师一人，教堂一所"，教徒朗读先圣戒训祈祷，中国政府派出的"回教判官"一切皆能依《可兰经》圣训及回教习惯行事①，可证当时已有伊斯兰教活动及清真寺。

按照伊斯兰教礼拜活动之要求，清真寺、塔不易分开，其始建年代应该很相近。研究者面临的有需要解释的三个问题：作为一个建筑整体，塔不在寺的中轴线上；塔、寺建筑风格不一；光塔上初时有只风信鸡，不符合伊斯兰教建筑的装饰风格。为什么？

美国伊斯兰艺术专家约翰·D.霍格对世界上受伊斯兰教影响地区的建筑做全面考察之后，在其著作《伊斯兰建筑》中提出结论的要点是：伊斯兰建筑始于公元7世纪（相当于我国初唐时期）；世界各地的伊斯兰建筑无论是建筑材料还是建筑技术具有多样性。②清真寺是最早出现的伊斯兰建筑，公元622年（相当于唐武德五年）穆罕默德在麦地那修建了第一所清真寺，这就是著名的先知寺。该寺十分简朴，但它具备了礼拜寺的最基本条件：宽阔的中庭和做礼拜的柱廊。从624年起（相当于唐武德七年）就已由穆罕默德亲自制定了朝拜方向必须朝向麦

---

① 张星烺：《中西交通史料汇编》（第三册），转引自曾昭璇：《广州怀圣寺光塔兴建时代考》，载《广州伊斯兰古迹研究》，第348页。

② 〔美〕约翰·D.霍格：《伊斯兰建筑》，杨昌鸣等译，中国建筑工业出版社1999年版，第57—58页。

加。对礼者的召唤，是由穆尔怎（Muezzin 译注：负责报告礼拜时刻的人）用嗓音来完成的："这就为光塔（Minaret）最终引入清真寺的建筑主题铺平了道路，尽管清真寺本身的屋顶在很长一段时间都担负了这种功能。"① 光塔即宣礼塔，又称拜楼、唤醒楼、密那楼、邦克楼。第一座宣礼塔是 664 年（唐麟德元年）于伊拉克南部白索拉大清真寺建造时与礼拜殿同时建成，而埃及开罗阿穆尔清真寺在四隅建造了四座宣礼塔，以后在麦加禁寺、麦地那先知寺等原有寺院和新建的清真寺中，都相继增建了宣礼塔，有 1 座，有多达 6 座甚至更多的。上述情况，说明清真寺建筑建造原则和布局形制有个逐步完善过程，为判断广州怀圣寺及塔的建造时间提供了一个基准。

按照上述伊斯兰教建筑演变的历史，倘若怀圣寺、塔是先后建成，那么，寺始建年代最早不会超过建先知寺时的唐武德五年（622），塔始建年代最早不会超过建白索拉大清真寺时的唐麟德元年（664）。如果塔、寺同时而建，就应在麟德元年之后的事。从光塔唐建的各个年代中比较，依寺、塔先后建成说，就有可能寺始建于武德年间，此后塔始建于天宝十一年（753）；按寺、塔同时而建说，有可能始建于天宝十一年。笔者认同寺、塔同时建成说，对需要解释的问题做如下分析：

1. 关于塔、寺建筑形制不一。光塔是砖石结构，始建之寺则有可能是中国传统的土木结构，元代于烈焰中寺毁而塔存，是因为两者构材不同。至于同时建成的寺塔形制不一的情况其实不难解释。中国古代建筑中最不受礼制拘束而能发挥想象力（包括最易吸收外来建筑形式）进行创作的门类就是塔，而门庭殿堂之类却有着固定，古塔形制不拘一格，同所在寺院殿堂风格完全不一致的例子比比皆是。如建于北魏的河南登封嵩岳寺塔，寺是皇帝舍离宫为佛寺，肯定是传统的土木结构，塔则是具有波斯装饰风格的砖塔，塔存至今而始建殿堂已荡然无存。唐

---

① 〔美〕约翰·D.霍格：《伊斯兰建筑》，杨昌鸣等译，中国建筑工业出版社 1999 年版，第 8 页。

代，中国古塔尚未定型（即形式的中国化），更何况怀圣寺塔是清真寺的塔式建筑，塔、寺风格不一是正常的事。在中国后来所建的清真寺建筑也是不拘一格的。青海、甘肃、宁夏一带的清真寺邦克楼是土木结构楼阁式，新疆一带则是砖、石或土坯砌筑，只不过同一寺中寺、塔建筑材料及风格大体上趋于一致。唐代广州屹立有始建于南北朝的传统木构大塔宝庄严寺塔，光塔采用了另一种建筑模式，正说明它是伊斯兰教传入中国早期的建筑物，保持了特有风格和建筑方法。

2. 宣礼塔不建在寺的中轴线上，符合有的伊斯兰教清真寺的布局特色，不是增建的缘故。宣礼塔用于供呼唤者登高呼唤教民来做礼拜，或建于寺中地势最高处，或置于寺的围墙外部。建于821年的北非第一座穆斯林城市凯鲁万（Kairouan）清真寺光塔，在围墙外部东南角。①始建于北宋的泉州圣友寺，宣礼塔建在大门上，大门则建在寺前方右侧；新疆吐鲁番清真寺宣礼塔（俗称苏公塔）位于寺前围墙西南角，就与怀圣寺塔布局相同。

3. 怀圣寺光塔在建筑结构上有早期伊斯兰教光塔建筑的特色。平面圆形，蹬道细窄，因此类建筑用于唤来徒众，只需一二人登塔即可。光塔高度据民国广州工程局测得为36.3米②，是唐代广州建筑物中最高者，位于大江边，当以圆柱形形体最能抗风。以砖、石砌成，主要是砖墙，内外墁灰，能抵风雨腐蚀。塔内有两条螺旋式楼梯绕实心至塔顶，为我国古建筑首见。著名的有采用螺旋蹬道光塔的伊拉克萨马腊清真大寺遗址（al-Jami Samara）光塔（高52米，852年投入使用）和开

----

① 〔美〕约翰·D.霍格：《伊斯兰建筑》，杨昌鸣等译，中国建筑工业出版社1999年版，第29页。

② 转引自龙庆忠《唐建广州怀圣寺江塔寺建筑文化考》，载《广州伊斯兰古迹研究》，第338页，另载刘致平：《中国伊斯兰教建筑》（新疆人民出版社1985年版）第13页载，广东省设计院保俊文测得光塔露出地面部分为35.75米，加上土埋部分数米，可达40米。

罗伊本·突伦清真大寺光塔（建于876—879）。说明早期的光塔有此一种建筑结构。采用螺旋形斜坡的传统还可上溯至巴比伦（公元前7世纪后半叶到公元前6世纪后半叶）的庙塔，尽管是方形的，却采用螺旋形斜坡。不同的是，怀圣寺光塔的螺旋形蹬道不是露于外部，而是建于塔内，很可能因为岭南气候多雨潮湿，不同于阿拉伯地区之干旱，为登塔者避风雨及保护建筑物考虑的缘故。

4. 怀圣寺光塔顶上有一金鸡，当是建塔初期就有的。方信孺《南海百咏》诗称"金鸡飞转片帆归"，阐明此塔顶金鸡是为船舶航行服务的风信鸡。北宋郭祥正登番塔诗中没有直接记述金鸡，却有"望船请南风"句，间接记述了此塔的测风候作用，应当同金鸡有关。南宋岳珂《桯史》述及光塔顶上有金鸡甚巨和一段轶闻。是说广州番坊番人，以占城（古国名，位于今越南中南部）姓蒲的最为富有，其屋后即是这座状如银笔的光塔，塔外部光滑，梯蹬建在塔内，尽管番人平时看管甚严，却居然被人偷去塔顶大金鸡一只脚。官府认真勘查，却难发现蛛丝马迹。后来，盗贼在兜卖赃物时被拘获，经审问，知其觊觎塔顶金鸡已久，缜密策划，身带干粮潜入蒲家，在梁上栖身三宿，方得隙闯进塔内。由于金鸡又大又重，只能候晚间用钢锉锯下金鸡一脚。盗贼事先准备了两把截短柄的雨伞，等到天刮大风，张起伞来如鼓动两翅降落地上。此举比获称为世界上最早使用雨伞降落的意大利人拉文还要早四百年，使用的还是相当气派的双伞！岳珂记载的是当世的事，有可信性。为何在这座清真教建筑上采用了金鸡为装饰？伊斯兰教教义规定建筑装饰题材是几何形、植物和文字花纹，不使用人或动物，这一教义逐渐完善，至8世纪起才明确，早期的伊斯兰教建筑装饰尚有破例。第一代清真寺中，"在伊斯泰赫尔［IStakhr，在古代波斯波利斯（Persakhr）附近］，据说曾有一座有着公牛柱头的清真寺"①。在伊拉克的迈夫杰尔遗

---

① 〔美〕约翰·D.霍格：《伊斯兰建筑》，杨昌鸣等译，中国建筑工业出版社1999年版，第8页。

址（约建于739年之前），装饰建筑弯顶的题材有野山羊、运动员、全副武装的勇士以及舞女的立体形象，壁龛有以马赛克装饰的狮子和羚。① 离约旦的阿曼以南约20英里，一处6世纪所建哈里发冬宫遗址，雕刻有栖居在树枝上的动物或怪物，寺外面右手部分以鸟为主角。② 这都说明了早期伊斯兰教建筑并未形成或未严格遵循宗教的装饰原则要求。1996年1月1日《广州日报》载有此前不久在埃及发现的倭马亚王朝时代（661—750）一把铜壶照片，并说明此为古代伊斯兰教艺术品。这把水壶是以昂首啼叫的公鸡为壶口装饰造型。报上称传说穆罕默德生前极喜养鸡，即使征战途中，也必携带一石公鸡，公元8世纪，石公鸡流落入宫中，今巴格达一座绿色圆顶王宫里，供奉有一石公鸡，传即此物。采用公鸡为呼礼塔装饰物，与此似有关系。这正是早期伊斯兰建筑装饰的特点。

综上所述，怀圣寺光塔早期伊斯兰教建筑特征很突出。可为唐建说之补充论证。

值得进一步考证的是怀圣寺塔在伊斯兰教建筑史上的地位。现存始建年代很早的伊斯兰教建筑，多数在后世多次重建。伊斯兰教第一大圣寺麦加禁寺在穆罕默德生前就是礼拜场地，当时除了"克尔白"（石殿）外无其他建筑，656年才修建了第一座宣礼塔。禁寺现存建筑中最早的天房，是1630年奥斯曼帝国苏丹穆拉德四世时期重建。伊斯兰教第二大圣寺麦地那城先知寺，始建于622年，现在的规模是1848年重建奠定，1955年再次大规模扩建而成的。伊斯兰教第三大圣寺耶路撒冷阿克萨清真寺（又称"远寺"）没有宣礼塔。被公认为世界上现存最早的伊斯兰建筑叙利亚大马士革清真寺，前身是圣约翰教堂，706年

---

① 〔美〕约翰·D.霍格：《伊斯兰建筑》，杨昌鸣等译，中国建筑工业出版社1999年版，第17页。

② 〔美〕约翰·D.霍格：《伊斯兰建筑》，杨昌鸣等译，中国建筑工业出版社1999年版，第19页。

开始改建为清真寺，完工于714—715年，改建时保留了四个角落的尖塔。① 因此，这些呼礼塔不可能具备典型的伊斯兰建筑风格。建成于852年的著名的螺旋式蹬道伊拉克萨马拉清真大寺光塔、建于821年的北非凯鲁万的清真寺东南角塔楼，是建立方形台基上的圆柱形建筑。这些建筑与怀圣寺光塔有相同之处（螺旋形梯蹬，圆筒形外观），但在怀圣寺光塔唐建各说中，即使是时间最迟的天宝十二年（753），也比它们都要早。因此，怀圣寺光塔可以说是世界上现存最早建成的清真寺宣礼塔。

---

① 〔美〕约翰·D.霍格：《伊斯兰建筑》，杨昌鸣等译，中国建筑工业出版社1999年版，第14页。

二十八

光孝寺陀罗尼经幢与密宗入粤

唐代是佛教鼎盛的朝代,是佛教中国教派纷纷创立的朝代,佛教密宗也在此时传入广东。以往有关岭南佛教沿革的著述注重于禅宗南派的分枝开花,六祖惠能成为老少皆知的佛教人物,对于密宗入粤及在粤地表现,则很少述及。本文且对唐代密宗入粤及有关文物略作钩沉,以反映唐代广州佛教不拘一格之盛况。

先说密宗的来历。密宗又称瑜伽密宗。印度的佛教在其发展后期渐与传统的印度宗派——婆罗门教相结合,形成了密教流派。密教的特征是主张身密(手结契印)、口密(口诵真言咒语)、意密(心作观想佛尊)三密相应而行,可以即身成佛求得出世的果报。这一宗教流派认为佛祖的真言、密语不能见诸文字、广泛流传,只能对受过灌顶礼的弟子密传。密教以高度组织化的咒术、仪轨和世俗性信仰为其主要的特征,由此把信奉佛教诸部经典特别是巴利文律藏中所传的密咒、仪轨等称为杂密;把7世纪中叶以后相继成立的《大日经》《金刚经》为中心内容的教义和实践称为纯密。唐以前,传入中国的密宗是杂密,唐代起传入中国的密宗是体系性的纯密。

密宗传入广东,有间接的,也有直接的。间接的传入是朝廷的推广和崇信密宗的官员入粤所带动。大历十一年（775），唐代宗诏令全国僧尼须在一月之内背诵精熟《尊胜陀尼经》，日诵21遍，每年至正月一日具陈民诵遍数进上。《尊胜陀尼经》由此便传遍寺刹，密宗之风在全国至盛，必然波及广东。由西域番僧直接将密宗传入广东的影响也不能忽视。体系性的纯密，是在开元年间由被称为"开元三大士"的三位印度高僧传入中国的。三位高僧是善无畏、金刚智和不空，他们来华后直接翻译、弘传以《大日经》《金刚顶经》为中心的纯密，一方面以宣传正法护国思想适应唐帝国中兴君王唐玄宗复兴王室的需要，另一方面以融汇中国舒张的阴阳五行和道教的成仙、田赋术、房中术等，迎合当时的儒、释、道三教融合趋势，因而得以急剧发展。开元三大士中之金刚智和不空，都在广州留下了传教的足迹。

中印度僧善无畏于开元四年（716）经陆上丝绸之路抵长安，被唐玄宗尊为国师，设内道场，为王族灌顶授法，主持译经。三年后，金刚智泛海而来，在广州上岸入中国。

金刚智，南印度人。少年时在那烂陀寺求学，授《金刚顶经》密法，又诣西印度学小乘诸论及《瑜伽三密陀罗尼门》，十余年全通《三藏》。他泛舶南海，遍历20余国，开元七年（719）"达于广府"。① 然后赴长安"敕迎就慈恩寺，徙荐福寺"。金刚智在广州的活动未见详述，《宋高僧传》记载他"所在之刹，必建大曼拏罗灌顶道场，度于四众"，"自开元七年（719），始届番禺，渐来神甸，广敷密诫，建曼拏罗，依法制成，皆感灵瑞"。其在入华首站番禺，当有于名刹建法场立坛灌顶之佛事。又据《中国佛学人名辞典》所载：金刚智"以开元七年至广州，建大曼拏罗灌顶道场，拔度四众。帝闻，迎入京师，敕住大慈恩寺。"② 则在广州之活动规模不小，才为帝闻入京。但未知典出自何处。又据《唐会要》，金刚智抵广州时，节度使［按：岭南节度使首

---

① 赞宁：《宋高僧传》卷1《唐洛阳广福寺金刚智传》。
② 比丘明复编：《中国佛教人名辞典》，中华书局1988年版，第237页。

置于至德二年（757），此时岭南最高长官应为五府经略使]派了两三千人分乘数百条小船，先迎海上。① 如此先声夺人，也可作为金刚智在广州必有重大佛事活动之佐证。

不空是金刚智的弟子，北印度人，幼随叔父来华，15岁时为金刚智弟子，颇受金刚智赏识，常令共译佛经。开元二十九年（741）金刚智示寂之后，不空奉其遗旨，去师子国（今斯里兰卡）、天竺等国求梵法。不空此行，是从番禺（广州）出发赴海上，在广州有一番佛事活动。"初至南海郡，采访使刘巨邻（按：'邻'为'鳞'误）②恳请灌顶，乃于法性寺相次度人百千万众。空自对本尊祈请旬日，感文殊现身。及将登舟，采访使召诫番禺界蕃客大首领伊习宾等曰：'今三藏往南天竺师子国，宜约束船主，好将三藏并弟子含光、慧功等三七人、国信等达彼，无令疏失。'"③ 于此表明三条信息：一是当时岭南信奉密教者之众，上自经略使，下至百千万民众；二是不空在广州法性寺大摆道场，影响甚大；三是不空从广州下南海求法乘的是番人商舶，这条航线应是当时中外佛教文化交流的一条重要通道，常住广州的番人甚众，管理有条理，蕃客大首领受官府召诫。不空于天宝五年（746）返回中国，带回密教经典200卷，共译出重要经典111部、143卷，成为中国佛教四大翻译家之一。不空在内道场中先后为唐玄宗、肃宗、代宗灌顶受法，成为三代国师。他先后被加封为鸿胪寺卿、开府仪同三司、肃国公，赐食邑三千户，辞而不受。不空从天竺返中国途径未见其详。天宝八年（749）诏许其回印度，"乘驿骑五匹，至南海郡，有敕再留"。④ 显然，不空赴印来往均取道海路，天宝五年返华当经广州。以他在朝廷地位之高，途经广州必在岭南掀起崇信密宗又一热潮。返华三年之后，

---

① 《唐会要》卷78。
② 据《旧唐书·玄宗本纪》《唐大和尚东征传》均作"刘巨鳞"。
③ 赞宁：《宋高僧传》卷1《唐京兆大兴善寺不空传》。
④ 赞宁：《宋高僧传》卷1《唐京兆大兴善寺不空传》。

诏令"许其回国",实际上是被下了驱逐令,从高峰跌入低谷,其中原委,有关传记讳莫如深,当事出有因。《旧唐书》载这年五月,"南海太守刘巨鳞坐赃决死之"。① 不空由广州出海取经,正是这位刘巨鳞为他大摆道场,在岭南掀起信密热潮。刘巨鳞对奉佛也表现出一种特别的狂热,不但带头接受不空灌顶,还发动郡人欢送不空下师子国,为其一路平安亲自出面做了安排。可以想见,不空的传教活动是得到了刘巨鳞在人力、物力上的大力支持。刘巨鳞坐赃处死与不空同时被遣返回国,两事之间必有关联,不空并没离开中国,而是在岭南停留下来。他一入粤北,便托病滞留不前。据撰编于同时代的《贞元录》所载,不空"发自京都,路次染疾,不能前进,寄止韶州",显然得到王公权贵的支持,而终于获敕令且住。在岭南一住,居然长达四年,"日夜精勤,卷不释手,扶疾翻译,为国为家"。② 其后又得以东山再起,重返京中,至于事业之极盛。不空这四年在粤的活动及译著,不见于后来的译著目录。但由此也可见其在岭南影响非同小可。

密宗番僧从海路由广州入华,不止于金智刚、不空二人。北印度高僧智慧,曾在那烂陀寺学佛,发誓东传佛教,泛海遍历南海诸国。唐建中初年(780)到达广州,直至贞元二年(786)始届京辇,迎入西明寺译经。③ 在广州逗留长达数年。

唐代密宗在粤佛事活动,遗留至今特色鲜明的文物,是陀罗尼经幢。

陀罗尼为梵文译音,意译为总持、能持、闻持、能遮等。从词源学上分析,最早是一个关于记忆方法的名称,原意为忆持不忘。古印度未有文字时,所有的宗教经典及世俗文献全部依靠祭司的记忆口耳相传,创造了文字之后,仍然十分重视记忆方法与记忆能力。在原始佛教中,

---

① 《旧唐书》卷9《玄宗本纪》。
② 圆照:《贞元新定释教目录》。
③ 赞宁:《宋高僧传》卷2《唐洛京智慧传》。

二十八 光孝寺陀罗尼经幢与密宗入粤

陀罗尼最初含义仅限于对佛陀教法的语言文句的正确听闻和牢固记忆。到了佛教分流派时期，准确记忆对于正确理解显得十分重要，佛教经典中往往解释说："陀罗尼者，于佛法总持不忘。"陀罗尼后来被逐渐神秘化，原有的记忆功能渐被淘汰，成了类似咒语一样的东西。陀罗尼在初期大乘佛教中已广泛流行，并从闻持一种扩大到多种，发展为大乘佛教中一门重要的科学（所谓方便法门），具有很高的地位，与戒、定、慧一学并齐，成为大乘佛学四大内容之一，并演变和直接导致了原始密教——陀罗尼密教的形成。陀罗尼在原始密教中处于中心地位。密教传入中国以后，迎合中国的传统宗教与民间宗教背景，陀罗尼经咒风行一时，建陀罗尼经幢成为密宗传教活动一种特色标志。广州光孝寺与潮州开元寺内，现存有唐代陀罗尼经幢。光孝寺现存的唐代陀罗尼经幢，是光孝寺曾举行过密宗建坛、灌顶仪式历史见证的实物。

大悲心陀罗尼石经幢在光孝寺大雄宝殿前的连廊西南角，其貌不扬，却是岭南十分珍贵的唐代文物。此幢建于唐宝历二年（826），是光孝寺内现存有绝对年代可考的最早的石刻，幢身是一段平面八角柱，刻有梵文和汉文大悲咒，故名大悲幢。幢下基座刻有力士承托，那力士已风化模糊，雄武伟健的大唐艺术风采依然可辨。也不知何人出的主意，如今把真正的文物挪到走廊一隅，在庭院原地的草坪间新置了一件仿制品，仿刻品所刻之力士粗俗不堪，大煞风景！

光孝寺唐大悲心陀罗尼石经幢，青石刻制，通高2.19米。由宝盖、幢身、基座三部分组成。幢身平面八角，高1.05米，上为八角盝顶，下为莲花方座，基座四侧刻力士像。幢身各面宽0.14米，刻"千手千眼观世音菩萨广大圆满无碍大悲心陀罗尼神妙章句"。章句内容为"大悲咒"两咒，每咒各占四面，一咒为20字，另一咒为175字。字迹多已漫漶残缺。背面款识两行，内容为："同经略使副将仕郎前守辰州都督府医博士庐江郡何宥则敬为亡兄节度随军文林郎守康州司马宥选造此大悲陀罗尼幢"；东面一行为："宝历二年（826）岁次丙午十二月一日法性寺住持天德兼润寺大德僧钦造闽人。"可见此幢造于唐宝历二年

(826),捐造者是何有则,为他的亡兄何有卿所造。经咒的书写者是光孝寺住持僧钦造。大悲幢是寺内现存最早和有绝对年代可考的文物,是唐代密宗在广州盛行的重要物证。

元和十四年(819)朝议大夫兼御史武彻在《加句灵验佛顶尊胜陀罗尼记》中说道:"昔仪凤中,佛陀波利所传之本,遍天下幡刹,持诵有多矣。"那么,早在仪凤年间尊胜陀罗尼经咒已遍传全国寺刹。不空在开元、天宝年间三度到岭南,第三次入粤,逗留时间长达四年。在佛教史籍上,不空在这段时间的佛事活动(包括所至寺院)及译著一概阙如,留存下来的文物对此段史实也有了补充的价值。

综上所述,唐代广州是密宗自海上东传的一个重要口岸。一些重要的密宗高僧在广州留下了活动的踪迹,对密宗入粤有重大影响。被奉为禅宗南派创始人的六祖慧能,圆寂于先天二年(713)。当时禅宗在岭南佛教界可谓至尊之教派,而密宗仍能在粤地引起如此强烈反响,除了其在朝内受到青睐之外,还有其他原因。密宗注重咒术、以法事祈雨禳灾、经文有神秘感而无显宗诸经穷尽佛理之深奥。凡此种种,于岭南人之观念易于接受。在密宗式微已久的20世纪20年代,在岭南仍有东渡日本学法、又在广东复兴密教之风气。佛教诸宗派中,净土宗、密宗得以与禅宗在岭南争一席之位,值得研究岭南佛教史、思想史者所注意。

二十九

在贤明与奢暴之间的刘䶮

五代十国时期，以五代为正统，如正史称新旧五代史，以十国为伪政权，《旧五代史》五代君主设"纪"，而对十国君主设"僭伪列传"。《新五代史》五代君主设"纪"，对十国君主设"世家"，区别仍大，算是好一点。这无非系传统的政治观念，只能奉北方中原政权为正朔。五代十国皆割据一方，就国力而言，五代未必强于十国。准确而言，这一时期应称为十五国时期。南汉立国之前，刘隐被后梁加封检校太师、兼中书令，领安南都护，充清海、静海两军节度使，进封南海王。刘隐死，刘陟（后改名䶮）被任为清海军节度使、检校太保、同平章事，袭封南海王，"其实，刘隐和刘䶮对于后梁只是禀正朔而已"，① 朝廷对他们已没有任何约束力了。乾亨七年（后唐同光元年，923），后唐庄宗李存勖灭后梁。刘䶮闻说后唐兵威甚盛，恐惧不安，派宫苑使何词前去探看虚实，"称大汉国主致书大唐皇帝"，还说

---

① 陈振主编：《中国通史》第七卷《中古时代·五代辽宋夏金时期》（下），上海人民出版社1999年版，第1197页。

"本国已发使臣，大陈物贡，期今秋即至"。① 何词返回报告说后唐朝政紊乱，内部不稳，难以制御远方，刘䶮立马翻脸不发贡使，与中原断绝来往，言谈间蔑称后唐皇帝为"洛州刺史"。于此也反映了五代十国之间的关系。

南汉开国君主刘䶮是个什么人，包括对南汉国历史如何看待，史学界有不同看法。很长时间刘䶮是作为僭越伪君，而又残暴至酷的奢暴形象出现。如黄遵宪的诗句描述下，南汉王统治下的半个世纪暗无天日："嘻嘻刘氏五十年，一方岭蜑殊可怜，画地为牢聚蛇毒，杀人下酒垂蛟涎，离宫深处即地狱，铁床汤镬穷烹煎，兔丝吞骨龙作醢，诸刘遗种无一全。人人被发欲上诉，亡魂怨魄谁解冤？"②

现代，又有从岭南社会发展的角度对南汉国重新评价，为刘氏王朝说好话的。《广州简史》设《南汉政权的建立与兴王府的经济文化建设》一章，各目标题为："南汉的建立""政制建设""兴王府的经济增长与都城建设""人文蔚起，盛况空前。"③ 除了中性的制度记述之外，基本上是肯定的褒语。文中亦提及："南汉统治者与五代诸国一样，一传或二传之后，多不能守前人之策。高祖晚年，自傲自满，不思进取，暴政渐兴。殇帝荒淫无道，激起五代规模最大的张遇贤起义。中宗'以威刑御下'，宦官专政，国势转衰。至后主时，奸邪当道，赋役苛重，最终为宋朝所灭（971）。"④ 但除此之外，均是正面记述。即如说"后主时，有一波斯女子被召入宫，极受宠幸，表明南汉中外人士通婚比唐

---

① 《新五代史》卷65《南汉世家·刘䶮传》。

② 钟贤培、管林、谢华、汪松涛选注：《黄遵宪诗选》，广东人民出版社1994年版，第148页。

③ 杨万秀、钟卓安主编：《广州简史》，广东人民出版社1996年版。

④ 杨万秀、钟卓安主编：《广州简史》，广东人民出版社1996年版，第100页。

二十九 在贤明与奢暴之间的刘䶮

代更加自由开放，不加限制"。① 将后主"与宫婢波斯女日淫戏后宫，甚嬖之，赐号曰'媚猪'，自称'萧闲大夫'，不复出省事"这样荒唐的一桩史事，变成通婚"自由开放"的典型。

不管是哪一种做法，都有将记述历史服从于一确定主题，将历史进程贴上标签、历史人物脸谱化之嫌。历史是复杂的，历史人物也是复杂的。不妨以南汉国开国君主刘䶮为例做一剖析，由此了解南汉国。对于刘䶮其人，有肯定的，有否定的，也有说其是晚年变坏的。笔者以为，作为开国之君，必有其思虑过人之处和谋略得当之举，其贤明使南汉得以崛起于十国之前列，其个人人格中又能有固有的恶劣底质，即追求奢华，性格残暴这另一面，这种底质，在建国之后，因地位变了、条件变了日益显现。作为一个混合体的历史人物，在历史舞台上造就了南汉国政权特定的历史。

首先说，他具有过人的智谋和见识。刘䶮上台的背景是父兄打下的基础。他出身于官僚世家，先祖高仁安官潮州长史，父亲刘知谦（一作刘谦）晚唐咸通间由岭南牙校起家，因对黄巢军作战有功，授封州刺史兼贺水镇遏使，在封州势力坐大，"有兵万人，战舰百余艘"。② 知谦卒，军中共推其长子刘隐为嗣，造成事实，广帅刘崇龟召署右都校，复领贺水镇将、封州刺史。刘隐因平乱有功辟为行军司马，升至清海军节度副使、清海军节度使。他在变幻无常的政治风云中押对了宝，因拥戴朱全忠建立梁朝有功，兼静海节度使，领安南都护。加检校太师，兼中书令，改封南平王，进封南海王，跃至唐朝强藩，独霸岭南。从封州起，刘氏家族在群雄并起的动荡中就存有野心，悉心经营势力，注意延揽人才、节用安民，发展经济。刘䶮基本继承了这一传统，在其中某些方面更有成就，才有可能加快建国称帝的步伐。例如，在网罗人才方

---

① 杨万秀、钟卓安主编：《广州简史》，广东人民出版社1996年版，第104页。

② 《新五代史》卷六十五《南汉世家》。

面，对刘隐旧部极为尊重，后梁的官告使赵光裔来南海，为刘隐所推重，留置幕府，甚至奏任节度副使。刘龑称帝，赵光裔进兵部尚书，改门下侍郎、同平章事，是居相位。光裔"自以家望显达甲中朝，耻事霸国，恒怏怏思归"。① 刘龑仿光裔手书，遣人至洛阳迎其家属南来，使他感激尽职。刘龑对中原士人中的人才之尊重，可以王定保为例。王定保是唐进士，南昌人，谒楚武穆王不为所礼离去。受刘隐招礼，辟为幕属，继而服事刘龑，"军国事多所匡正"。② 但他这个人很守礼制，讲正统，"每劝高祖将顺中朝，守藩节"。刘龑欲称帝，怕王定保不从，先遣其出使荆南，乘间举行即位礼。王定保归来，刘龑怕他当面责备，预先派工部侍郎倪曙迎接慰劳，且将建国事相告。王定保见事已至此，只能转而评说，立国当有制度，我刚才从南门入城，看到还挂着"清海军"门额，是藩镇之名号还未取消，作为藩镇而称帝，岂不让四方取笑？倪曙将此话报与刘龑。刘龑也不生气，笑着说："我为防备定保考虑已久，唯独没想到此。他所见讥的没错。"王定保被封为宁远节度使，后来又当上中书侍郎、同平章事，掌握中枢大权。王定保在唐朝跟随族中先辈丞相王溥、翰林吴融时间很长，与一时名士也多有交游，见闻赅洽，特别是他所著《唐摭言》十五卷，述唐代贡举之制至为详备，对南汉建立制度贡献不小。这批中原人士成为南汉政权中坚力量，南汉"吉凶礼法，为国制度，略有次序，皆用此数人焉"③。科举制度与选官制度的逐步规范化，为南汉巩固统治、网罗人才发挥了作用。刘龑颇有智谋，以武力削除岭南的异己势力，使原来四分五裂的岭南，除桂管为楚国所占、安南为曲颢所占外，其他各州全纳入刘氏控辖之下。取得岭南统治权之后，刘龑一改善兵自负的好战性格，与国力强大的楚国、吴国、闽国通好，保境息民。他在称帝之后，志得意满，将举兵北伐，臣下侯融

---

① 梁廷枏：《南汉书》卷九《赵光裔传》。
② 梁廷枏：《南汉书》卷九《王定保传》。
③ 《新五代史》卷六十五《南汉世家》。

进言:"岭南久被征战,妨百姓耕耨,苦不聊生。陛下建大号,誓定疆宇,正宜弭兵息民,奠安南土。"他能够听得进言,"乾亨初数年间,不复衽席金革"。① 王夫之评他统治前期"坐拥百粤,闭关自擅,而不毒民"②。至于发展经济方面,刘氏王朝能认识到是巩固统治的基础,十分注重发展岭南地区各色经济,发展农业、矿冶业、陶瓷业、制盐业、采珠业,特别注重发展商业贸易。唐大历以前,岭南除用钱交易以外,"杂以金银、丹砂、象齿"③,南汉立国后,刘龑下令铸造铜币、铅币,为商品流通、商客往来创造条件。刘龑当上清海军节度使,兼任广州市舶使,完全接管了海外贸易的管理权与市舶之利。④ 这从他在朱温建立梁朝前后进贡大量海外珍宝可见,仅乾化元年(911)十二月,就"贡犀象奇珍及金银等,其估数千万"⑤。后来,宋神宗在评论广州市舶收入对国家财政的重要性时指出,南汉"笼海商得法","内足自富,外足抗中国"。⑥正是由于刘龑本人具有开国之君的贤明一面,使南汉在立国之初,出现"府库充实,政事清明,辑睦四邻,边烽无警"的太平景象,⑦ 国力蒸蒸日上,跻身于五代强国之外。

刘龑在立国之后,政权到手,承平多年,一反开国初年关心民瘼、励精图治之策,务极奢丽,猜忌日甚,亲近宦官,听不进忠谏之言的情况日益突出,因此,在他执政晚期就出现了国事日非、残暴之风益盛的败象。刘龑即帝位总共才26年,他的一些恶习,其实有的从一开始就

---

① 梁廷枏:《南汉书》卷十二《侯融传》。
② 王夫之:《宋论》卷1《太祖优处降王》,《船山全集》第11册,岳麓书社1992年版,第32页。
③ 《明夷待访录·财计一》,第26页。
④ 钱俨:《吴越备史》卷二。
⑤ 《旧五代史》卷五《梁太祖纪》。
⑥ 黄以周:《续资治通鉴长编拾补》卷五。
⑦ 梁廷枏:《南汉书》卷九《赵光裔传》。

存在，只不过随着权势的越大越严重，很难从中分出一个早期与晚期，有的事情的考虑则是地位不同而思虑不同。这里可以其对待杨洞潜之变化为例。杨洞潜，出身望族，"少通经史，有权略"，曾任唐朝的邕管巡官，秩满，寓居广州。刘隐以之为师，荐官大理评事，及清海、建武节度判官。刘䶮在刘隐病逝后权留节度使，杨洞潜首先向他提议州刺史不宜用武夫，应当广延中原人士置之幕府，然后选派到诸州任刺史，"俾宣政教，则民阴受其福"。① 刘䶮听从了杨洞潜的建言，"始置幕府，多延致中国名士分领诸州。自是，无武人为刺史者"。② 此举一是将中原入粤优秀人士纳入了刘䶮的幕府之中，二是在岭南实行了文人主政地方各州而不是由战将各持一方，对于百姓来说也是福音。对于南汉国的建立和巩固统治，是具有战略意义之善策，由是在刘䶮治下出现了"名流毕集，分任得宜，岭表获安"的局面。南汉建国之前，对于杨洞潜的不少赞画，刘䶮可谓言听计从，对功绩卓著的杨洞潜，也屡加荐封，加官至节度副使、御史中丞，已是在刘䶮一人之下、万人之上的地位。南汉立国之后，杨洞潜一如既往，"国业初创，诸多简陋，因陈上吉凶礼法，请立学校，开贡举、设诠选，一依唐制，百度粗有条理"。③ 南汉国的统治走上了轨道。秩序井然。与此同时，刘䶮对杨洞潜的建言已不再听得进去了。刘䶮刑法过酷，"洞潜切谏，不听"。刘䶮命其子秦王刘弘度招募宿卫兵，刘弘度多以市井无赖子弟充斥其间，宰相杨洞潜谏于刘䶮，说是秦王作为"国之冢嫡，宜亲端士。使之治军已过矣，况昵郡小乎"。出身武人的刘䶮不以为然，说"小儿教以戎事，过烦公扰"。他的江山是打来的，在乱世中，皇家自有一套传承教育方法，关你外人何干？杨洞潜见卫士掠商人金帛，商人不敢诉，他知道说了也没用，自叹："政乱如此，安用宰相!"借病归第，回家不干了。刘䶮建南薰殿，

---

① 《南汉书》卷九《列传第三·诸臣传一》。
② 《南汉书》卷二《本纪第二·高祖纪一》。
③ 《南汉书》卷九《列传第三·诸臣传一》。

用工务巧，甚至辄杀工匠十余人，老臣黄损"极谏"，惹得刘龑不高兴，群臣推荐黄损补宰相缺，刘龑说："我殊不喜此老狂！"黄损也只好收拾回老家了。作为开国之君如此对待有功之臣，不再重用，在中国历史上也不罕见。只不过在当时还须用人之际，就显出这君主之缺乏远见罢了。但不用了，也还是让人家回家养老，较之明朝的皇帝对待老臣的做法，还是开恩了的。

刘龑最致命的缺点是以下三点：宠信内监，奢华无度，滥施酷刑。

刘龑登基之初，只有三百多名"内官"，几年间，发展到七千余人，甚至有说盛极至两万多人之众。他宠信宦官，其根源在于认为，"以士人多为子孙计"，①"谓其孑然一身，不做肥家室长子孙计"，② 只有无妻室儿女的宦官可以尽忠主事。宦官"人数之众，不光是在五代十国时期，即使是放眼于整个传统社会都是十分罕见的"。③ 宦官干政之事，更是层出不穷。

刘龑奢华，主要表现在大建宫殿上，"惟以治宫殿为务，故作昭阳诸殿，秀华诸宫，皆极环丽。昭阳殿以金为仰阳，银为地面，檐楹榱桷亦皆饰之以银。殿下设水渠，浸以珍珠，又琢水晶，琥珀为日月，列于东西二楼之上"。④ 南薰殿"柱皆通透，刻镂础石，各置炉燃香，故有气无形"。⑤ 兴建宫殿数以千计，装饰奢华，如此大损国力，更失去民心。正如黄损上书劝谏所指出的："纵耳目之好，尽生民之膏，兴土木之工，伤朴素之化，供一己逸欲，而失天下心。"⑥

---

① 《资治通鉴》卷283，后晋高祖天福七年四月条。
② 《南汉书》卷十五《列传第九》。
③ 陈欣：《南汉国史》，广东人民出版社2010年版，第161页。
④ 《五国故事》卷下《伪汉彭城氏》。
⑤ 陶毅撰，郑村声、俞钢整理：《清异录》卷下《藏用仙人》，《全宋笔记》第1编第2册，第72页。
⑥ 《南汉书》卷10《黄损传》。

刘䶮之滥施酷刑更是极端，"至有炮烙、刳剔、截舌、灌鼻之刑，一方之民，若据炉炭"。① 笔记中把他描述成一个嗜血成性达到变态的杀人魔王："䶮性严酷，果于杀戮。每视事，则垂帘于便殿，使有司引罪人于殿下设其非法之具，而屠脍之，故有汤镬铁床之狱，又有投汤镬之后，更加日曝，沃以盐醋，肌体腐烂，尚能行立，久之乃死。其余则锤锯互作，血肉交飞，腥秽之气，冤痛之声，充沸庭芜。而䶮之唇吻必垂涎及颐颔，若噉膏血之气者，久之，方复常态。有司俟其复常，乃引罪人而退，盖妖蜃毒龙之类，非可待以人伦也。"② 这段话常用来体现刘䶮之心理变态的虐待癖。刘䶮是"一将功成万骨枯"的死人堆里打出了江山，喜闻腥秽之气，喜听冤痛之声并不出奇。功成之后，以一套残酷至极的刑罚，以此血腥高压维持其尊严，也不是不能理解的。这种情况，在朱元璋、刘邦等开国之君中，也有类似的残酷杀人之举动。刘䶮还要垂帘于行刑之间，可见他也不是毫无忌惮的。述及其"唇吻必垂涎及颐颔"的丑恶之相，或许是小说家言了。至于今时广州都城隍庙内，不知何故竟让这位滥施酷刑的"刘皇爷"与民众敬崇的海青天并列坐上了城隍宝座，而居然有郑重其事记述者，说"南汉遗民为纪念刘䶮，便塑像祭祀"③。还有说"刘皇在岭南建南汉国，开发广州，称之为兴王府，以商贸把广州建设得花团锦簇。宋灭南汉时，皇城毁于战火，而唯城隍庙独存。南汉遗民为了纪念刘皇，遂借城隍庙之名，塑刘皇像祀之"④，则是不明历史闹出的笑话了。

---

① 《旧五代史》卷一百三十五《刘陟传》。

② 《五国故事》卷下《伪汉彭城氏》。

③ 吴智文、曾俊良、黄银安：《广府平定习俗》，广东人民出版社2013年版，第78页。

④ 王可：《岭南人文图说之103——广州城隍庙》，载《学术研究》2012年第1期。

三十

影响深远的兴王府城

广州称古都,是因为南越、南汉、南明三个王朝(史称"三南"王朝)曾在此建都。"三南"中,除了南越是国名之外,南汉、南明是史家为了区别于汉、明正朝而在其国号上冠以"南"字的。因近几十年来陆续发现的南越国遗址考古发现两次位列全国年度十大考古发现殊荣,使广州作为南越古都形象更趋丰满。短命的南明绍武王朝在战乱中只存在40天,无及都城建设。南汉传四帝67年,立国时间之长,在十国中仅次于吴越,国土之广和经济实力之强,居十国之首。南汉定都兴王府(由广州改称),诸帝都热衷于大兴土木,兴王府城建设在广州城建史上有重要地位,在岭南建筑史上影响深远。

兴王府布局对广州城市分区及中轴线形成的影响。唐代广州城为全国最大外贸港口,经济繁荣,城市建设有所发展,清海军节度使兼广州刺史署在州城布局中占中心位置,城市中轴线已出现了。曾昭璇说:"北京路为当日唐城主干道路,即由刺史署直临江边,有广阳馆在。"①广州城池自三国东吴步骘重建至唐代800年间未有扩建,唐代迭有广州

---

① 曾昭璇:《广州历史地理》,广东人民出版1991年版,第234页。

都督倡导革新民居建筑材料和修整城内街道店铺,但城池没有扩大。唐末元祐二年(905),手握重兵的刘隐任清海军节度使,不久,加同平章事,成为带有宰相衔的"使相",是名实相符的岭南最高统治者。翌年即唐王朝灭亡前一年(906),野心勃勃的刘隐着手扩建州城,在城南凿禺山筑双阙,扩建城池,号"新城南",在禺山之下兴建商店民居,这一带更为繁荣。今越秀书院街头以南、西湖路以北,在基建掘土时,尚见地面有几处原先红色砂岩露出,显系凿平禺山实证。凿禺山建双阙,扩大了城市居住空间,壮观了城南,强化了城市中轴线形象,城市商业化味道更浓了。南城地临珠江,向无城池保护,此番扩城,对广州的经济建设发展有着重要意义。凿开禺山,城内城外不再受隔,城南直抵江边,广州的城市规模800年来有了新扩展。

刘隐之弟刘岩继任节度使,随后称帝,国号大越,翌年(918)改国号为汉,史称南汉。定都广州,称兴王府。古代城市建设,受严格的等级制度制约,逾制是触犯干条的。南越国以后至唐,广州城市建设只能按照地方政权治所规制进行营建,规模有限,城市分区、建筑、园林配置也受限制。南汉兴王府却是按照帝京规制放手规划的,故而有可能大大扩展广州城建,兴王府城对原有州治进行了大规模改造,明显变化。

首先是城市区域分工更为明确。以北部中心城区为皇帝施政和皇家起居之宫城,往南中区为统治机构所在地的皇城,即中北部为宫殿园林区;再往南,南区至珠江边为居民和商业区之郭城,中轴大街左右坊市,称"左街""右街","仿唐上京之制,置左右街使"[1];西区为万商云集,居民稠密的蕃坊,是城外商业游览区;东区及北部郊区为官僚、贵族宅园区,东城以北,在唐代甘溪基础上辟为御苑,越秀山越王台改游台,筑呼鸾道直通台前;过了珠江,河南是坛庙祭祀区和陵园

---

[1] 梁廷枏撰,林梓宗校点:《南汉书》,广东人民出版社1981年版,第7页。

区，在今万松园一带台地上利用晋代军营改建粮仓，也是储备首都粮食供应的仓库，人称刘王廪，亦名刘王殿；园苑区分布在各区及城市外围。如此分区布局，既有仿照唐长安城职能分明、便于管理和发挥其功能的一面，又有与地形环境自然结合，合理布局的一面。因而，不少做法沿袭至现代，如政权机关在城区中、北部，居民商业区主要在城市东、西、南部的城市格局。园林遍布城区及四郊，将自然与人工山水园林融进都市，这与现代提倡的山水城市有共同之处。

其次，兴王府设置左右街使的做法，是见之于史籍最早的广州设立专司城市管理职能官员的记载。按《唐会要》记载，唐代左右街使是掌管宫中及京城警卫的左右金吾卫属官，除了维持城中沿街治安、夜间巡查，兼有维护沿街设施职责，有责任对违章"侵街造舍"奏请拆除；对沿街桥梁保护并与京兆府会商修理之事；甚至负责办理沿街绿化之事。① 南汉兴王府设左右街使，当行使此等职责。左、右街本分属咸宁、常康两县管辖，各有行政治吏，又以左右街使介入治安、市容监管，这就使广州的城市管理前进了一步。

其三，兴王府强化城市中轴线形象的做法，一直影响至今。中轴线北接皇城、南至江边以迎来使，皇城与新南城交界处建有双阙，气象壮观。当代广州城市规划，仍然十分注重城市中轴线建设。在城区迅速扩大的时候，注重维护旧城区中轴线、创建新城区中轴线。分立于新中轴线主干道两侧的超高层摩天楼，仍可看到南汉于城市中轴线两侧建双阙的影响。

兴王府建筑对岭南建筑风格的影响。南汉帝王嗜好兴筑，"暴政之外，惟治土木"②，城市营建规模在岭南历史上是空前的，在同时代诸都城中也是领先的。

---

① 《唐会要》卷八十六"街巷""桥梁"。

② 梁廷枏撰，林梓宗校点：《南汉书》，广东人民出版社1981年版，第13页。

南汉在兴王府城内外建宫殿，"凡数百，不可悉数"。① 见于史籍的内宫殿名就有昭阳殿、秀华宫、南薰殿、乾和殿、文德殿、万政殿、景福宫、景阳宫、思元宫、定圣宫、列圣宫、玩华宫、集贤殿、龙德宫、万华宫等。建于兴王府城内的还有南宫、三清殿、长春宫等。在外地还建成一大批离宫，以便游猎。利用聚敛搜刮的资财珍宝营建，不乏奢华无比又颇有地方特色的殿堂。"高祖建南薰殿，刻沉香为龙柱，务极奢侈。少不如意，辄诛匠役"；南薰殿"柱皆通透，刻镂础石，各置炉燃香"；"昭阳、秀华诸殿以金为仰阳、以银为地面，榱、桷皆饰以银，下设水渠，浸以真珠，琢水晶、琥珀为日月，分列东西楼上。造玉堂珠殿，饰以金碧翠羽"。刘晟"建乾和殿，铸柱十有二，周七尺五寸高丈二尺"。后主刘鋹"又踵祖父奢酷。立政殿，一柱之饰，费白金三千锭；以银为殿衣，间以云母"；"所居殿宇梁栋、帘箔，率以珠杂玳瑁为饰，穷极华丽"。② 每有宫殿建成，以为盛事，一班投帝所好者借机献谀捧场。"作文德殿成，著作郎陈光乂献赋，以珠数升赐之"③。"高祖尝作南宫，土木华丽，聚珠饰之，王定保献《七奇赋》"，④ "帝作殿于内宫成，赐名曰昭阳殿，亲题其榜，中书舍人王诩作赋颂之"⑤。宫城前门城上建有华丽壮观的仪凤楼，大有三年（930），南汉军克交州凯旋，刘龑就登此楼受俘。

---

① 《新五代史》卷65《南汉世家》。

② 梁廷枏撰、林梓宗校点：《南汉书》，广东人民出版社1981年版，第53、13、21、29、30页。

③ 梁廷枏撰、林梓宗点校：《南汉书·本纪第二·高祖纪一》，广东人民出版社2001年版，第268页。

④ 梁廷枏撰、林梓宗点校：《南汉书·诸臣传一·王定保传》，广东人民出版社2001年版，第309页。

⑤ 梁廷枏撰、林梓宗点校：《南汉书·本纪第三·高祖纪二》，广东人民出版社2001年版，第271页。

兴王府城周围建有一批宫苑，其中一名大明宫，值得注意。唐太宗在禁苑内龙首原创建永安宫，翌年改名大明宫，作为举行重大仪式之地，宏伟壮观，占地约3.2平方公里，以含元殿、宣政殿、紫宸殿三大殿排成一列以为"三朝"（外朝、中朝、内朝）相会之处，对后世皇宫宫殿布局有深远影响。含元殿前有三条并行砖石阶道，长78米，称为"龙尾道"。南汉仿唐建大明宫，也应相当壮观。今广州河南龙导乡，南北长1.5公里，东西宽0.9公里，面积1.35平方公里。龙导乡西端有地名黄家祠郊坛顶，见于《南汉书》，中宗刘晟、后主刘铱均有"祭天南郊"的记载，郊坛顶是祭坛建筑遗名。龙尾导曾名龙尾道，同治《番禺县志》称："祈雨坛在河南龙尾乡，又呼'龙尾道'。"清初有把"道"误写为"导"的，终讹为"龙尾导"。① 唐代大明宫是三朝相会之地，广州的南汉龙尾道是否只作郊坛，与南汉大明宫什么关系，还待考证。南汉国建筑规模宏大，外观比较富丽奢华。在南越王宫遗址上发现南汉1号宫殿，面积900多平方米。发现的另一座南汉宫殿建筑，台基用大块青石板包砌，石板之间以榫卯连接，制作精湛。该建筑东侧与一南北向屋廊连接。屋廊宽14米左右，已见长120米左右，两端未清理到头。屋廊西侧为大型殿前广场。另外发掘出多层、多组南汉国建筑，建筑较多使用青石。青石地板错缝铺砌，打磨光滑，构筑考究，有以蝴蝶牡丹为图案的铺地砖。②

南汉诸帝信佛，在各地大盖寺庙，兴王府环城建有二十八寺，四方各七寺，上应二十八宿。南宋方信儒《南海百咏》诗序说南汉二十八寺当时"尚大半无恙"③，并以各方寺名联缀为诗。考所列寺名中，东方慈度寺建于海珠石上，南方千秋寺为今海幢寺址（一说在药洲南）、

---

① 广州市地名委员会编：《广州市地名志》，香港大道文化有限公司1989年版，第217页。

② 《中国文物报》2004年12月8日。

③ 方信儒：《南海百咏·东七寺》，光绪八年（1882）学海堂刻本。

宝光寺为后世闻名的大通寺，北方悟性寺为今三元宫址。当代流传今大佛寺"前身最初是新藏寺，南汉二十八寺之一"之说法①，《广州寺庵碑铭集》说："大佛寺……原址为南汉（917—971）新藏寺。"② 然见《南海百咏》诗并无新藏寺名，南、北方均有"地藏寺"，或许其中一处是后世将"新藏"误抄成"地藏"，则新藏寺也只能是南七寺之一。南七寺还有"两寺无名字"③，说明南宋时已湮没，寺名失传，当与新藏无关。《羊城古钞》只说大佛寺"在南门右旧龙藏寺遗址"④。寺中现存最早碑是清康熙三年（1664）平南王尚可喜立《鼎建大佛寺记》，开头称："大佛寺者，故龙藏寺遗址。"⑤ 今大佛寺前称龙藏街，当与此有关。如此看来，所谓新藏寺为大佛寺前身的历史说不清。南汉佛教文物，今存如光孝寺的东、西铁塔，是中国现存有确切铸造年代最早的铁塔，塔与塔铭为研究南汉社会提供了重要实证。

南汉宫殿构建特色，一是极尽奢侈，喜以金、银为饰。一柱之饰竟费白金三千锭。陵中做金银俑、金案，也属历代帝王陵葬物所罕见。传统岭南工艺广彩积金彩瓷、潮州金漆木雕、潮绣垫金绣、潮州金漆画，金银为饰的流风，都显示出追求金光灿烂效果，炫富心态。二是利用特产珍异为建筑装饰。以沉香、珍珠、水晶、琥珀、翠羽、云母、玳瑁为装饰材料，乃至铸造大型铁柱。三是构思、工艺奇巧。南汉宫殿诚为追求装饰华丽奇巧精细之风启端。这种工艺风格，在陈家祠的木雕、铸铁、仁威庙前之石华表，也可见到影响。四是将冶炼金属应用于建筑和

---

① 李伟云主编：《广州宗教志》，广东人民出版社1996年版，第24页。

② 李仲伟、林子雄、崔志民编：《广州寺庵碑铭集》，广东人民出版社2008年版，第177页。

③ 方信孺：《南海百咏》，广东人民出版社2010年版，第18页。

④ 仇巨川：《羊城古钞》，广东人民出版社1993年版，第262页。

⑤ 李仲伟、林子雄、崔志民编：《广州寺庵碑铭集》，广东人民出版社2008年版，第178页。

装饰上。南汉铸铁业规模宏大，技术水平很高，乾和殿 12 根铁铸柱，周长 2.5 米，高 4 米，总重量 1500 吨。① 今存东、西铁塔及芳华苑铸铁花盆，为南汉铸铁业成就之见证。当时宫中还有铜铸南汉王像。后来，广州六榕花塔有元代塔刹铜柱，清代广州有华林寺大型阿育王铜塔、陈家祠铸铁栏杆饰件及廊柱，佛山有大型阿育王铁塔，均将金属铸件应用于建筑装饰上。南汉建筑恢宏，从南汉国宫殿遗址出土的大型石础可见一斑。柱础为灰黑色石灰岩石雕凿，通高 5.9 米，底层方座长宽各 1.13 米。座上两层平面均圆形，下层为覆莲瓣浮雕图案，上层为 16 头蹲狮环绕，头部向外，昂首龇牙，颈前系铃。础上圆柱面直径 0.6 米，于此可以想见南汉建筑之盛唐遗风。随着时代的变迁和广州不复为都城规制经营，这种恢宏气魄终难再现，更显示出南汉兴王府建筑在岭南建筑史上的突出地位。

兴王府园林对岭南园林风格的影响。唐代是中国古典园林全盛期，皇家园林遍布长安、洛阳两京城内外，对唐亡后崛起南方的南汉国有着巨大影响。南汉国君主的造园活动，把岭南园林建设推上一个历史高峰。南汉朝设有"宫苑使"，专司宫殿苑园营造，② 在兴王府内外持续半个世纪进行宫苑、寺庙、园林建设。屈大均谓此时"三城之地，半为离宫苑囿"。③《南汉书》说刘汉王朝"作离宫千余间"。兴王府城宫苑园林多集中于越秀、白云两山及城西南、城南，大略分为四个区。

南宫区。在兴王府城南，利用天然谷地凿成西湖，亦称仙湖。湖中之洲称药洲，一说因刘龑聚方士炼药其中，一说因洲上遍植芍药，一说

---

① 杨万秀、钟卓安主编：《广州简史》，广东人民出版社 1996 年版，第 102 页。

② 《新五代史·南汉世家》。

③ 屈大均：《广东新语》卷十七"宫语·名园"。

因"籞洲"讹称("籞"作"宫廷御苑"解,又写作"藥")①。其水北接文溪、东接沙澳,长百余丈,周围五百余丈。《广州城坊志》云:"按华宁里北有'古药洲'石额,疑南汉时南苑形胜广阔,不止如今仙湖、九曜、西湖、观莲诸街地也。"②此园主景为湖、洲,配景为花、石,这种园林特色为北宋承袭,成为花石纲制度。南宋方信儒《南海百咏》说药洲"积石如林",可见药洲石景至南宋时仍相当可观。又有称药洲为"石洲"。苑内还有玉液池、明月峡、黄鹂港、宝石桥等景点。旧时华宁街有七块大石,"跨湖为桥,以通花药仙洲者也。其石光洁若玉,长丈有六,横三尺、厚二尺,平列如砥。今仅七片,俗呼为'七块石'。……题咏家号之为'宝石桥'云"③。由宝石桥桥梁石可见园林规模不小。北宋经略使蒋之奇在明月峡、玉液池基础上建石屏台,园景仍以石为胜。千余年来文人名士以药洲九曜石留题赋诗,立碑刻石,今人查究,九曜石刻自北宋至清末共94题,其中宋28题、元2题、明6题,可见这处胜迹历久不衰。④药洲遗迹是我国现存最早古园林地面遗迹。

昌华苑区。在河南官洲北亭(今属番禺新造镇,仍有昌华市之称)。《舆地纪胜》称:"荔枝洲,在南海东四十五里,周回五十里,刘氏创昌华苑于此。"⑤

西御苑区。在今荔湾泮塘。刘氏在此建华林园、紫芝桥,"有桃梅莲菱之属"⑥,以花木取胜,后人又称刘王花坞。城西一带富豪云集,

---

① 陈以沛、陈宁晖、陈鸿钧编:《羊城藥洲要览》,中国戏剧出版社2004年版,第5页。

② 黄佛颐:《广州城坊志》卷二"七块石"注。

③ 樊封:《南海百咏续编·宝石桥》。

④ 陈以沛:《千年寄地,百家翰宝居——药洲九曜古寻源探要》,载《羊城文物博物研究》,广东人民出版社1993年版,第98—101页。

⑤ 《舆地纪胜》卷八十九。

⑥ 《舆地纪胜》卷八十九。

有不少私家园林，甚至吸引南汉王到此一游。五代陶毂谓："南海城中苏氏园，幽胜第一，广主常与幸妃李蟾妃微行于此，憩绿蕉林。广主命笔大书蕉叶曰'蕉子仙'。苏氏于广主草宴之所起'扇子亭'。"① 今西关蕉园大街即苏氏园旧址。

甘泉苑区。在今小北门外。三国吴刺史陆胤凿甘溪，引泉入城，亦称甘泉。唐节度使卢遂疏导其源，饰广厦为踏青避暑胜地。刘氏加以扩凿，筑甘泉苑，建泛杯池、濯足渠、避暑亭。"夹溪南北三四里，皆刺桐、木棉，旁侧平坦大道"，甘泉宫是避暑、饮宴之处。此苑有水与流花水相通。城北还有流花桥、芳华园、芳春园等胜景。刘龑在越秀山上筑"呼鸾道"，直通越王台，改名游台，道旁遍植金菊、芙蓉，君臣常游宴山上。

南汉宫囿，既继承唐代皇家园林规模宏大、注重水系和广植树林等特点，也有其自身园林特色，对岭南园林风格形成有重要影响。在兴王府辟苑囿，固然为君王一己享乐，但园苑以广植花木为主，客观上有利于城市自然环境保护。城北扩甘溪为甘泉苑，城南引文溪凿西湖以蓄水，有利于城市排水、排涝、防洪。巧妙利用自然环境以造园林，不仅使园林景观富有魅力，更重要的是得以保持生机活力。药洲西湖延续近千年，直到明代仍被列为羊城八景之一。由于城市建设，水道变迁断流，西湖变成一个小池，却终年不涸。据曾昭璇考察，原来在池底有泉眼十二三个。南汉之后千余年间，广州城市园林主要布局于城北、西、南，大致都在南汉开辟的园苑范围内。泮塘一带园林之盛，直至清代。1950年代广州开挖的越秀湖、荔湾湖、麓湖以及流花湖，都在南汉苑囿旧址范围。

南汉苑囿造园艺术，以奇石、花木尤为特色。方信儒《南海百咏》引《图经》所载，谓药洲之石为太湖旧产，"有富民负罪者，每运置此石以自赎，遂成胜景"。但南汉在宋元之前，且太湖不在南汉境内，外

---

① 陶毂：《清异录》。

地运来之石，未必为太湖石。近人有认为药洲石质颇类韶石，这是有可能的。这种以奇石为园林主景的特征，此后在岭南园林中十分突出。北宋时潮州吴复古游登州，向登州刺史索得12块秀色粲然的海岛美石，运归潮州，置"岁寒堂"中，苏轼为之作《北海十二石记》。清代粤中四大名园之梁园，另名"十二石斋"，以园内有十二块异石而闻名。今海幢寺内有清代名园伍家花园遗石太湖石，以形似猛虎出名，又称"云头雨脚步"。广州起义烈士陵园中的"软云"石，是清代名园"海山仙馆"遗物，据称石铭为园主潘仕成撰刻。地处亚热带的岭南园林，从肇始就显出以花木取胜的特色。荔熟季节，枝头红遍，另有一番景致。唐代诗人曹松诗句道出泮塘一带荔园胜景："叶中新果欺寒食，树上丹砂胜锦州"。① 南汉园苑中，除了红荷绿柳，还有大面积荔枝、香蕉、素馨花田、刺桐、木棉、菊花、芍药、芙蓉等。这种以花木为重的造园特色，成为岭南造园传统特色。

总之，南汉立国虽只有六十多年，但以继承唐文化为基础，集结岭南之财力为供给，加之以称帝之尊，不受封建规制约束，故在营建兴王府城上有此成就，确定了广州城市分区新格局，创立了殿宇建筑新纪录，在岭南建筑史上有重要地位。至于刘氏王朝敛财富以满足私欲，殚民力以炫耀权势，行暴政与兴土木并举之历史功过，留待历史学家评述。

---

① 曹松：《南海陪郑司空游荔园》。

三十一

宋代广州外贸发展及地位

"海上丝绸之路"是海外贸易的一种代称,实际上,在对外贸易中,并非只出口丝绸。《广东海上丝绸之路史》记述,宋代广东出口货物主要有:金银、缗钱、铅锡、丝织品、陶瓷器和酒、糖、米等。① 《广州外贸史》记述:"宋代广州的出口商品仍以丝绸、陶瓷和漆器为主;进口商品以香药为大宗。丝绸是秦汉以来的千年老将,陶瓷则是法定的新秀。古代罗马人称中国为'Seres'即丝绸之国。中世纪西欧各国则把中国称为'瓷器之国'。所以,宋代的瓷器出口已与丝绸争雄。时人说,丝绸出口常以万数论段,而陶瓷过洋则动辄万千计件。的确,宋代广州的出口商品瓷器达到空前盛况。"《宋会要辑稿》记载:真里富"其所用绯红罗绢、瓦器之类,皆本朝商舶到彼博易"。② 宋代广州,丝绸仍属最主要的出口商品,而陶瓷应属最大宗出口商品之一。北宋末从广州启程出口的商船,"深阔各数十丈,商人分占贮货。人得数尺许,

---

① 黄启臣主编:《广东海上丝绸之路史》,广东经济出版社2003年版,第309页。

② 《宋会要辑稿》"蕃夷四之九九"。

下以贮货，夜卧其上。货多陶器，大小相套，无少隙地"①。瓷器的大量出口，刺激了陶瓷生产的发展，各地窑口不断改进烧制技术，工艺水平已臻成熟。宋元时期，广东陶瓷业飞跃发展，主要采用龙窑和阶级窑烧瓷，窑址分布很广、规模很大。宋代广东瓷业进入兴旺时期，计有窑址 80 多处，年产瓷器达 1.3 亿件，比唐代增加 22 倍。② 广州地区出现不少生产外销陶瓷的窑场，南海的奇石窑、官窑，番禺的沙边窑，佛山的瓷窑生产，都达到相当水平。广州西村窑是规模较大的民间瓷窑，是北宋广东有代表性的瓷窑之一。

西村窑址在广州西村增埗河东岸岗地上，原属南海县。考古发掘发现，西村窑创于晚唐，盛于五代、北宋。遗址南北长 1 公里多，在残存堆积发现一龙窑残址，残长 32.8 米，窑身中部宽 3.84 米、高约 2 米，生产规模颇为可观，整理筛选出标本一千三百多件。东莞白善乡出产大量优质瓷土，称"白善土"，可供西村窑就近取材。西村濒临珠江支流，江水清澈，适于淘练瓷土，因此，西村窑瓷器胎质一般都洁白细密。唐代即有"白瓷屑，平无毒，广州良，余皆不如"说法。③ 西村窑产品以粗瓷为主，精瓷属青白瓷和影青瓷。器物品类和型款繁多，有日杂用器碗、盘、碟、盆、罐、坛、壶、灯、盒、水注、熏炉、烛台等 29 种和马、狗、吹雀等玩具 14 种，每种各有多样型款和釉色，如碗就有莲花瓣碗、直唇碗、撇唇碗、卷唇碗、敞口碗、刻花碗、彩绘碗等，反映其适应市场之需，这在宋窑中是较为突出的。产品釉色多样，有青、绿、黑、酱、褐、黄，也有少量是烧制过程釉变。以青釉为主，深浅变化丰富多彩。黑酱釉数量次之，烧制得好的似深色琥珀。器物挂釉

---

① 朱彧：《萍洲可谈》卷二。

② 古运泉：《广东唐宋陶瓷生产发展原因初探》，载《广东唐宋窑址出土陶瓷》。转引自陈柏坚、黄启臣编：《广州外贸史》（上），广州出版社 1995 年版，第 100 页。

③ 李勋：《本草·玉石部》卷五。

厚薄均匀适中，釉质光泽莹润。纹饰大量采用印花、刻花和彩绘技法，包括釉上彩和釉下彩工艺。印花器物有盘、碗、碟，花式和底地深浅相映，各类器物广泛应用刻花纹饰，花纹较为繁复，缠枝花纹尤为工整细致，气韵流畅。彩绘手法分点彩和绘画，点彩手法更具岭南地区特色。作为中国瓷器出口总汇，广州的瓷窑产品受各地名窑影响。西村窑仿制各地名窑，集其所长，产品与越窑、磁州窑、耀州窑、邢窑、临汝窑等窑产品有相似风格，而从总体来说，属于景德镇窑青白瓷系。西村窑瓷器在国内传世很少，主要出口东南亚各国，也有较少数销往日本。现代在西沙群岛、东南亚各国及阿曼发现的中国古瓷器中，有西村窑生产的青釉刻花大盘、白瓷凤首执壶、酱釉小瓶、军持、水盂、碗、盒等器物，尤以菲律宾、印度尼西亚数目为多。在菲律宾的发现，差不多包括西村窑瓷器所有类型，是宋代广州瓷业兴旺、海路通商贸易发达的实证。

宋代广州是制造海舶的中心之一，造船业和航海技术较唐代发达，海舶可容五六百人，载重两千斛。《萍洲可谈》记述广州大海船阴天航行靠指南针导向，是世界航海史上最早使用指南针的记录。指南针是从海上传入阿拉伯，再传到印度和欧洲的。宋代海船上普遍应用指南针与干支定位术，采用隔舱工艺和海图编制，更加推动海上交通和贸易发展。广州海外贸易同海外联系地区之多，进出口货物品种及数量之多，都远远超过前代。北宋时期，河西走廊为西夏控制，中西陆路交通基本被切断，因此，宋朝政府特别指定大食国使者、商人从广州路出入。①全国海外贸易"唯广最盛"。② 广州是全国最大的对外贸易商港，波斯湾以及印度洋沿岸国家的商人、使者，主要通过海路抵广州与宋朝交

---

① 《宋会要·蕃夷》四之九一至九二；《长编》卷一〇一"大圣元年十一月"。

② 朱彧：《萍洲可谈》卷二。

往。海外航线有了延伸。太平兴国七年（982），麻逸国（今菲律宾）商船到广州贸易，这是菲律宾与广州交往史载之始。熙宁四年（1071），层檀国（今桑给巴尔）贡使航海至广州，对中国友好访问，交通航线延伸至东非。通过广州通商的海外国家和地区有50多个，首推大食，其次，三佛齐与广州的贸易关系较密切。在广州出现了不少介绍这些国家的地图和专著，太平兴国三年（978）广州知州李符献《海外诸域图》，咸平六年（1003）广州知州凌策献《海外诸蕃地理图》，专著有周去非的《岭外代答》、赵汝适的《诸蕃志》等，推动了海外贸易的开拓。宋代广州通往海外的主要航海线分别抵达占城（今越南南部）、阇婆国（今爪哇）、三佛齐国（今苏门答腊岛）、故临国（今印度东南部）、大食诸国（泛指阿拉伯国家）、摩逸国（今菲律宾）、层檀国（今非洲东部的桑给巴尔）。海舶离岸航期长短，除了航海技术、航船设备之外，有一个取决因素是淡水供应。北宋《萍洲可谈》记述了这样一个十分重要的细节："广州市舶亭枕水有海山楼，正对五洲，其下谓之小海，中流方丈余，舶船取其水，贮以过海则不坏。逾此丈许取者并汲井水，皆不可贮，久则生虫，不知此何理出。"① 由此可证当时海舶具备航线长之可能。此事到了南宋张端义《贵耳集》中，为其所载"广州二怪事"之一："市舶亭水为番船必取，经年不坏不臭，他水不数日必败，物理不可晓如此。"② 此处取水"经年不坏不臭"的具体时间，可证航船由此出海离岸航期之长。

对于广州在宋元时期我国海外贸易史上的地位，主要是与泉州的排位，有不同看法。福建的学者认为，泉州港在宋元时期经历了三次飞跃：第一次飞跃在北宋中期，赶上并超过明州，仅次于广州；第二次飞跃在南宋初年，赶上广州，与广州并驾齐驱；第三次飞跃在南宋末年，

---

① 朱彧：《萍洲可谈》卷二。
② 转引自同治《番禺县志》卷五三"杂记一"。

超过广州,进入极盛时期。① 元代的泉州港成为东方第一大港。② 也有学者认为,宋元时期广州海外贸易一度衰微,日本成田节男《宋元时代泉州的发达与广东的衰微》一文影响较大。③ 赵立人在所撰《"宋元广州衰微说"驳议》一文中对此予以反驳,指出"北宋时期全国海外贸易'唯广最盛',殆无可疑","南宋前后期广州海外贸易在全国显然都占绝对优势",也指出元初存在广、泉"二州并驾齐驱,同步繁荣,难分高下"的一个阶段,"广、泉平分秋色之局面,由元初开始,到至正十七年(1357)已告结束,由此直至清代咸丰二年(1852)(传统说法是鸦片战争以前,然从统计数字来看,未为尽当),广州之海外贸易均占全国首位"。④ 也就是访美,广、泉二州难比高下,只在元初,此说当较为客观。

由于广州在外贸与税收中的重要地位,宋太祖在灭南汉的开宝四年(971),立即下诏沿袭唐制在广州设立广南东路市舶司,为宋代在全国最早设立的市舶机构。初时,由知州兼任舶使,通判兼任市舶判官,以后改由朝廷专命。北宋期间,各处市舶机构兴废无常,唯广州市舶司一直存在。市舶提举初时由广东道宣慰使兼任,以后变化无常。为了加强对海外贸易的管理,元丰三年(1080),宋朝政府正式修订《元丰广州市舶条》,是我国最早的市舶条法,随后推行到各口岸。南宋在此基础上又加以修订。宋代海外贸易获利甚丰,南宋政府经费困乏,更加倚重外贸维持收入。绍兴十年(1140)广州收入为110万贯,占全国九分之一。因而,政府特别注意招徕外商。宋高宗曾就广州市舶诏曰:"市舶

---

① 周中坚:《宋代泉州港地位的三次演变及其繁荣》,载《泉州文史》1982年第6、7期合刊。

② 《泉州古代海外交通史》,中国广播电视出版社2006年版,第124页。

③ 译文连载于《泉州文史》1982年第6、7期合刊及第8期。

④ 赵立人:《"宋元广州衰微说"驳议》,载《羊城今古》1994年第4期。

之利最厚，若措置合宜，所得动以百万计。"① 数年后又下诏："市舶之利，颇助国用，宜循旧法，以招徕远人，阜通货贿。"② 在广州，市舶官员每年五月举行仪式祭祀海神祈风；每年十月举行宴席为即将启碇离港的外商饯行，谓之"犒设"。对在广州推动中外贸易做出贡献的外商还授予官衔。宋神宗时，在广州的阿拉伯人辛押陁罗被封为归德将军，外商蒲晋、蒲延秀分别被授予中训郎和承信郎之职。由于官员利用兼管市舶的职权，贪赃枉法，勒索外商，番商渐而减来，宋真宗统治初年，海舶甚至久不至广州。朝廷为此严厉警告贪赃官吏，慎重选拔广州市舶官员。南宋绍兴六年（1136），在广州蕃巷的奉真观改为来远驿，以招诸国贡使来广州。四年后，广州市舶年收入110万缗，占全国市舶收入一半以上。

发展海上贸易的同时，广州同内地交通也得到发展。从广州进口的货物很多，北宋时有七八十种，南宋时达400种。除了进口象牙、犀角、珠宝、玛瑙等奢侈的消费品外，还进口香料、药材、木材、皮革、布匹、杂物，包括可做手工业原料的紫矿、苏木、硫黄、黄蜡等，其中尤以香料药材为多。北宋熙宁十年（公元1077年），从广州收购的乳香348673斤，占当时全国各口岸收购乳香的98%。③ 乳香被称为"广东香"或"岭南香"。从广州进口的外国药材被称为"广药"。北宋初期，两浙及福建尚被吴越和闽分别割据，广州是宋朝唯一的海外贸易门户，早在宋太祖乾德五年（967），尚未灭南汉之时，朝廷已派官员筹划岭南输往北方的香药等蕃货路线了，确定"岭南陆运香药入京，召蒙正往规划，请自广、韶江溯流至南雄，由大庾岭步运至南安军（今江西大

---

① 徐松：《宋会要辑稿·职官》四十四之二十。
② 徐松：《宋会要辑稿·职官》四十四之二十四。
③ 梁廷枏：《粤海关志》卷三，引北宋仲衍《中华备对》。

庾），凡三铺，铺给五十人，复由水路输送"①。此线水路为主，中间唯大庾岭一小段为陆路。嘉祐年间，广东转运使蔡抗与其弟江西提刑、提举虔州监蔡挺合议修建大庾岭通道，"以砖甃其道。自下而上，自上而下，南北三十里，若行堂宇间，每数里，置亭以憩客，左右通渠"②，大大改善了水陆交通。为适应运输发展，咸平年间，广州知州凌策由英州大源洞伐山开新路至曲江，其后，广东转运使荣諲对这条运输通道做修筑，沿途设邮驿。宋代广州商品北运还有两条路线：一是沿珠江、北江到韶州，循武溪经乐昌入湖南宜章；一是沿西江西上封州（今封开）入梧州及湖南各地。南宋时，广州至都城临安（杭州）的货物，不少沿海北运，水陆联运并未中断。广东转运使林安宅对粤东陆路加以改造，沟通了广州经潮惠到闽南的水陆运输。

广州的港口码头有很大发展。主要的外港码头，除了自唐代已是船舶云集的扶胥港，还有大通港及琵洲码头。大通港在今花地附近，是西江、北江航抵广州必经之处，东可通惠州、虎门，出海可达潮州、福建等地，西可抵雷、廉、琼州，北可抵南雄、大庾岭、韶州等地。琵洲码头在今琵洲，时为江心岛，番舶入珠江口后，远远即看见这座高出江面的琵琶洲，商使就说广州到了。不少外国商使在这里登陆，如注辇国贡使行到三佛齐后，经过38天航行，"至广州之琵琶洲"③。不仅蕃舶停靠于此，闽浙舟楫入广州也多泊于此④。南宋方信孺《琵琶洲》诗序称琵琶洲"盖海舶所集之地也"。广州城内重要的内港码头是西澳和东澳码头，内外商船停泊于此，形成商业闹市区。

由于交通便利，广州成为进出口商品集散地。子城南部为商业区，

---

① 道光《广东通志》，《前事略·宋一》。
② 《宋史》卷三百二十八《蔡挺传》。
③ 《宋史》卷四八九《注辇传》。
④ 顾祖禹：《读史方舆纪要》卷一〇一《广州府》。

沿江一带更为繁荣，称为大市。西城渠道并行、道路通达，商业区规模更大，南面大街直通沿濠码头区，繁荣如大市，称为小市街。从广州进口货物品种多、数量大，除了运往京城，还有在当地变卖。广州进口的海外商品流通国内各地，遍于通都大邑。内地的长沙、成都，沿海的吴郡（苏州）、密州（山东），北宋的汴京和南京的临安，都有广货、广药出售，其中主要是进口货物。这些地区的丝绸产业也经广州出口。广州城内，形成了规模很大的舶货市场和出口产品市场，以稻米、食盐、矿产、木材、布匹、槟榔、瓷器等多种商品销售量为大，并形成一批专卖街市。有专卖米业的米市街、专门织网卖麻的卖麻街、规模最大的瓷市街。广州内外贸易互相促进，商税额也大幅度增加，北宋熙宁十年（1077）达到68703贯，比前二十年要增长约154%，而全国同期只增长10.2%。广州的繁荣，使南来人士十分感叹。杨万里诗曾谓"吾生分裂后，不到旧京游；空作樊楼梦，安知有越楼"，把广州与曾经盛极一时的汴京相提并论。

三十二

珠江三角洲垦拓与珠玑巷传说

述及广州城城址两千多年不变的历史，向来有一个认识，好像珠江三角洲自古至今是得天独厚之宝地。其实，珠江三角洲的形成及居民的聚养繁衍有一个过程，广州城的发展与这一过程是相应的。直至南北朝时期，今广东境内，人口最密集的地区还是粤西的高州一带，而不是粤中。宋代是一个重要的转折，北方移民南下人数增加，成为开发珠江三角洲从力量到技术上的主力。珠江三角洲开始较大规模的围堤造田，保障和促进了广州城市经济的发展。

至迟在汉代，在岭南已开始筑堤垦田。汉代中宿（治所在今清远河洞堡）"有洭浦官"[1]，为职掌陂湖水利的官署。三国吴元凤五年（公元前76年），吴霸镇中宿洭浦关，其族人获准在番禺之西的江浦垦殖。[2] 据考，江浦指西樵山一带，反映此时增辟耕地已向珠江下游地区推移。尽管如此，珠江三角洲筑堤起步较江南地区为晚，宋代以前，广东的生产活动多在地势较高的粤北、粤西丘陵台地和山间盆地。唐以

---

[1] 《汉书》卷二八下《地理志》。

[2] 嘉靖《广东通志》卷五十四。

前，珠江三角洲沉积过程较缓慢，成陆面积不大，三角洲平原未得到充分开发利用，居民点和耕地集中在背山面水的丘陵和淤高的老沙地，海边新生沙坦和岛丘多未垦殖，西北部河网低洼地也未得到利用。南汉以后，由于西北江改道加快出海口堆积，海岸逐渐推移到（新会）鲤鱼冲、西安，（香山）洪口、黄角以及（东莞）漳澎、道滘一线。① 北宋至道二年（996），珠江下游发大水，波及高要、番禺、南海、东莞等县，各乡纷纷起来修筑堤围，高要城东榄江堤即筑于此时。② 这是珠三角修堤的最早记载。元祐四年（1089）东莞县令李岩在滨海兴筑咸潮堤12条，是广东最早兴筑海堤的记录。

珠江三角洲在宋代兴起修筑堤围的原因，一是人口剧增。随着北方人口大量南迁，生齿日繁，耕地渐显紧缺。二是水患逐渐突出。由于唐代以后珠江流域加快开发，水土流失，下游沙坦淤积和海坦浮露增快，潮、咸、洪水灾害日益频繁。三是南下人士多来自中原和江南，带来长江下游江南地区围垦经验，堤围技术迅速提高。四是宋朝为巩固政权、保障税收，推行一系列重农桑、广种植、奖励垦田的政策，州县官吏因兴修水利有功可升迁受赏。徽宗崇宁中，广南东路转运判官王觉就因"垦辟荒田几及万顷"获诏迁官③。

有宋一代，珠三角修筑堤围共十余处，筑堤28条（不计滨海小围），总长66024丈，护田2432200亩。④ 这些堤围的分布，以广州为中心，主要集中在西北江下游和东莞石龙以上。其中最北是北江永安堤，与今三水芦苞隔江相对；最南是扶宁堤，在今顺德桂洲；至东有博罗东江苏礼竜围；至西为西江羚羊峡东北方的盆塘围。分布在西江沿岸

---

① 《珠江三角洲农业志》（初稿）第1册1976年版。

② 《广东省志·水利志》，广东人民出版社1995年版，"概述"第5页。

③ 《宋会要辑稿》职官二十九之十二。

④ 蒋祖缘、方志钦主编：《简明广东史》，广东人民出版社1993年版，第152页。

最多。宋代堤围一般规模较大，且能因势利导，按灌溉和防洪之需来规划设置。南海县桑园围，依据西樵山和九江附近的丘陵、连缀甘竹、飞鹅各小埠，逶迤14700丈，气势磅礴。在珠三角围堤，固定了珠江下游河床，加速河口延伸和平原发育。番禺南部、中山北部和新会东部的大面积沙坦，即形成于宋元。随着人口增长和沙田扩大，南宋绍兴十二年（1142），南海、番禺、新会、东莞四县各割部分土地建香山县。广州附近地区则成为人烟稠密的老沙区。珠江两岸，因积沙不少而发生地形变化。番禺东南部成沙最多，迁户云集开耕，其中沙湾李氏落籍两代，"居族最巨，灯火万余家"。① 大规模的兴修水利，保障了地处下游的广州等城乡正常的生产生活，扩大了耕地面积，提高了农田防潮抗洪能力。加之耕作技术的提高，珠三角的开发有了新的起步。南海、番禺一带，阡陌纵横，迁户云集，村落密布，俨然富庶地区。但番禺黄阁（今属广州市南沙区）以北，尚是咸淡水交汇的浅水滩地带，东莞西部仍皆是大海，新会东南的三江以及斗门一带亦多为海域，香山是"海中一岛耳，其地最狭，其民最贫"②。广州市区唐代到了坡山，宋代淤至今万福路、一德路一带。沿珠江东出，在凸岸区淤地尤多。在黄木湾南岸一带丘陵边沿建立不少宋村。时为海中沙洲的"凤浦"，顾名思义，即水鸟聚集之地。为关、卫、黄三姓所垦，因黄姓渐成大姓，故称"黄埔"。黄木湾缩小，黄埔开发扩大，成为"海舶所集之地也"③。

宋代，按地理位置和户口多少将地方各县划为望、紧、上、中、中下、下六等，广州7县中，南海为望县、番禺为上县，还有3县为中，中下、下县各1，④对比同时期同为节度使治所的江南东路歙州（新安郡）6县，其中望县5，紧县1；福建路福州（长乐郡）12县，其中望

---

① 康熙《番禺县志》卷十八《艺文》，〔明〕释德清：《广州普渡庵记》。
② 《永乐大典·广州府》引《元一统志》。
③ 方信孺：《南海百咏·琵琶洲序》。
④ 《元丰九域志》卷第九第408、409页，中华书局1984年版。

县 7、紧县 2，中县 3。① 可见此时广州仍属于开发阶段。

由于耕地扩大、粮食大幅度增产，自给有余。真宗时，在广州置有平抑谷价的"常平仓"。熙宁年间，广南东路常平仓米已积至 91923 石。② 唐代一度从福建调运大米入广州，宋代则有余粮支援外地，称为"广米"。广州成为中国一大米市。"闽中土狭民稠，岁敛则籴于广"③，"福、兴、漳、泉四郡，全靠广米以给民食"。④ 这同唐懿宗时，从福建运军粮 3 万石到广州适成鲜明对比。远在浙江的都城临安（杭州），也要"籴广米赴行在"，绍兴五年（1135）一次即籴 15 万石。⑤ 珠三角的经济作物棉花、桑树、甘蔗、水果（荔枝、柑橘、香蕉）和花木都有一定的生产规模，促进了丝织业、制糖业兴起。南宋番禺是全国著名产糖区之一，上贡物品已有糖霜。商品性农业的发展，为广州提供了大量出口物资，推进了海外贸易兴旺。

珠三角的开发，离不开南迁移民人数剧增及加入垦荒经营。北宋元丰年间，广州人户为 143261 户，南宋淳熙年间，达 185713 户。约百年间，增加了 42452 户。南迁移民多有从粤北入粤的。唐张九龄开凿大庾岭新道（即大梅关），使浈水—大庾岭—赣江这条水陆通道南北来往公私贩运大为改观，取代了湘桂走廊和骑田岭，成为入粤主要通道。余靖说："今天子都大梁，浮江淮而得大庾，故浈水最便。""故之峤南虽三道，下浈水者十七八焉。"⑥ 地当要冲的南雄州保昌（今南雄）县，便成了各地官民南下广州的中转站。见于明清纂修的广州各家族谱，多记

---

① 《元丰九域志》卷第九第 242 页、卷第六第 400 页，中华书局 1984 年版。

② 《永乐大典》卷七五〇七。

③ 《宋史·辛弃疾传》。

④ 真德秀：《真文忠公文集》卷十五。

⑤ 《宋会要辑稿》食货四十之二十。

⑥ 余靖：《望京楼记》《浈水馆记》。

三十二　珠江三角洲垦拓与珠玑巷传说

其先祖宋代辗转来自保昌珠玑（或叫"朱紫""朱玑"）巷。南宋末，元兵南下，寓居保昌的难民多个姓、族联合向官府申请路引，集体南下，到广州各县"辟地以种食"。

关于珠玑巷成为宋末越岭南下者中转地的说法为地方文献所常见。雍正《广东通志》称："珠玑巷在南雄府保昌县沙水寺前，相传广州梁储、霍韬诸望族，俱发源于此。"① 道光《广东通志》则说："珠玑巷在沙水寺前，相传广州诸望族俱发源于此。"② 然此两处均用了"相传"一词，是见入志之慎重和此事须考。族谱载南下经珠玑巷的，有某一家族或一家、一人之事，多以胡妃（或苏妃）故事相关的一次集体南迁为背景。据传，南宋皇妃胡氏（有称"宫人苏氏"）被黜，潜逃出宫，由南雄富商黄贮万带回珠玑巷做妾。"兵部官"风闻，恐上查究，拟借口在珠玑巷建立营寨，欲尽行驱逐居民，珠玑居民大惧，遂商议南迁，"以南方烟瘴地面，土广人稀，必有好处，大家向南而往，但遇是处江山融结，田野宽平，及无势恶把持之处，众相开辟基址，共结婚姻，朝夕相见，仍如今日之故乡也"③。罗贵等七十余姓遂向官府申请批文引，迁移到珠三角择地而居，分枝散叶。雪球越滚越大，以致说"大部分的粤语方言群的广东人都是珠玑巷的后人，又随着近代史上的多次移民浪潮，珠玑巷的后人更跨出中国大陆的版图，越过南中国海，越过印度洋、大西洋、太平洋，走向世界各地去"④。珠玑巷情结，在凝聚粤语方言族群，寻根认祖，同心同德开发岭南，在历史上极具影响力，其联系广府人情结极具作用，当代还成立了以"珠玑巷后裔"为称的世界

---

① 雍正《广东通志》。

② 道光《广东通志》。

③ 转引自黄慈博：《珠玑民族南迁记》所载《市桥谢氏族谱》。这段话见于多处族谱，文字大同小异。

④ 区如柏：《我们是珠玑巷的后人——粤语方言群广东人的祖先》，载新加坡《联合早报》1991年1月13日。

性广府人联谊团体。但从治学角度看,事情并不如此简单。即以珠玑巷得名时间来说,屈大均《广东新语》中就有唐代与南宋末之两说,一说:"吾广故家望族,其先多从南雄珠玑巷而来。盖(河南)祥符有珠玑巷,宋南渡时诸朝臣从驾入岭,至止南雄,不忘枌榆所自,亦号其地为珠玑巷。"① 又说:"珠玑巷得名,始于唐张昌。昌之先,为南雄敬宗孝义门人。其始祖辙,生子兴,七世同居。〔唐〕敬宗宝历元年(825),朝闻其孝义,赐与珠玑绦环以旌之。避敬宗庙谥,因改所居为珠玑巷"②。有研究者分析族谱记述罗贵南迁一事多处不同而提出质疑。一是皇妃,"黎氏云胡妃,罗氏云苏妃,俗说不实,流为丹青,足徵其事之淆伪"③。二是迁徙时间,有绍兴元年(1131)、开禧元年(1205)、咸淳九年(1273)、咸淳十年(1274)多说,相差百余年。三是结伙户数,有97户、98户,或至100户以上。四是带头人有罗贵、罗贵祖、陆阆圣、陈猷等称。五是对各谱引载之路引,宋史学家陈乐素指出其"文字不甚通顺,又显非宋代的文书样式,更明显的矛盾是,宋无岭南道,只称南雄州,不称南雄府,地方亦无'省'之称,政府机构,无'五府'之称……又所谓南雄富民黄贮万'备船运粮上京',这样一条水路是没有的"④。本地学者中也有一批致力于完善珠玑巷传说者。曾昭璇《宋珠玑巷罗贵家南迁记·前言》反映了学界对此的不同认识:"我们先后发表了《宋代珠玑巷迁民与珠江三角洲农业发展》(暨南大学出版社,1995)及《珠玑巷人迁移路线研究》(暨南大学出版社,1995)两书,好友来函,有弹有赞。议者也多认为罗贵97人南迁一事,既不见于正史,也不见于官修志书,多属民间乡村族谱所载。而且各族

---

① 屈大均:《广东新语》卷二《地语·珠玑巷》。
② 屈大均:《广东新语》卷二《地语·珠玑巷》。
③ 《九江朱氏家谱》,转引自黄慈博《珠玑民族南迁记》。
④ 陈乐素:《珠玑巷史事》,载《南雄珠玑巷人南迁史话》,中山大学出版社1991年版,第89页。

谱所载亦不相同，有说事起苏妃、胡妃，但也无实据。至于迁移时代前后的相差亦大，一说南宋渡江之后，一说金、元南侵之时，史既无徵，族谱记载亦乱，且行文中的地名、官称也极一致，故以此成书似有不妥。……本书即希望能从族谱学的观点，加以探究，即以罗贵家族为主线，追源索本，顺及子孙后代的分布，一一查明，以证罗贵确有其人，使罗家的迁移有据，而非图为一家一族，光宗耀祖而立传也。"① 其实，从族谱中可以证实罗贵确有其人，还可以找到罗贵家族后人从某一个节点起准确的分布繁衍情况，但却无法以此证实罗贵集体迁移之合理依据。《广东通史》持历史地看问题的态度："广东早期族谱，大多始于明代，距宋二三百年，后人对其祖先事迹的印象已十分朦胧，很易以讹传讹，以致胡妃、苏妃故事流传广远，真假莫辨。但是在南宋初年、末年，人们经过南雄珠玑巷和以南雄珠玑巷（或其附近）为起点的两次大规模南徙广东各地却是客观事实。"② 杨宝霖对南雄珠玑巷氏族南迁的问题研究多年，并且积累翻阅了许多地方文献资料特别是大量的家谱族谱，他的研究是立足于此事为史实的前提的，便在大量引述资料的基础上，其研究结论也说道："上面所引材料中，指明南迁始祖有具体姓名的，共十九人，其中只有《新会乡土志辑稿》中冯元昌，见于《东莞英村罗氏家谱》《新会泷水都莲边里麦金氏家谱》《番禺市桥谢氏族谱》《冯秉芸迤言》中九十七家南迁名单中，这可能由于传闻异辞，以绍兴元年误为咸淳间。其余十八家在南迁名单中没有出现。说咸淳南迁

---

① 曾昭璇、曾宪纬、曾宪珊：《宋珠玑巷罗贵家南迁记·前言》，广东南雄珠玑巷后裔联谊会2002年版。

② 汪廷奎主编：《广东通史·古代卷》（上册），广东高等教育出版社1996年版，第806页，原注："各族谱所载珠玑巷人口南迁的原因，除皇妃故事外，尚有南宋初兵乱、绍兴末金人南侵、乾道末年兵灾、端平年间'中原多故'、南宋末皇室南迁后勤王兵起等五六种，都说与兵灾有关，唯时间多有不同。"

的人,绝大部分与罗贵所组织南迁九十七家南行者不同,可见这次南迁,不是罗贵所组织的一次,而是另一次大规模南迁。一在南宋初,一在南宋末,这两次,指大规模南迁而言,其他零星的,有宋一代,何时无之。两次大规模南迁,何以都说因胡妃或苏妃事?是否因胡妃或苏妃而南迁,上文有所论列,兹不赘述。其所以皆去胡妃或苏妃者,盖各家族谱,非宋代当时所记,乃后世追记前因。当上世遗留下来的材料,盖以传闻,事件张冠李戴,诚不能免。……由于时代久远,各据传闻,南宋两次大规模的南迁,互相参混,带来了研究上的许多困难。"① 而将事情解释为两次南迁混迁并不具充分的说服力,因为论证只是建立在"各据传闻"上。这种现象事出有因。刘正刚指出,在"明代广东出现了虚拟'造祖'现象,其形式有二:一是单寒小族为了攀附大族,总是极力粉饰自己的祖先来自原属中原大族的珠玑巷。……明以后修撰的珠江三角洲地区地方文献(族谱、方志等),在记述当地姓氏来源地时,几乎都是千篇一律地称其祖先迁自南雄珠玑巷。珠玑巷的传说,一方面反映了明代广东宗族的庶民化;另一方面也说明了它具有维护同宗、同族以至同乡团结的作用,更有利于宗族组织的加强。二是广东土著出自对中原文化的认同,往往虚构本族原为'华夏贵胄',以示与当地土著之区别"。"事实上,广东虚拟'造祖'的高潮是在清代。"②

胡妃、苏妃作为传说之虚妄不须加证,剩下的问题是罗贵等姓氏复杂的庞大移民团队南迁何解的问题。曾祥委在与曾汉祥 1995 年出版的合著中说道,"迄今为止的所有研究论著都把珠玑巷做移民'短暂停留'的'中转站'来认定。《岭南文化地理》甚至说:'现今珠江三角洲各县居民,以及他们的族谱、家谱常说自己远祖来自南雄珠玑巷,实

---

① 杨宝霖:《南雄珠玑巷氏族南迁及对东莞的开发(二)》,载莞城图书馆主办《尚书》2016 年春季刊。
② 刘正刚、袁艳萍:《明代宗族组织探析》,载《广东史志》1998 年第 1期。

际上这些移民仅取道珠玑巷南下而已。'现在来看,这种认定不免草率:一是以偏概全,二是忽略了移民本身的质变。"曾氏认为:"要知古代对地望极为重视,以一个地方为故乡,绝非路过一下那么简单。而第二种猜测(按:指移民要在珠玑报到,等待文引,约半年时间才能南下的猜测)也站不住脚,首先是没有文字记载表明这一点;其次是,即便有半年的逗留也不足以使人'错认他乡是故乡';再次是,领取文引,按部就班成行,只能是和平年代的零星移民,不可能涵盖今日广府民系如此之多的氏族;复次,动乱年代的大逃亡,其势不可遏,所谓见路即投,哪管你路引不路引;最后,即使是以本地相对安定,调取外地难民来解释,也不合理,滞留大批难民于一地,缺食少穿,会造成地方的负担,冻饿之下,更易激发民变。这是任何一个哪怕是糊涂透顶的地方官吏也不肯为的蠢事。"曾氏分析:"从族谱可见,宋代南迁的许多氏族在珠玑居住有相当长的历史,或一、二代,或三、四代,也有六、七代、十二、三代,更有长达四五个世纪,甚至连自己也说不清世次,只能说'世居珠玑巷'。……迁入的是祖先,迁出的是在珠玑出生的自己,移民通过繁衍,已经换质。一百多年历史,六、七代承传,生于斯、长于斯,不是珠玑人又是哪里人?更不用说那些由于迁入年代久远,连祖宗迁自何处也早已淡忘,只能说'世居珠玑巷'的家族!由此可见:珠玑巷是南迁移民的故乡!"① 这一分析有其合理性。曾祥委治学可贵在于他的不断思考及认真考证,十多年后,他从韶关调到深圳任教,对罗贵南迁事件的研究再撰一文,于 2010 年 6 月将此文发给我征求意见,我对此赞同,推荐给《岭南学》,可惜该刊未予以发表,而曾先生已于前几年作古。我想,该文的观点是值得复述的。该文提示:"此前许多学者的研究成果都认为该故事产生于明代,是少数民族为了取得正统文化身份或隐藏身份编造的故事。本文以集体记忆理论和新发

---

① 曾祥委、曾汉祥主编:《南雄珠玑移民的历史与文化》,暨南大学出版社 1995 年版,第 27、31 页。

现的材料对故事的文本和流传进行分析，认为该故事产生于宋末元初，是行朝随扈军民和珠三角勤王义民入元后为避祸而编造的身份故事，在长期口传之后，于明清时代被写入族谱，进而成为族群身份的集体记忆。"文章分析，现今可见的珠江三角洲族谱记载珠玑巷移民故事的文本中不少制度，例如"贡生""黄册""知府""图"等，都是明代才有的。表明珠玑巷移民故事被写入族谱时间在明代，最早不超过洪武十四年（1381）。这些所谓"文书"是"集体作伪"！据研究，97人中的一些族姓，如赵、吕、冼、冯、麦、张、陈等，均为岭南著姓，久居岭南，这些族姓说自己是珠玑巷移民，显然是在隐瞒身份。一些宗族，如石头霍氏，在编写族谱时在种种传说中有所选择，说明珠三角这些族姓，许多人对自己的来历传说，也是迷离扑朔，底气不足的。很显然，珠玑巷移民故事，背景是一群人为了隐没原来的身份采取的集体行动。对这种集体记忆与历史真实之间的关系，需要进一步考究。将事件放到明初或中叶的珠三角，当时想用一个宋代难民迁徙的故事来掩盖身份，对土地的开垦和占有于事无补。回顾故事背景的南宋末这段历史，引证今天"珠玑巷移民"的分布，却有一个惊人的发现：自称珠玑巷移民最多的地区，恰好是宋末勤王最踊跃的地区；南宋行朝覆灭之地厓山在古冈州，正好是珠玑巷迁徙故事中移民的到达地。因此，合理的解释是："所谓'罗贵等97人集体南迁'的故事，很可能是一支小部队，例如熊飞或苏刘义等人的部属，在失败后集体匿藏时，为了应付入元以后的编户齐民而编造的身份故事，而大量广州府勤王义民恰好也需要这种身份故事来掩护自己，因此这个故事在珠江三角洲得到广泛的流传。经过长期的口传之后，珠玑巷迁徙故事变成了珠江三角洲宗族的集体记忆，变成了宗族的'历史'。后人在明清时代编纂族谱时，将这个世代传讲的故事记录下来。这样可以解释故事的歧义和文字中的明代印记，也可以解释集体行动的必要性和它取得广泛认同的原因。必须肯定，历史上有大量的移民从珠玑巷迁移到珠江三角洲；但是也必须指出，有许多自称珠玑巷移民的族姓未必像他们自称的那样，来自珠玑巷。一些人因为种种原因，需要隐瞒身份，而地处交通要道，兵家必经之地的珠玑巷，每逢战乱必定一扫而空的珠玑巷，正好为他们提供了无可稽查的掩护，这就是珠江三角洲广府人来源地集体记忆的秘密！"① 对此也许还可以继续研讨，但是这一解释对珠玑巷传说中各种疑问应该是最能解释得通，最有可能符合历史背景的，因此，有必要详细引述，也借此表达对潜心地方历史研究的祥委先生的悼念和敬意。

---

① 曾祥委：《珠江三角洲珠玑巷移民传说的研究——以罗贵事件为中心》（未刊稿）。

三十三

程师孟建西城

中国早期城墙是夯筑土墙,"用砖修建堡垒的时间,当始于三国",而"砌城墙,始于两晋、南北朝"①,隋唐时期,长安城"对城池较薄弱的地方外表包了砖",大明宫城墙除城门外附近和拐角处内外表面砌砖外,其余为夯土版筑;洛阳城的宫城、皇城城墙均夯筑土垣,内外砌砖。可见这一时期砖砌城墙仍是有限使用。过去有一个说法,即自秦汉至南汉,历次修筑的广州城墙均为版筑夯土,北宋始筑砖城。② 这一说法为考古新发现所推翻。1998年2月,在仓边路与越华路交汇处今银山大厦附楼所在地清理出一段唐代城墙,"南北向。现存长14米、残高3米。两边包砖中间夯土,夯层厚薄不均,墙体略呈下宽上窄。砖壁下以黄白色砂质块石砌基。发现有'番禺修城大条砖'等砖铭。这是广

---

① 工程兵工程学院《中国筑城史研究》课题组:《中国筑城史》,军事谊文出版社1999年版,第82页。

② 林天蔚:《方志学与地方史研究》,"第三篇'广东方志研究'第二章'广东地方史研究专题'",(台湾)国立编译馆主编,南天书局1995年版,第242页。

州首次发现唐代城墙遗址,从其方位看,应是唐代广州城(衙城)东城墙"①。由此说明,唐代广州至少衙城已采用夯土包砖砌城墙方式,而且专门烧制有修城大条砖。不过,唐代广州也当有限砌用城砖,可能只用于州城最核心之衙城。

入宋以后,广州城市布局和规制发生变化,适应商业繁盛,以开放的街市代替封闭的里坊,附近兴起一批城镇,扩大了城市辐射力。据《元丰九域志》所载,广州城郊,有南海的大通镇,番禺的瑞石、平石、猎德、大水、石门、白田、扶胥镇。与此同时,为了加强城市的防卫功能,大规模修建城池,筑城技术大为提高。两宋间,广州城大规模扩建,由此前的一城扩展为子城、东城、西城三城,习称"宋代三城",大大扩大了城区范围,三城总面积为广州唐城(即子城)4倍以上,南宋又增筑南面的雁翅城,全城面积达20平方公里,范围东至今越华路、西至今人民路、南至今大德路、北至今东风路。宋代广州城垣大小修缮工程达20余次,最重要的有4次,其中3次集中于庆历四年至熙宁四年(1044—1071)这27年间,正当北宋国力最为强盛的中期。宋代广州城连续大规模扩展,反映其经济发展之迅猛。修西城时,大食勿巡国进奉使表示愿出资相助,却被朝廷拒绝,全赖自己财力兴筑,显示了广州经济实力之雄厚。1995年至1997年,在银山大厦工地先后发现成段成片保存完好的宋代城墙遗迹,城墙顶宽约3米,以城砖包土,北段尚有部分城门楼石基。从广州发现的宋代城砖铭文看,有官造、民造和军造三种,说明当时烧砖业规模之大。广州越华路发掘出宋城遗迹,基部为红砂岩条石砌筑,上部砌砖,城砖铭文有"水军修城砖""水军广州修城砖",②可知水军也参与了修筑城墙。

以下略述四次重要的修城,以见修城与城市发展之紧密联系。

宋灭南汉时,潘美纵火攻打兴王府,南汉后主刘鋹尽焚国库宫殿,

---

① 《广州文物志》,"唐宋城墙遗址",广州出版社2000年版,第24页。
② 黎金:《越华路宋代城基遗址考略》,载《广州文博》1989年第3期。

广州城饱受战火伤残。北宋初期,广州商业迅速恢复,对外贸易更是十分繁忙,修复城市刻不容缓。魏瓘就任广南东路经略安抚使兼广州知州之前,广州已陆续有修城凿濠之举。但宋初由于广东外贸收入大多归于朝廷,筑城筹措资金殊为不易,还要动用大量工役,朝廷忌讳激化社会矛盾,对兴工动役修城并不积极。然而岭南战事连绵,没有强有力的军队和坚固的城池,社会安定更受威胁,地方官员再三要求修城。庆历五年(1045),已调离广州的任中师建议修筑子城,终于获朝廷批准,接任的魏瓘执行了这一任务。子城是在南汉兴王府城基础上修筑起来的,因在子城东、西后来各修一城,又称为中城。子城东至文溪下游(今仓边路一带),西至西湖(今教育路西等),南移出至鱼藻门一线(今大南路、文明路),北仍在唐子城之北(今越华路),周长5里。城为砖石墙,有垛和城楼。共有四门:南曰"镇南"、东南曰"冲霄"、东曰"行春"、西曰"有年"。城内北部为官衙所在,南部为商业区,沿江为商业及码头区。子城城墙修建得十分坚固。皇祐四年(1052)广西"广源蛮"首领侬智高起兵反宋,在岭南捣毁了不少城池,包围了广州。刚修筑不久的子城为保卫广州起了作用,"民逃于中获生者甚众"。为此,朝廷加赏了魏瓘,特别要求两广要加意修城,"益重南顾,乃诏二广悉城"①。在岭南掀起一个筑城热潮。

东城是熙宁二年至四年(1069—1071),经略使兼广州知州王靖接任吕居简,奉诏所修筑。有感于朝廷累令修筑广州外城而无土难修,王靖曾实地考察,回朝任职后,建议在子城东面的古城基址上扩建城垣,修筑东城。东城方围4里,西接子城(行春门)、南北与子城齐,东至今大东门农讲所西侧。因其西连子城,只有"震东""迎薰""拱辰"等东、南、北三个城门。东城以番禺县署为中心,城内建筑物不多,东门内为仓库、外为城濠。

广州襟山带海,向南、向西为冲积、海积平原,地势低矮,易通舟

---

① 《永乐大典·广州府》。

楫，货物出入较为方便。随着贸易发展，城西出现了繁华的商业区，聚集在这个地方的中外商人越来越多，修筑城墙护卫他们的生命财产也越来越重要。唐代广州，"其商船物货之聚，盛比杭、益，而天下莫及，旧有城在广州之东，规模迫隘，仅能藩篱官舍及中人数百家。商贾巨室，生齿之繁，皆处其西，无以自庇"。① 黄巢进攻广州，城西受到战火洗劫。入宋以后，这种情况没有改善，而是更加严重。侬智高攻广州，打不下子城，受严重破坏的仍是城西，城外商民遭受惨重损失，"百年生聚、异域珍玩，扫地无遗矣"。② 但由于河网交叉，地势低平，地基疏恶，取土不易。加之蕃汉杂居数万家，在此建城工程艰巨规模大，民力、经费不足，修城工程被一再延搁。正如余靖所说："越台之境，胡贾杂居。古者城无外壖，当由土之疏恶。谋于修路，当及期年。计其徒庸，难于速就。惜民力则谓之弛备；徇众议则困于劳人。"③ 进退两难。吕居简于治平四年（1067）到任广州知州时就想修西城，终因无法解决这个问题而罢手。直到子城加建近20年之后，熙宁四年（1071）程师孟接任王靖为经略使兼知州，才得以完成此工程。程思孟了解到："州城为侬寇所毁，他日有警，民骇窜，方伯相踵至，皆言土疏，若不可筑。"④ 原先此处民居密集杂乱，建城须"毁民居者众"，拆迁工程成为建城障碍，却由于侬智高攻城，"规宇悉焉煨尽"，反而扫平了这一障碍。程思孟才识干练，精于土木工程，来广州前在山西河东提点刑狱及知洪州、福州任上，治水修城颇有成绩，有修筑福州子城的实践经验，因此敢于接手修筑广州西城。图纸奏报朝廷之后，神宗令左藏库副使张节爱到广州指挥筑城，佐以内地先进技术，工程巨大，历时六年完工。西城与子城东隔西湖，南、北比子城扩展约百米，北至今百

---

① 《唐峒记略》。
② 余靖：《武溪集》卷五《大宋平蛮碑》。
③ 余靖：《武溪集》卷六《再免尚书左丞知广州》。
④ 《宋史·程师孟传》。

灵路，南至玉带濠（今南濠街），西抵西濠（今人民路），城周6.5公里，建有7个城门：东南为"航海"门；南为"朝宗""善利""阜财"三门；西为"金肃""和丰"二门；北为"就日"门（后称"朝天"门）。从三门命名，可知修筑城墙的作用，突出海上贸易发达求财心切的动机。程师孟还整修旧城，疏浚了药洲西湖。西城面积为子城与东城之和，西城的建成，使广州城总面积扩大了一倍，是广州城建设的一个里程碑，西城的创建标志着广州城墙不再以保护统治机关为主要功能，护卫城市商业已经成为其另一项重要任务。这是古代广州城市功能的具有深远意义的变化。也标志着北宋广州城市格局的重要变化，同时，西城将外国侨民聚居区蕃坊纳入了城内，这在广州乃至中国城市发展史上有着重要的意义。程师孟在修西城的同时，在原来与侬智高"战斗榷瘗之处，则今所谓航海门之西数十步而止"处建了座南海神庙，"其颠以立神像而祠之，适在其地无少差焉"①。由于南海神庙原来建在广州城东之扶胥镇，此庙建于广州之西，故称为南海神西庙。"建庙之本意，当为镇邪避恶、护城保民所建，并非为航海外贸而建。"② 其实，西城居民有不少是蕃商，此庙也可以说是为航海外贸而建，只不过没有东庙那样与来穗蕃舶有着直接关系而已。

南宋时期，广州城南沿江淤出不少地面，成为繁华的商业街市。嘉定三年（1210），经略使陈岘在子城和东城南边筑东、西雁翅城。东雁翅城长90丈，西雁翅城长50丈。东雁翅城临江建了"平海"门。由于河岸不稳定，雁翅城多次重修。开庆元年（1259）经略使谢子强重修雁翅城时，在城外"筑羊马墙，高六尺许，雁翅城上隙壤植于木栅，翼

---

① 程师孟：《洪圣王事迹记》，郭棐撰，陈兰芝增补：《岭海名胜记》卷五《南海庙志》。

② 王元林：《宋南海神东、西庙与广州海上丝路》，载《海交史研究》2006年第1期。

而至海"①。对于城墙,还有一套制度以保障其维护。北宋嘉熙二年(1057)春二月修三城"告成,以余钱万五千缗,附郡之赡军质库存,岁与郡分十三之息,以备整葺,均定界至,使摧锋、水军、勇敢、忠勇、东南将,每仲月阅武之日,正将率部伍登城,各视其界,治草秽,补损阙,存本州窑务,陆续造砖,以备整葺,为虑远矣"。②

三城建成之后,广州居民得以安居,海外商人来广州贸易有了保障。熙宁七至八年(公元1074—1075年),交趾大举入侵广西,听说广州守备甚固,不敢再东向。广州东、西两城元初曾毁于战火,"唯子城及两雁翅无恙。"

宋代广州的城市设施更为完善。中、东城分别以城内正北经略安抚使司、番禺县署为中心,街道布局呈丁字形;西城面积最大,为商业市舶区,包括外商聚居的蕃坊,布局呈井字形,街道狭窄却四通八达,便于做买卖。屋面以瓦为主,尤其是富有的蕃商居所"层楼杰观,晃蕴绵亘,不能悉举"③,蕃汉杂居,形成特殊的城市景观。南翅城也是繁华的商业街,民居密集,今之高第街、濠畔街、清水濠、卖麻街,时已有之。

宋代广州城内建有一批高楼杰阁。建于中城的清海军门,因有两个门洞,又称双门。广10丈4尺,深4丈4尺,高2丈3尺,上筑楼面阔7间,"规模宏壮,中州未见其比"④。在商业繁华区建有粤楼(南宋称"共乐楼",元改名"元华楼"),高5丈余,"气象宏伟,为南州冠"⑤。在城南镇南门外的海山楼,有登览之胜,"山川拱揖,百粤传

---

① 大德《南海志》卷八"城濠·城"。

② 大德《南海志》卷八"城濠·城"。

③ 岳珂:《桯史》卷十一。

④ 刘克庄:《重建清海军双门记》。

⑤ 万历《广东通志》。

观，此为第一楼，下即市舶亭"①，经略使在每年五月五日在此校阅水军教习，市舶司在此欢宴外商和海员。南宋，陈岘于雁翅城上建了名为"番禺都会""南海胜观"的东西城楼。广州城内最高的建筑物，是净慧寺内巍峨轮奂千佛塔（今六榕花塔）。北宋初年一场大火焚毁了建于南朝的宝庄严寺及木塔，端拱二年（989），寺院重修，改名净慧寺。绍圣四年（1097），在木塔原址上重建了一座宝塔，易名千佛塔。平面八角楼阁式，塔身除斗拱及楼层木构外，大部分为砖砌，井筒结构，外观九级，内部连暗层为十七层，通高57.6米。此塔屹立至今，在宋代至近代一直是城内建筑物的制高点，华丽壮观，"巍峨轮奂，雄矗天半，海舶收港引为表望"②。千佛塔与怀圣寺光塔相呼应，这两座高塔屈大均在《广东新语》中喻为"会城双樯"，自彼时就已耸立于城区，城市气象蔚为壮观。

在扩建城垣的同时，也进行了城内排水渠和城濠建设。疏浚修成贯通城内的排水大渠，因状如脉络取中医"六脉畅通"之意，统称"六脉渠"，此为广州六脉渠之始称，后代历朝疏治变迁仍沿此称。"六脉通而城中无水患"③，对广州居民的日常生活关系重大，延至民国仍起着重大作用。1997年7月，在广州吉祥路地铁出口处右侧工地，挖掘出建于宋至明代的六脉渠一段渠体，其中大部分建于宋代。渠深约4米多，面宽4.03米、底宽3.65米。渠壁用红砂岩和黄砂岩石条按一丁一顺构筑，共18层。渠底结构独特，靠两边墙根铺设着粗40厘米至50厘米的方木，残高约30厘米。方木之间横撑枕木，方木朝上凿有榫眼，少数榫眼残留竖插着圆木。完整的渠面上还盖有石条。大德《南海县志》所载宋渠中所说"廉访司至春风桥，水出桥下为一脉"④，即此一

---

① 《广东考古辑要》。

② 方信孺：《南海百咏·净慧寺千佛塔》。

③ 《古今图书集成·职方典·广州府志》。

④ 大德《南海志》卷八"城濠·渠"。

脉。城内又开凿疏浚通往珠江的西濠、南濠（西澳）、清水濠（东澳），兼有通航、排涝、防火功能。东郊修有鹿步滘，是番舶避风港。宋代广州城南珠江水面辽阔，称"小海"，风起浪大。北宋景德二年（1005），经略使高绅开凿西濠，"维舟于是者，无风波恐，民常歌之"。大中祥符四年（1011），广州知州邵晔因"番舶至岸，常苦飓风"而"凿内濠通舟，飓不能害"①。濠长1600丈、阔20丈、深3丈，此即广州重要内港南濠，旧称西澳。广州民谣赞"邵父陈母（指陈世卿废除计口买盐之法），除我二苦"。熙宁二年（1070），王靖建成东城后，又在城外凿濠，形成横贯东西的玉带濠。此濠在南宋年间数经疏浚。开庆元年（1259），经略使谢子强在整治城濠之后，又从白云山引水至濠，结合大修水利，筑堤灌溉城北一带农田。宋代，东澳和西澳均属重要内港。外国商船多泊于西澳，是重要的外贸码头区，又是闹市区。东澳又称清水濠，在今清水濠街一带，长600多米，水阔30余米，嘉定二年（1209）经略使陈岘重竣，为广州东部盐运码头，盐船由珠江入东澳，溯文溪而上，往来十分繁忙。与竣渠通江同时，在南濠、西濠都建有闸门以调节潮汐时水位。为方便陆行，在濠上建了不少桥，如南濠上的花桥、果桥、春风桥。南宋侍郎李昂在文溪上修了广溪、狮子、状元等桥。那时的广州城，是一座名副其实的岭南水城。

---

① 张镃：《仕学规范》卷14《莅官》。

三十四

宋代广州城的特区蕃坊

在中国城市史上,广州蕃坊绝对是一个很有特色和涉及许多领域的值得研究的历史现象。《广州通史》中,只在唐代设有"设置蕃坊,安置外侨"一目,其中也涉及宋代的一些情况,而在宋代对蕃坊竟只字不提。[①] 其实,广州蕃坊的盛期在宋代,蕃坊制度的健全也在宋代。

蕃坊设置始于何时。蕃坊的设置,是随着蕃商来华居住人数增加渐而形成的。唐初,入粤蕃人渐多。"蕃僚与华人错居,相婚嫁,多占田,营第舍,吏或挠之,则相梃为乱。"由于未有明确的法规管理,留居广州的蕃商,与华人杂居,婚嫁自由,购田营宅,形成一定的势力,官方出面干涉则受到对抗。开成元年(836)冬,卢钧任广州刺史时加强管理,下令将蕃华分开居住。[②] 蕃商聚居的蕃坊始于何时,仍有待研究。"番坊"一词,首见于明顾炎武《天下郡国利病书》引唐人房千里《投荒录》:"顷年在广州番坊,献食多用糖完蜜、脑麝,有鱼俎,虽甘香

---

① 杨万秀主编,章深本卷主编:《广州通史·古代卷》,中华书局2010年版。

② 《新唐书》卷182《卢钧传》。

而腥臭自若也。"① 房千里是太和初（827）进士，曾贬官端州，终于高州刺史任上，他对岭南的记述应是可靠的。蕃坊的建置还有可能更早于此，日本学者石见清裕认为，市舶使在开元初已设置，蕃坊的原型在此前也应当出现。② 开元三大士之一的不空奉旨前往五天竺并师子国时，"采刻使召戒番禺界蕃客大首领伊习宾等"训示宜约束船主，好将不空及弟子送到目的地。③ 有学者认为此蕃客大首领即是蕃坊自治之外国侨民首领。据此，蕃商到广州，先是聚居于广州城外西面，形成蕃坊，起初疏于管理，卢钧强化了管理。宋代，来广州贸易的外商很多，有的长期居住下来与华人杂处，在广州出生和长大的海外商人，被称为"土生蕃客"，他们中的不少人因从事贸易发了大财。据记载，居广州数十年的阿拉伯商人辛押陁罗，家资达数百万缗。蒲姓番商在蕃坊的住宅华丽奇伟，"富盛甲一时"④。富有的蕃商还在当地购买田产，有的同当地居民通婚，居住传世。"蕃人入朝，听住之者，得娶妻妾。"但"诸蕃人所娶得汉妇女为妻妾，并不得将还蕃内"。⑤ 即不能将其所娶的汉人妻妾携归回国。宋人程俱说："广为岭南都会，番夷杂处，吏事繁畏。"⑥ 北宋元祐年间（1086—1092），广州蕃坊有姓刘的外商官至左班殿直，而且娶了赵氏宗室女子。姓刘的死了，宗女无子，其家争分财产，此事告上了登闻鼓院，朝廷这才发现有宗室女子嫁给了外国人，因此禁止再

---

① 顾炎武：《天下郡国利病书》卷104。

② 〔日〕石见清裕：《唐代外国贸易·在华外国人之诸问题》，载《魏晋南北朝隋唐时代史之基本问题》，东京汲古书院1997年版，第61—91页。

③ 赞宁：《宋高僧传》卷1《唐京兆大兴善寺不空传》。

④ 岳珂：《桯史》卷十一"番禺海獠"。

⑤ 《宋刑统》卷八。

⑥ 程俱：《北山小集》卷三十《宝文阁直学士……王分（涣之）墓志铭》。

有此类情况发生。① 宋沿唐制，仍在广州划定外商居住区——蕃坊，主要是为避免外商与华人杂处发生纠纷，也为限制外商多买田宅、兼并土地。宋代是蕃坊的繁盛时代，熙宁年间这里聚居番汉万家。宋政府在住坊蕃人中选定委任一名蕃长，着宋朝制服，协助市舶司"管勾蕃坊公事，专切招邀蕃商入贡"②。

蕃坊实行依法管理。北宋建隆四年（963）颁布的《建隆重详定刑统》以及后来收录南宋初年（1127）起至庆元年间（1195—1200）的法令汇编《庆元条法事类》中，有不少涉及外商的法律条文，说明此时涉外的经常。其中，有继承了唐代法典《唐律疏议》的：

"化外人相犯"条例。外国人互相攻击，若双方来自同一国家的，就用该国法律处置；来自不同国家，就用中国法律处理。

"不得与客交杂"条例。蕃客入朝，官府给外商发放"过所"（通行证），途中无事不得与官府官吏相见，不得与路人交往。

婚姻条例。暂时过往的外国人不得娶中国女子为妻。定居的外国人可娶中国女子为妻妾，但不得"将还蕃内"③。

更有宋典才有的内容，大致包括以下几个方面的规定：

遗产处理条例。外商在中国境内去世，其财物可由当时在身边亲属继承，依血缘亲疏有所不同，其中，父母、嫡妻、男、亲侄男、在室女"并合给付"；在室姐妹，给三分之一。身边无亲属的，可通知其国内亲属，按亲疏有别继承。如无上件亲族，所有钱物并合官收。④

宽免条例。入华外国人如触犯中国法律，一般都要受中国法律制裁。但大商人因进贡获得朝廷任命的，可由人担保奏请朝廷裁决。⑤ 外

---

① 朱彧：《萍洲可谈》卷二。
② 朱彧：《萍洲可谈》卷二。
③ 《唐律疏议》48、88。
④ 《宋刑统》卷十二。
⑤ 《长编》卷七十二，大中祥符二年十一月。

国人在中国境内不得私自贸易,违者获罪流放,但受牵连的朝贡者可得到宽免,"不坐罪"。凡遇偷税漏税行为,只惩罚牵连其事的中国人,"蕃客并不坐"①。

刑罚条例。居住广州外国人触犯法律,经广州官府查实,轻者送"蕃坊"按外国法律用刑,重者受中国法律制裁,"徒以上罪则广州决断"②。

服饰条例。常住中国的外商必须改从中国服饰,"若暂往来者,听其身从本俗"③。

居住条例。"化外人法不当城居","广州海南蕃商毋得多市田宅,与华人杂处"④。

由此可见宋代对蕃人法典的进一步发展,政策上也有进一步放宽。而在实际执行上,则更加放宽。例如,有外商长期在广州居住并繁衍后代,外商按自己的饮食习惯生活,从事自己的宗教活动。

广州官府为蕃商居住创造、提供了许多优越条件。修建工程巨大的西城,很重要的是为了使蕃坊居民得到保护,据考证,西城建成之后,蕃坊位于城内,这个时间距北宋立国为115年,而距南宋灭亡却长达204年。是见有宋一代,蕃坊在城内较在城外的时间长。⑤ 而在西城建成之前,宋朝发布有化外人不得城居的诏令,并未严格执行。外商一样有城居的。城内凿濠,便利外船避风停泊和上岸交易;为外商贸易设置了蕃市;发布法令允许外商借贷。官府尊重蕃商的宗教习俗。岳飞的孙子岳珂10岁时住在广州,亲眼看到清真寺屹立在珠江边,观察到:"獠

---

① 《庆元条法事类》卷七十八、三十六。

② 《萍洲可谈》卷二。

③ 《庆元条法事类》卷三。

④ 朱熹:《朱子大全》卷九十八;《长编》卷一一八,仁宗景祐三年四月。

⑤ 邓端本、章深:《广州外贸史》(上册),广东高等教育出版社1996年版,第157页。

性尚鬼而好洁,平居终日,相与膜拜祈福。有堂焉,以祀名,如中国之佛,而实无像设,称谓犛牙,亦莫能晓,竟不知何神也。堂中有碑,高袤数丈,上皆刻异书,如篆籀,是为像主,拜者皆向之。"①蕃坊之内,"蕃人衣装与华异,饮食与华同"②。一般人家保留了东南亚的一些习俗,"以箦为门,人食槟榔"。富商住宅"有楼高百余尺,下瞰通流,谒者登之,以中金为版,施机蔽其下,奏厕铿然有声。楼上雕镂金碧,莫可名状。有池亭,池方广凡数丈,亦以中金通氂制为甲叶而鳞次,全类今州郡公宴燎箱之为而大之。凡用钚铤环链数万。中堂有四柱,皆沉水香,高贯于栋,曲房便榭不论也"。③ "层楼杰观,晃荡绵亘"。④ 随商人来广州定居的波斯妇女,绕耳穿孔,有带20余枚耳环的。坊内素馨茂盛,花香袭人。至于饮食,岳珂述其所见,"他日,郡以岁事劳宴之,迎导甚设。家人帷观,余亦在。见其挥金如粪土,舆皁无遗。珠玑香贝,狼藉坐上以示侈。帷人曰:'此其常也。'后三日,以合荐酒馔烧羊以谢大僚,曰'如例'。曰龙麝扑鼻,奇味不知名,迥无同槽旧态"。⑤ 在广州和泉州等地,出现有集中的"蕃客墓",这在广州就是延存至今的先贤古墓坟园。贩运有功的外商,可以获授中国官衔,以资鼓励与招徕。见于《长编》《宋会要》《系年要录》《萍洲可谈》等书中,到广州的贡使、外商就有三佛齐的群陀毕授宁远将军、陀旁亚里授保顺郎将、雅托勒授怀化将军和归德将军、刘某任左班殿直、蒲晋授承信郎和忠训郎、蒲延秀任承信郎。这些虽只获得并无职权的官衔,也有社会地位及荣誉之感。

西城将蕃坊圈入城内,蕃坊居民成为城内居民,其后代的教育也成

---

① 岳珂:《桯史》卷十一"番禺海獠"。
② 朱彧:《萍洲可谈》卷二。
③ 岳珂:《桯史》卷十一"番禺海獠"。
④ 岳珂:《桯史》卷十一"番禺海獠"。
⑤ 岳珂:《桯史》卷十一"番禺海獠"。

为官府重视的问题。宋神宗时，勿巡国（今阿曼哈尔港）使者请求，为在广州州学学习的外侨子弟另设校舍，扩大招生。大观、政和年间（1107—1117），广州官府请示朝廷，为外商子弟和外国留学生建立蕃学。经略使兼广州刺史程师孟在广州兴学，亲自到州学讲课，"蕃人子弟该愿入学"，① 有教无类，一视同仁。"熙宁五年六月二十一日，诏大食勿巡国进奉使辛押陀罗辞归番，特赐白马一匹、鞍辔一副，所乞统察蕃长公事，令广州相度，其进助修广州城银不许。"② 说明程师孟修城，全赖官方筹款，而对于蕃人提出助银修城不许，其中或有不以此为遴选蕃长之交换条件。这位辛押陀罗资力雄厚，"居广州数十年矣，家资数百万缗"③。"程师孟熙宁间知广州，大修学校，日引诸生讲解，负笈而来者相踵。诸蕃子弟皆愿入学。"④ 后此大观、政和间，广州、泉州至有请建蕃学，⑤ 专以教育蕃人子弟之事。其后既有蕃人捐资助学，也有蕃人子弟入学登科第。"刘富，南海人，熙宁元年，知广州张田徙郡学于国庆寺之东，未及建而卒。富捐资自效，殿堂廊庑次第将完，转运使陈安道以为卑狭，止之。继田任者程师孟、蒋之奇发官资庀成之。富复以负郭之田直钱五十万资于学。怀化将军辛押陀罗者，蕃首也，闻风而起，亦捐资源共享以完斋宇，且置田为久计。后置别舍以俫蕃俗子弟之愿学者。"⑥

蕃坊住客并非都过着一本万利的舒心日子，他们也遇到官吏盘剥。因此，《萍洲可谈》记述"官吏或侵渔，则商人就易处，故三方亦迭盛

---

① 龚明：《中吴纪闻》。
② 《宋会要》。
③ 苏辙：《龙川略志》卷五《辩人告户绝事》。
④ 龚明：《中吴纪闻》。
⑤ 蔡条铁：《围山丛话》。
⑥ 《广州人物志·刘富传》。

衰"①。朝廷在福建、两浙、广东三路分设市舶使，蕃商每遇到官员侵渔，不得已只好选择易处，这就直接影响到三方的盛衰。南宋建朝第五年之绍兴元年（1131），广州市舶司向朝廷报告："大食从蒲亚里进贡大象牙290株、大犀角35株，被收管进广州市舶库。按市舶条例，收购这批象牙约用五万余贯，数目之大，竟令市舶司难支货款，需要就地拍卖一半货物，才能凑够本钱还给蒲亚里。按市舶条例，对于进货数目如此大的蕃商，应给予奖励，可以补官衔。但广州市舶管理却显出弊病，不但不给予官衔，在偿还本钱上也颇多纠葛。朝廷对广州市舶寄予厚望，绍兴二年（1132）拨付本钱十万贯"，②但此钱根本顾不上支付给蒲亚里，而多用于货物转运北上的费用。眼看着蕃商越来越稀少，于是下诏广州市舶库钱物专款专用，"其余官司今后并不得取拨支使"。③这也无济于事，直至三年后的绍兴四年（1134），朝廷派官员往广州查问，这场官司才算了断。祸不单行，蒲里亚几经周折拿到本钱，"置大银六百锭，及金银、器物、匹帛"于船上。准备回国，不料又被几十名持刀盗贼劫走，他当场被砍伤，还有4名蕃人被杀，朝廷帖令火速追捕，限令一个月内归案。④问题最后如何解决不得而知，从记载只知蒲亚里是留在广州不走了。绍兴七年（1137）广州知州向朝廷奏明此事，宋高宗下旨"劝诱亚里归国，往来于运香货"，还说道："市舶之利最厚，若措置合宜，所得动以百万计。"⑤说明了朝廷着重于市舶的利益重大，还想让蒲亚里为外贸效力。

海上交通的发展促进了中外友好往来。北宋治平年间（1064—1067），三佛齐国大首领地华伽罗遣使押舶到广州，使者归报广州天庆

---

① 朱彧：《萍洲可谈》卷二。
② 《宋会要辑稿》，"职官"四四。
③ 《宋会要辑稿》，"职官"四四。
④ 《宋会要辑稿》，"蕃夷"四。
⑤ 《宋会要辑稿》，"职官"四四。

观为侬智高进犯时被焚毁。地华伽罗自愿捐资修复，派人来广州主持工程，还捐钱置田地为此观经费。元丰二年（1079），工程竣工，立有《广州重修天庆观记》碑。此碑今存镇海楼前碑廊，是我国与印度尼西亚历史友谊的见证。

三十五

郭祥正眼中的宋代广州城

宋代广州繁盛之状，时人多有记载，而以郭祥正诗中的描述给人以深刻的印象。

郭祥正，字功父，号谢公山人，又号漳南浪士。北宋太平州当涂（今属安徽）人。他青年时代就很有诗名，人们由他联想到李白。他是个文人，又是个地方官，这在宋代是常见的现象。他到岭南的端州任知州，是生平的最后一个官职，时间只有一年，《广东通志》记载，他在端州"自谓留心政术，以靖蛮方，不宜赋诗。然时吟一篇，世争传之，民乐其诗书之化"①。他为集中精力政事，告诫自己不宜赋诗，却又忍不住有所吟赋，并为世所争传。他是如何致力政术和安定地方，未闻其详，倒是他在这个时期的创作有诗多首，收入《青山集》诗集，流传至今。在这批诗篇中，不少记述了广州城景色。原来，郭祥正与镇守广州的顶头上司广南东路经略使兼广州刺史蒋之奇很合得来，视为知己。蒋之奇字颖叔，常州宜兴人，治政甚有口碑，且力倡教化，把广州八贤

---

① 道光《广东通志》卷二百三十九《宦绩录九·郭祥正》。

三十五 郭祥正眼中的宋代广州城

祠增修成十贤祠。他也是位才华横溢的诗人，"凡所经游，多所题咏"。郭祥正时常到广州城与蒋之奇见面，两人一同寻幽吊古，游览名胜古迹，吟诗唱和，意兴无穷。由于他们的身份特殊，因此能够到了一般人所未及之处，并将所见的广州城景观记载入诗。在《青山集》中，从诗题明显看出赋广州的就有16首，有的是记载较详的长诗。随着诗人的诗句，以诗证史，可让人穿越历史，进入宋代广州城。

这16首诗中，除了一首点明是独游、三首咏物之外，其余皆点明其是与蒋之奇在一起活动，说明所至是达官贵人常到之处，既有俯瞰全城的广州全景，也有略窥一斑的古迹。由诗题所见，所咏有城南的药洲、五仙观，城西的蕃塔、浮丘、吴㘵，城北的越王山（即今越秀山）越王台、朝汉台及白云山蒲涧，还涉及城内法性寺。咏物则有羊城下雪、千岁枣。地处北回归线的羊城下雪，"岭云翻雪入城来"①，匪夷所思，却不是凭空所造。远的不说，2016年3月，在广州城内就下了一场小雪，可为佐证。"甜出诸饧上，香居百果前"，被郭祥正称赞备至的千岁枣，"原从异国传，何当广栽植，欲以慰饥年"②，是广州与海外交流，从海外传入特产的物证。

广州是一座古城，在郭祥正的诗中，一再提及药洲、越王台这些南越国、南汉国留下的王家胜迹，反映了曾作为割据政权国都建设对广州城建设的深远影响。南汉建药洲御苑，时间离北宋要近一些，此时仍保留着原先遗址规模和岭南园林景致。南汉覆灭之后，北宋时的仙湖和药洲，建有亭榭、虹桥、曲槛，仍是士大夫吟咏、避暑胜地，今存有米芾、苏轼、程师孟、曾布（唐宋八大家之一曾巩胞弟）等名家笔迹。经略蒋之奇在仙湖原有明月峡、玉液池等景点基础上建石屏台。《舆地

---

① 郭祥正：《青山集》卷二十八《闻五羊今岁有雪口号寄颖叔修撰》。
② 郭祥正：《青山集》卷十九《和颖叔千岁枣》。

纪胜》谓："有池百余步，池中刻石，其状若屏，或云南汉时玉液池也。"①从郭祥正诗句"石屏台下玉池泉，绕岸石屏青齿齿……刘铢族尽已无余，此石犹存旧基址"，可见园景以石取胜如旧。郭祥正眼中，这里是一处特别有韵味的地方，"番禺城西偏，九石名九曜。危根插沧浪，古魄镇临眺。何人试巧手，凿此混沌窍"②。郭祥正看到石屏台，想见当初辟园时，"一石十牛车不起，辇置应须费万金"，此处"曾经战鼓轰雷霆，屡对春风阅罗绮"，而今却是"老榕交阴不透日"，"小桥断处栈梯连"，只能"摩挲题字考前人"③。他不止一次来至药洲，有一次蒋之奇因故不在广州，他居然一个人驱车独往游药洲。北宋的广州城远不如南汉国都的宏大气象，药洲一带已渐荒芜，只不过还依稀保留着当年皇家园林的气派。只见"荒庐喧鸟雀，怪石森龙虬。大亭插层城，玉虹跨深沟。双门控西渚（原注：石门也），九星聚中流（原注：九曜石也）。其名何壮哉，像貌俨可求"。

郭祥正的诗中，反映了城西也是他常去之处，此处重要景点有朝汉台、浮丘观、吴圃、蕃塔。相比南汉遗迹，千年前的南越国遗迹已经荒凉难寻。他们到了城西的南越朝汉台遗址，这里已人踪罕至，野草丛生了，"至今人说朝汉台，不知此地藏蒿莱。使君好事一登赏，譬若古镜初磨开"。朝汉台地势高出周围，让他领略到广州城四面不同凡响的景色："香炉烟生石门晓，三山翠拥浮丘来。风松自作笙箫响，暮霞却卷旌旗回"。④ 在浮丘，他观察到广州城沧海桑田的地理变化，"仙翁得仙二千载，沧海变田田变海。浮丘却接番禺西，镈踪蒿痕至今在"。在树木茂盛的浮丘岛上建有规模不小的浮丘观："史君举意要卜筑，楼观耸

---

① 《舆地纪胜》卷八十九"广南路·广州"。
② 郭祥正：《青山集》卷二《九曜石奉呈同游蒋帅颖叔吴漕翼道》。
③ 郭祥正：《青山集》卷八《石屏台致酒呈将帅待制》。
④ 郭祥正：《青山集》卷八《朝汉台寄呈蒋帅待制》。

云如化城。"① "乘时力营构，飞阁凌沧波。"② 浮丘岛上有楼观高耸，还有凌驾水面上的飞阁。"地与浮丘接"的城西名园吴囿③，也是他与蒋之奇喜去之处，二月将尽，在世外桃源的景色中，"小桥分野径，吴囿会众宾"，④ 亦一乐事，郭祥正的《同颖叔修撰登蕃塔》诗，不仅让我们如临其境地看到千年前的蕃塔形象，更确凿地说明了此塔至少建于北宋年间，从而为考证蕃塔建造时间提供了重要的证明。⑤ 他在诗中具体描述：此塔"拔地无层限，登霄有路通"。也说到阿拉伯人穆斯林礼拜与佛教礼拜既有焚香相同之处，又有仪式上的不同，还说到蕃坊之人"望舶请南风"⑥，这或许与塔顶那只风信鸡有关。

城内寺观，也是他们游览之处。郭祥正到过五仙观，对五羊传说饶感兴趣。提到"番禺五仙人，骑羊各一色。手持六秬穗，翱翱绕城壁。翩然去乘云，诸羊化为石。至今留空祠，异像犹可识。曾闻经猛火，毫发无痕迹"⑦。是见北宋时广州城里已有五仙祠，而且经历过大火灾，而五仙塑像毫发无损。他与蒋之奇"焚香瞻五仙，登楼瞰沧海。题轩名双林，却酒饭蔬菜（原注：五仙观小海楼兴化寺二轩）"⑧。说明当时的五仙观，建有双林轩（包括小海楼、兴化寺），是佛道共处之地，还可以用膳。他们还去了法性寺，此处"烂漫登幽晦，房公润经处。兰苣遗芳在（原注：房融润色楞严之地），老木已千年。成林播佳话（原注：药止所种云此树下当有菩萨受戒度人成林），危坛半颓缺，曾传祖

---

① 郭祥正：《青山集》卷十三《浮丘观》。
② 郭祥正：《青山集》卷二《和颖叔游浮丘观》。
③ 郭祥正：《青山集》卷二《同颖叔修撰游吴囿分得须字》。
④ 郭祥正：《青山集》卷二《颖叔招饮吴囿》。
⑤ 郭祥正：《青山集》卷二十《同颖叔修撰登蕃塔》。
⑥ 郭祥正：《青山集》卷二十《同颖叔修撰登蕃塔》。
⑦ 郭祥正：《青山集》卷六《坡山五羊观》。
⑧ 郭祥正：《青山集》卷二《志游呈蒋帅颖叔》。

师戒（原注：即六祖也，今为乾明禅师）。达多与药止，古像各潇洒"。① 说明了当时广州城里寺观并存的情况。诗中提到的房公润经处，说的是唐代武则天神龙元年（705），西域高僧般刺密谛三藏于广州译出古印度大乘佛教经典著作《楞严经》，这是中国最早译出《楞严经》。当时，此经在西域属于国宝，是般刺密谛三藏用最细的白叠抄写经文，用蜡封妥，自割臂肉，将经潜藏于臂中，待创口愈合后从容过关，泛海到了广州，驻锡制止寺。协助他译经人员，就有被流放到岭南高州，途经广州的相国房融。还传说般刺密谛三藏割开臂肉取经时，由于藏在臂中太久，血浸白叠，根本无法打开。房融的女儿告诉他，把血经浸入人乳，才得以打开此经。蒋之奇在光孝寺修建了译经台及笔授轩以纪念房融笔授译经之事，到了明末，此台、轩也久废了。郭祥正此诗也记下了这一胜迹掌故。所说药止，是来自西竺的高僧智药三藏，梁天监元年（502）航海到广州。据说他千里迢迢带来了一棵菩提树，种植在制止寺（光孝寺前身）的戒坛前，立下了神奇的预言："吾过后一百七十年，有肉身菩萨于此树下开演上乘，度无量众。"相传佛祖释迦牟尼是在菩提树下悟道，在当时的条件下，从印度航海到中国来，一般都要两三年，也不知智药三藏是用了什么办法，竟能使菩提树在如此漫长的航海中活下来，落地广州。由于他种植了如此珍贵的佛门圣树，又是如此先觉先知，因此，被视为光孝寺的第三位开山祖师。至于达多一名，未见于《光孝寺志》，从其名气及今光孝寺存达摩井的古迹看，或许就是达摩在宋代广州之称。那就说明，宋代的光孝寺内，立有达摩和智药的像碑。

在郭祥正的诗中，最引人入胜的是描述广州特有的城市景观。在蒋之奇治下的广南，"大帅用文儒，静镇十五州"，广州城的居民"常年

---

① 郭祥正：《青山集》卷二《志游呈蒋帅颖叔》。

一百五,载酒倾城游"①。升平世界,百姓安乐,广州作为商业城市的平民消费娱乐特征尤其突出。一首《广州越王台呈蒋帅待制》徐徐拉开这批图景大幕。"番禺城北越王台,登临下瞰何壮哉!三城连环铁为瓮,睥睨百世无倾摧。"登上了越王台,全城尽收眼底,一片壮观景象。宋代的广州城,三城连环防守坚固。城内最高的建筑物宝庄严寺塔高高耸立,雍容华贵;蕃坊的清真塔就像一支冲天银笔。每当蕃舶进港时,港城就出现繁忙景象。鼓乐大作,"屯门钲铙杂大鼓",迎接来自远方的商客,交易场上,珠玑用斛量,犀角象牙挑在肩上就像担柴般。城北的越王山是郡人登临胜地,官民同乐的景区,每年二月初二是一个盛大的节日,广州居民倾城而出,载酒上山,全城同乐。这一喜庆活动的一大看点是地方行政长官召见蕃商外侨,设宴招待外国贵宾,宴乐活动加入了中外文化交流的色彩。宾主边欣赏百伎优俳的歌舞边品味美酒佳肴,"乐声珊珊送妙舞,春色盎盎浮樽罍"。引人注目的是有"鬼奴金盘献羊炙,蔷薇瓶水倾诸怀",这"鬼奴"是入华为奴仆的外国人,他(她)们端着金盘奉上烤羊肉,还向贵宾衣服洒上进口香水,香气氤氲,令人陶醉。郭祥正觉得自己虽然年纪大了,也不能自持,目光追随着美女的珠履而去。②他还记录了广州人在白云山欢度蒲涧节的民俗盛况。传说安期生在蒲涧飞升,其时在旧历七月二十五日。每年这一天,广州士庶多作蒲涧游,直至清仍如此。清人屈大均《广东新语》谓:"今郡多以是日采菖蒲,沐浴灵泉,以期霞举。而宋时郡守,尝醵士大夫往游,谓之'鳌头会'云。"③蒲涧节的日期在七月二十五日,然而正月二十五日还有另一次蒲涧节,这似乎是宋代所仅见,今已不存,郭诗中真实地再现了这一节日的景象。正月十五日的蒲涧节,节日气氛比

---

① 员郭祥正:《青山集》卷二《独游药洲怀颖叔修撰》。
② 郭祥正:《青山集》卷八《广州越王台呈蒋帅待制》。
③ 屈大均:《广东新语》卷三《山语·白云山》。

越王山二月初二就更浓了。从城里到山上一派热闹景象,"城北夹道珠帘张,元戎要宾锤大鼓。老蛮献馔烧肥羊,倾城尽作蒲涧饮,美俗眷恋神仙乡。穿云丝竹度别浦,绕山金翠明残阳"①。直至日将落西才归。这一节日同样是倾城而出,蕃侨同庆,欢宴外宾的仪式上,同样锤起大鼓,丝竹穿云,肥羊同样是宴席上最主要的菜式。可知这些节俗是随着外贸发达而出现的,是广州所特有的。

---

① 郭祥正:《青山集》卷八《蒲涧奉呈蒋帅待制》。

三十六

苏东坡在广州

唐宋时期，是历史上贬官入粤的高峰期，宋哲宗时是一个小高峰，据统计，有18位知名谪宦被贬入粤，这批人无一是谪居粤中，① 但南下前往谪地时多有经过广州城，对广州的文化发展有一定影响，其中就有苏轼。苏轼是北宋大文豪，号东坡，曾被南贬到岭南，他自题画像云："问汝平生功业，黄州、惠州、儋州。"三州均是他贬谪之处，其中惠州、儋州在岭南。长达六年的岭南经历，留下了不少关于他的事迹与胜迹。由于苏轼在南贬及获赦北归均路过广州城，在广州也留下了胜迹故事，最有名的当然是六榕寺题匾。此外，还有今存于黄埔神庙附近的浴日亭诗碑。他对广州百姓的惠民之举是提出了引白云山水入城的建议，还有在南海县宝陀寺礼佛题诗，也存留有相关碑记拓件。由此可见他虽然只是路过广州城，其足迹所及，却影响至今。这正是文化巨星不同凡响的名人效应。

苏东坡为朝廷党争漩涡殃及，元祐八年（1093）受贬转任英州

---

① 刘庆华：《广东贬谪文人的时空考察》，载《学术研究》2009年第5期。

(今广东英德)南下,一路三贬,由定州知州转任英州知州,还未到任,于途中贬任建昌军(今江西南城)司马,安置惠州。接着再贬为宁远军(今湖南宁远)节度副使,安置惠州。一路三贬。原来,宋代对官员处分方式有多种类型,一是降职,以知州为例,有降为通判的,有责为监当官者。这都是实际差遣,视事主政,掌握并履行权力的。居住是惩罚犯官最轻的手段,仍享有优厚的俸禄,在谪居地无人监管,无呈身的约束,享有很大的人身自由。安置,一般不除名,多授散官,"散官则安置,追降官分司则居住"①。安置无须呈身,有较大的人身自由,但也需"所在州常切检察,无令出城及致走失,仍每季具姓名申尚书省"。② 另外,由于安置人多被赋予不厘务散官,所以尚有一定的俸给,其经济条件要好一些。至于编管、羁管相对就要严厉得多,编管人、羁管人在隶地一般要住在当地官府的厢房内,也可租赁房屋居住,但有厢军监视。必须定期向所在地长官报到,称之为"呈身"。而配牢者已是被羁押的罪犯,基本上丧失了人身自由。苏轼从调任边地到降职到安置,还算是有一定自由,也有一定俸禄。而路途跋涉艰苦,他让长子苏迨等人回宜兴,只带着幼子苏过、侍妾朝云和两个老婢一同过岭。

一路跋涉,终于到了广州,苏轼在此稍作停留,遍游羊城名胜,他寓居处在瑞泽堂,此堂明代尚存,嘉靖《广东通志》记载:"瑞泽堂,在官园巷。堂有古桧,雷轰为三。父老传云:东坡南来,寓此信宿,时有甘露降其上。"③苏轼兴趣盎然地游览了白云山,寻访山上的蒲涧寺。此处古木阴森,飞涛直泻,传说秦时著名方士安期生在此修道,当时已变成佛门之地,苏轼写下了《广州蒲涧寺》,诗中说道:"昔日菖蒲方士宅,后来薝卜祖师禅。而今只有花含笑,笑道秦皇欲学仙。"《志林》

---

① 《宋史》卷四〇九《高斯得传》。

② 谢深甫:《庆元条法事类》卷七五《刑狱门·编配流役》,《续修四库全书》第861册,上海古籍出版社2002年版。

③ 嘉靖《广东通志》。

云，桃竹，叶如棕，身如竹，密节而实中，盖天成拄杖也。他的诗写下"已从子美识桃竹，更向安期觅枣瓜"。自注："蒲涧山有桃竹，可作杖，而土人不识，予始录子美诗遗之。"① 他来到广州东郊黄木湾，游览南海神庙。南海神庙为朝廷祭海场所，规模宏大。宋代，神庙所在的扶胥镇是海上交通贸易重镇，庙前珠江江面宽阔，被称为"大海"。庙右前方岗丘三面临江，江水直拍岗脚。岗顶建有浴日亭，登临四眺，海空相接，每当旭日东升，霞光万道，出现"浴日"奇景。苏轼专程赶到这里观日出，拂晓就登上浴日亭，等待自然奇观的揭幕。日出的壮丽景观让他激动不已，题写下气势磅礴、词语绚丽的《浴日亭》诗：

> 剑气峥嵘夜插天，瑞光明灭到黄湾。
> 坐看旸谷浮金晕，遥想钱塘涌雪山。
> 已觉苍凉苏病骨，更烦沉瀁洗衰颜。
> 忽惊飞鸟行人起，飞上千峰紫翠间。

这一题刻至今尚存在浴日亭内石碑上。苏轼在浴日亭观景题诗四百年后，广东的一位大儒陈献章也在这里题写了一首气韵生动的和诗，此诗刻在苏碑背面。浴日奇观随着沧桑远去，长存的是这碑刻和浴日亭一起构成饶有特色的文物。入粤之后，一路上越走越了解到岭南的文明和观赏到秀丽的景色，苏轼的心情渐渐开朗起来。在广州这个历史悠久、商业繁华、民间富足、文化深厚的城市的停留，没有使他感到天涯之远，倒是感到无官一身轻的旷达自在。离开广州时，写了首《发广州》，说出了"天涯未觉远"的感受。

在看似游山玩水的行程中，苏轼心里更多挂念的是民生疾苦。广州知州王敏仲是苏轼的好友。苏轼入粤以后，受其多所照拂，每月都有馈赠问候，不时书信来往。王敏仲向其请教施政问题，多有教益。约在绍

---

① 清王文诰辑注：《苏轼诗集·赠蒲涧信长老》。

圣三年（1096），苏轼接到王敏仲的来信，告知广州城内流行瘟疫，死亡者众。苏轼任杭州知州时，也遇上瘟疫发生的情况，他发动官员捐款，自己带头捐献私帑五十两，于城中设置病坊一所，名"安乐"，招募僧人主管，收容病人治疗。疫情过后，此安乐坊仍得延续，三年间医逾千人，获朝廷嘉许，要各地推广。苏轼向王敏仲建议说，广州是商旅所聚之地，如若客人得了疫病，不但自家性命危险，而且会传染居民。最好设立一病院救治病者，既为商旅之人提供保障，又对本地防疫起重要作用。北宋时，官方在岭南建有专门的医疗机构惠民药局，负责诊病和制售药品。苏轼的建议，将官方的医疗措施更推广到商旅之人，是济世救民的善举。至为难得的是苏轼身处贬谪艰困之处境，还为他人周到着想。针对疫情的根源是水质不好，苏轼还向王敏仲转介了他的朋友罗浮山道士邓守安所提出的解决广州人饮水的方案。广州城地近江海交会处，居民饮用水质受影响，多是又咸又苦。特别是春夏之交，疾疫多作，更影响百姓健康，危及生命。苏轼游城北白云山时就注意到，山上的蒲涧滴水岩，有流之不竭的泉水。邓守安的提议说，白云山位置高，距城不过二十里，可以将泉水引入城内，在滴水岩下做一个大石槽接水，接驳五管大竹，外面用麻绳缠住，涂上油漆，一路引注入城中大石槽，再用大竹分引到城内各处小石槽，以便取用。全部工程不过使用一万多竿大竹，加上用葵茅遮盖，总共只费数百千钱。为支持这一工程的长期保养，在循州（今龙川）置少许良田，岁入租课可得五七千左右，每年用这笔钱购买万竿大竹，做筏送到广州，以备抽换。同时在广州城内置一点房产，每天收取租金两百，作为抽换引水大竹的基金，专门派遣几个兵匠巡视修葺。一城居民不论贫富，从此都可以饮用到甘凉的淡水。苏轼盛赞邓守安在营建方面的才干，极力推荐邓守安去操办此事。后来，获悉引水工程动工，苏轼又考虑到对这个关系每天民生的工程的日常检查维护，给王知州写信献策说，由于引水道长，日久难免会闭塞影响流通，一竿之塞，查起来就会波及百竿，要采取措施，在每根竹竿上钻一个绿豆大的小眼，以小竹针塞住，将小竹针抽出来就可以查验水的通塞。官府事先拿出一小笔钱，每年备有五十多根竹竿，就可备用于抽换壅塞之处，永不断流。这个想法，较之原来备用万根大竹又要节省得多了。为了不连累朋友，他还叫王敏仲别让人知道这是他出的主张。那么，这个"自来水"工程到底实施了没有呢？考古发现印证了结果。民国初年，广州拆城墙，发现一南宋的石水笕，长43厘米，宽19厘米，高21厘米，石面刻有"城南厢信女傅氏二娘，舍钱造石水笕，祈保平安者。绍定三年七月中元题"。石水笕就是苏轼信中所说的用连接竹竿的石制管道，由此证明了到南宋时广州仍在应用这套"自来水"设施，而且工程建造和维护的部分经费是民间募捐得来，捐建者可以留名石上，这是民办市政公益事业的形式，也说明工程之深得人心。

广州是宋代重要的外贸口岸，苏轼对广州的外贸十分关注。元祐二年（1087），苏轼在给广州知州章楶的书简中提出罢公会用香药之例，使番商坐贾免受其累，减轻了负担。在归途中的七月三日，苏轼为广州知州张田的书信作跋。张田的事迹见于《宋史》，他是澶渊（今河南濮阳）人，北宋熙宁年间知广州，临政清廉。当时的广州知州兼任市舶使，掌管外贸大权。其妹仁寿夫人嫁给马军头领王凯，想转手珠犀于广州。张田写给其妹的书信中说："广州真珠香药极有，亦有闲钱，但忝市舶使，不欲效前人自污尔。有唐三百年，惟宋璟、卢奂、李朝隐治广以廉洁称，吾宋无闻焉。方作钦贤堂，绘古之清刺史，日夕思仰之。吾妹贤而知理，必喜闻名也。"唐代三百年，以廉洁著称的广州知州才三几位，而宋朝还没有这样的人物。张田为了推进廉洁之风，在广州倡建了钦贤堂，他以此教育妹妹，师贤戒贪，严守节操。苏轼为此书信作跋曰："书曰'不宝远物，则远人格'，盖致远莫若廉。使张公久于帅广，如四海之物，皆可致也。"他赞赏张田为政清廉，说如果让张田在广州任长官的时间长些，何愁不能招致来四海的货物。

元符三年（1100），在儋州的苏轼接到得赦北上移置永州的旨令。他在渡海之后，本来打算约留在广东的儿子苏迈、苏迨到梧州会合，一同北归。但他们没有来到，而贺江水也干了，无法行舟，只好改道广州北归。改变行程，让他在岭南的游踪更加丰富，在广州留下了更多的足迹。十月，到了广州。儿子苏迈从惠州带着家人来了，苏迨也专程从宜兴赶来了，孙子苏箪、苏符等人都已在广州等候他。离散数年的一家人，得以在南国相聚，自然其乐陶陶。广州的一帮官员，广州知州程怀立、部刺史王进叔、广南东路提举常平孙叔静、广州通判萧世范等人与苏轼都有交往来往。苏轼客寓天庆观，程怀立等人在净慧寺设宴为他洗尘，一起登上寺内舍利塔观光。净慧寺主持道琮请苏轼题字，苏轼见寺中有六株古榕，婆娑如盖，甚是可爱，便以"六榕"为题写了两个字。后来，"六榕"成了人所公认的寺名，净慧寺之名，反而只见于路名。苏轼为寺所题的字迹，被刻成碑匾存留至今，现时的六榕寺山门的楹联，下联为"六榕无字记东坡"，说的就是这个典故。苏轼在广州，还曾到天庆观访何德顺道士，参观其众妙堂。他为广州真武庙撰了副对联："逞披发仗剑威风，仙佛焉耳矣；有降龙伏虎手段，龟蛇云乎哉。"广州玄妙观西庑有口东坡井，据说为苏轼所凿。据《风鉴》记载，苏轼凿井时，获得一石，酷似龟形，所以又名龟井。应僧人祖堂之请，他为东莞县资福禅寺罗汉阁落成撰写了《广州东莞县资福寺罗汉阁记》。

广州推官谢民师，博学兼工于词章，他仰慕苏轼大名，多次携旧作去进谒请教。苏轼对他甚为称赏，说是"子之文，正如上等紫金磨黄金，须还子十七贯五百"。留语终日。苏轼离开广州时，在清远峡山寺给谢民师写了一封信，谈诗赋杂文创作问题，总结数十年创作经验，这就是有名的《与谢民师推官书》。信中说道："所示书教及诗赋杂文，观之熟矣。大略如行云流水，初无定质，但常行于所当行，常止于所不可不止，文理自然，姿态横生。""求物之妙，如系风捕影，能使是物了然于心者，盖千万人而不一遇也。而况能使了然于口与手者乎？是之谓辞达。辞至于能达，则文不可胜用矣。"这些精辟的论说，为后世学文者所深以为然，也是他的岭南经历使之更趋炉火纯青。

苏轼离开广州时，孙叔静父子乘船相送了数十里，到了南海崇福寺鉴空阁，登灵峰山题宝陀寺壁，这才依依不舍地饯别。苏轼是个信佛之人，入粤之后，一路上游了许多寺院。距广州城不远，在地属南海县的北江中流，有一岛丘称灵峰山，山上有座始建于晋代的古寺，初名宝陀禅院，又名灵洲山寺，自江边沿七十三级石阶而上，是一处览胜之地。因景色与长江的镇江金山寺相类，此处岛丘便被人称为小金山，宝陀寺也被称为金山寺。苏轼泊舟寺下，午寐，梦见上山吃糍团。觉后，登山进寺观赏，对这里酷似江南的景色有一种隔世再见的感觉。他与寺僧闲谈，知寺中已故主持德云和尚生前最喜吃糍团，恍然以为己即德云后身，遂题诗曰："灵峰山上宝陀寺，白发东坡又到来。前世德云今我是，依稀犹记妙高台。"宝陀寺中原有一座妙高台，后人为了纪念苏轼，又建起东坡亭。今时，孤丘因河道淤积已与江岸连成陆地，寺基也只剩下颓垣败石，那题壁早已不见踪影，然而，故事还在延续。据说此诗后由寺僧刻石立于山上，却因寺中失火，刻石被毁。元代泰定二年（1325）由南海知县重刻石于故处。至抗日战争前犹嵌于妙高台亭壁间。广州沦陷间，此寺被日军据作慰安所，将刻石及明朱完所刻东坡像、明成祖赐袈裟一并掠去，拟偷运往日本，值日本投降而未果，该石被弃置于小北登峰路的一所中学内，应为今登峰中学即广州市电子职中，20世纪80年代，中学扩大校园，在山麓的草丛中发现此石刻的上半截。交回市文物管委会，此事载于广东省文史馆组织编写的文史笔记丛书《粤海挥注麈录》中，文章称："文物保管会认为下截诗石可能尚在附近，倘再得之，获睹全豹，实为大幸。"[①] 笔者与广州博物馆的陈鸿钧说起此事，承其赠与此刻石拓件，竟是全碑而非半截，唯从拓件明显可以看到此碑中间有一道斜纹裂痕，显然是从受损后的刻石上拓下来的，则此刻石应于后来全部觅得交文管会收藏了。苏诗元刻，是一件文物珍品，且险些被劫往海外而得免，使之更显珍贵。期望有朝一日能在博物馆展出。

---

① 叶广良：《苏轼〈题灵峰寺壁〉诗石刻》，上海书店1992年版，第177、178页。

苏轼在岭南留下了许多名胜遗迹、文学作品，还有许多的故事传说，更有苏氏后人分布在岭南。据说，四川省眉山市现在基本上没有苏轼后人。而近年来，在广东的苏姓族人也热衷于证实自己的苏轼后人身份和寻找其证据，其中难免有附会之说，但都反映了民间对苏轼这样一个历史名人的敬仰之情。

三十七

从大德南海志看元代广州

宋元方志大部分亡佚,据统计,全国仅存 9 种元志(含残本),可谓凤毛麟角。广东宋志尽佚,唯一存世的元志为大德《南海志》(残本)。此志实为广州路志,是广州也是广东现存最早的综合地方志。由于元代广州的历史文献甚少,这是珍贵的历史文献,值得将其及编纂者陈大震的情况做一推介。

陈大震(1228—1307),字希声,番禺县沙村(今属增城市)人。他生活在宋元改朝换代的年代,在宋、元两朝都曾任官职。先是南宋理宗宝祐元年(1253)登进士,从下层官阶一步步做起,初任博罗县主簿,后升为循州长乐县(今五华县)县令、转任蕲州广济县(今湖北省蕲春县)县令、改奉议郎任静江府(今广西桂林)参议、代理雷州知州,以朝奉大夫知广西全州。他文辞敏捷,政事宽厚,而且具有文韬武略治世之才。在蕲州,平贼有功。在雷州,主持修筑湮废已久的西湖堤岸,下令修造栏杆以护当道井泉。修建平湖书院,奉祀南贬的寇准及苏轼兄弟等先贤。他判案公允,治雷州两年,给数百人写了判语,时人镌刻成《蘧翁山判》。然而生当乱世,上任全州后,遇上元兵压境,他也曾誓死守城,终见势不可挽,只好自劾罢官归家。宋端宗赵昰南逃入粤,召他不就。元初朝廷下诏录用旧臣,宣授他为司农卿、广东儒学提举,他借口说不宜出任本地官职,请求闲居不出,并为自己预立灵牌等死,对人说:"我可以去地下见穆陵侯(宋理宗)了。"可见其内心是将自己当成宋之遗民。晚年自号"蘧觉先生"。《庄子·大宗师》称:"蘧然觉。"是惊喜的样子,应该是反映他觉悟之内心世界。从明人黄佐为其撰传中,知道他喜爱自然景色,常坐着竹轿到广州城郊野游;性格刚正,平生不作戏言,对子孙要求严而有礼,衣冠不整不见面,"读书不释卷,为文章典雅,有法度,郡有大著述,必以属之"。① 地方上有重大的著述项目定会邀请他参与。广州路修志,邀陈大震与路教授吕桂孙一起纂成《南海志》,完稿于大德八年(1304)。陈大震为本志作序在元大德八年(1304),此志故称为大德《南海志》。残本各卷多叙事至大德七年(1304)、八年(1305)间,唯独卷九"学校"门叙事有至泰定元年(1324)、二年(1325)、三年(1326)及致和元年(1328),至迟后于大德八年二十多年,说明此志刊刻后续有增补再印。

　　正是这部《南海志》使陈大震传名后世。元代所修方志传世极少,现存《南海志》虽为 5 卷残本,仍至为珍贵,清代藏书家曹元忠称之为"断种秘本"②。这是一个奇怪的现象,异族入主的元代,居然留下一批深受后世学者好评的名志,卫国雄的《方志史话》,述及元代名志,大德《南海志》名列其中。③ 但更多论及元代名志者却未言及大德《南海志》,④ 原因除了《南海志》为残本之外,不排除论者对岭南存

---

① 黄佐:《广州人物传》第十卷六二《宋知全州陈公大震》。
② 曹元忠:《笺经室遗集》卷十。
③ 卫国雄:《方志史话》,社会科学文献出版社 2011 年版,第 101 页。
④ 仓修良:《方志学通论(修订本)》(方志出版社 2003 年版)评述存世元志之名志,点了 6 部志名并评述其中 5 部,未及《南海志》。吕志毅:《方志学史》(河北大学出版社 1993 年版)列举元代地方志较著名者 14 部,举要 12 部,均未及《南海志》。

有偏见。

陈大震是南宋名臣李昴英的得意门生。李昴英是探花，文才横溢，"其文质实简劲，如其为人"①。他在朝中劾奸不阿，宋理宗夸他"南人无党，中外颇畏惮之"。大德二年（1298），陈大震为李昴英的《文溪集》作序，力倡气节，写道："士之生世，当以气节为主，文章次之。"他仰崇李昴英之为人，将气节作为立文根基："树立高则言辞伟，故其言语隆崛崔崒，渊沦溃瀑，千态万状，皆气节之所充也。"② 淳祐六年（1246）李昴英因弹劾佞臣被罢官归里，曾应广州地方官之请，主纂《南海志》13卷，可惜此志现已佚。陈大震在近60年后重修《南海志》20卷，是时，前志已"首尾残缺"③，他在此基础上加以增益，框架、内容，均对前志有所继承。

大德《南海志》在记述上持存真的态度，以元兵攻占广州城这一事件而言，今人论陈大震"以宋代遗民，在元朝修志，其间多有揭露元兵暴行，寄托故国之思"④，以《南海志》记述了元兵攻打广州城时平夷城墙为例。此属纪实，未必能说在"寄故国之思"。城已夷平，此乃大事，岂有不记之理。陈大震文中采用了"天兵下南，平夷城壁"这样的字眼，述事口气还是当朝之立场。战争对百姓带来的都是祸害。《南海志》对南宋末年政局动荡给生民带来的灾祸也有客观记述："自王师灭宋平广之前，兵革之间，或罹锋镝，或被驱掠，或死于寇盗窃案或转徙于他所，不可胜计"⑤。他对这一时期战火造成的毁损如实记述。城东南隅的夫子庙，"至元丙子，天兵下广，重屯于学，毁拆殆尽，所

---

① 《四库全书总目提要》卷一六四"别集类一七·《文溪存稿》"。
② 陈大震：《文溪李公文集序》。
③ 陈大震：《南海志序》。
④ 杨宝霖：《南海志辑佚》，载广州市地方志编纂委员会办公室编：《元大德南海志残本》（附辑佚），广东人民出版社1991年版，第113页。
⑤ 大德《南海志》卷第六"户口"。

存惟一大成殿"。南海县学是"毁于火"。番禺县学,"兵火后,莽为丘墟"。连增城县学也"旧学毁于火"。特别是志中设《取广州始末》专题,对元兵反复拉锯攻城详尽记述,遣词客观,不带褒贬,具体反映了元兵南下时战事风云变幻,在血淋淋的刀光剑影中,人物态度迥异,关系错综复杂,战争中死难如麻,如实道来,只写事实过程,不做心理描述,却折射出历史人物求生欲望的驱使、忠奸观念的纠结、服从权势的博弈,足以令人眼花缭乱,其中频有些值得深究的情况。先说头一个回合,宋经略使兼知广州徐直谅得驿报,闻元兵已下临安,江西、湖南皆降,遂派谪居广州的淮将梁雄飞带蜡书往江西归附。不久,湖南行省亦派人入粤谕降,遣使是在湖南任县官的广人曾士倬和一名叫杨尹的将校。这时江西、湖南两地当局之间存在降吏各自向新主子争宠邀功的微妙关系,直谅说既然已遣人与江西接上头了,就不可又接受湖南来使,就派出水军统领唐渊前往韶州,授意其将曾、杨杀了沉于韶州江中。六月,元帅吕师夔派黄世雄与梁雄飞南下,并称招讨使。此时,直谅闻说宋端宗即位于福州,又变了卦,派出李性道权提刑,领摧锋军将黄俊、陈寔,水军将领谢贤等往拒元军。这几人表现各异。李性道不欲战,泊舟岸边;黄俊迎战而上,大败;直谅则乘舶遁去。梁世雄进入广州城,对宋人施行安抚利用政策,李性道授市舶使,陈寔、谢贤、唐渊、黄俊等各授以官,黄俊不接受,竟被诸将杀死在摧锋军寨佛殿下。后来,莞人熊飞集结民兵围攻广州城,李性道迎战宋新会县令曾逢龙被擒,熊飞等攻入城内,掠李性道家,焚其居。宋制置使等官员陆续抵广州,搜陈寔、谢贤等杀之,刳肝以祭黄俊。唐渊逃脱,李性道也被处死。之后,吕师夔从江西将兵杀来,李逢龙、熊飞奉命北上往南雄拒元兵。李逢龙在南雄战死。熊飞返回韶州城,由于刘自立"潜以城降",元兵入韶,熊飞巷战而死。元兵在韶州屠城,封刘自立为招讨使。元兵至广州城南,城外居民惧怕也像韶州城那样遭到屠杀,都窜入山中,元兵放火烧其室庐,"火光亘天,城外民居为之荡尽"。相持一段时间后,终因镇守广州的宋经略使张镇孙降,元军得平广州城。后人有称张镇孙以一己败名而挽救广州全城百姓免于屠刀,终于被元兵押归京师而"道死于梅岭"的,他的事迹与文天祥不屈就义相比,其实需要更大的勇气。另一方面,对元政权在元初很短的时间内恢复城市秩序,发展教育、商贸等情况,志中也有较全面记述,故而,《南海志》不仅在于反映元政权的凶残,今之修志者在存真求实上时有先入为主,难免自缚或记述有偏颇,当以大德《南海志》为鉴。

　　元代在广州城市行政史上是一个里程碑,以广州录事司的设置为建制城市的主要标志。录事司先属官职,始见于金代,《金史·百官志》:"诸府节镇,录事司一员,正八品,判官一员,正九品,掌同警巡使。"警巡使仅置于京城,设录事司是将城市管理的制度推广了。到了元代,录事司设置推行开来。据《元史·地理志》载,全国先后有123座城市建立录事司,成为建制城市。"录事司,秩正八品。凡路府所治置一司,以掌城中户民之事。中统二年(1262)诏验民户,定为员数二千户以上设录事司、候判官各一员,二千户以下省判官不置。至元二十年(1283)置达鲁花赤一员,省司候,以判官兼捕盗之事,典史一员。若城市民少,则不置司,归之倚郭县,在两京则为警巡院。"① 达鲁花赤为元代特有官职,蒙古语,意为"镇守者",汉译"宣差"。元朝成立后,在各级地方和蒙古军以外军队中设立此职,品秩同各官署名正官,地位高于正官。汉人、南人不得任此职,是民族歧视和统治的体现。另一方面,在录事司设立达鲁花赤,也反映了元政权对城市管理之重视。至元十五年(1278)元军攻克广州,翌年即成立广州录事司,"以州之东城、西城、子城,并番禺、南海二县地城民户隶之……番禺与南海俱倚郭"②。元人入主广州伊始,即急于设置录事司,显然出于恢复城市秩序和加强市政管理的需要。至元十七年(1280)置海北广东道,隶于江西省,又改宋龙翔府为广州路,领7县1司,广州录事司正式成为

---

① 《元史》卷九一《百官志》。
② 《元史》卷六三《地理志》。

与县平级的一个行政区域，建立起地方行政管理体制。在广东同时设置的还有韶州录事司和潮州录事司。分隶于韶州、潮州路。录事司作为县一级行政区，拥有自己的行政管理架构和职能，"列曹庶务，一与县等"①，"司府城内户役"②，"领在城民事"③，包括户籍、交通、市容、治安、城市建设、赋税、教育管理等。例如治安管理，设有"城内外巡警官"，广州录事司配备巡捕弓手20名，另外东西城各有厢军150名。突出和强化了城市的政治中心性质和独立的职能，这是前所未有的。过去，广州作为各级政区的治所，没有市区或建成区，没有与行政区域相应的行政机关，广州录事司的建立，使两者都兼而有之，由此极利于加强它作为岭南区域政治、经济和文化中心的地位，也推动了城市本身的建设。入明以后，广州城市建制被取消，广州录事司不复存在，广州城市地域和行政仍旧归南海县和番禺县分管。直至"1921年2月15日才是广州市成立之始，而其前身应为广州录事司"④。广州录事司的设立，是广州市政管理史上一件破天荒的大事。过去对此事未得到充分的注意和评价。"元大德八年广州录事司人口数是历史上关于广州城市人口的第一个可靠统计数字，也是分析广州城市人口演变的基础"⑤。从大德《南海志》所载，大德八年（1304）广州路7县1司共180873户，其中广州录事司为10013户，占全路总户数的5.5%，说明兵燹过后广州城市人口并不多。按元代广州路平均每户6口计算，此时广州城人口为60078人。广州是宋元交战的最后一个地区，战事给当地社会经济造成

---

① 至顺：《镇江志·宰贰》。

② 于钦：《齐乘·郡邑》。

③ 《元一统志》卷九五八。

④ 司徒尚纪：《广东政区体系——历史·现实·改革》，中山大学出版社1998年版，第52页。

⑤ 司徒尚纪：《广东政区体系——历史·现实·改革》，中山大学出版社1998年版，第48页。

严重破坏,但一则"广州为岭南一都会,户口视他郡为最";二则"比年官府肃清,盗贼宁息,人皆安生乐业,故广之生齿日繁,户计日增矣"。① 广州路户数至至元二十七年(1290)增至172284户,平均年增长率为4‰。从记载户口还反映了广州录事司人口的政治构成。元朝实行民族压迫的政策,将各族人等分为蒙古人、色目人、汉人和南人,所谓北人,泛指前三种人。在广州路的南人户为180323户,占总户数99.7%,北人户550户,占总户数0.3%。北人只是极少数人。而广州录事司户数中,南人户9641户,占总人口的96%,北人户372户,占4%。广州录事司的北人占全路北人的67%。南海、番禺两县户口数分别为67166户和27641户,南海县人口为番禺县之两倍多,而番禺有北人户151户,南海却没有北人户,应是番禺有驻军或政治机构。广州辖属的其他各县中,有北人户为香山21、东莞4、增城2,新会、清远没有。由此反映了当时在广州,北人集中于广州,其次是番禺,两处北人加起来占广州全路北人总数的95%,说明广州路的大多数北人在广州城内,少数在其他县治。广州城区和番禺县是蒙古贵族在岭南的一座政治堡垒。元朝在县里的力量还是很薄弱的。记载人口的经济构成反映了城市的性质。全路税粮户28177户,其中广州录事司仅176户,占全路0.6%,占全城总户数的1.76%;全路田钱(即按土地征收赋税)货币共175贯余,录事司为2贯,占1.14%;正科米12434石余,录事司为117石余,占0.9%。以上说明,广州录事司的城市人口绝大部分是非农业人口,农业在城市经济生活中微不足道。全路商税课钞为2061锭45两,其中录事司为1834锭12两,占总额89%。反映了广州城是广东商业经济中心,商业是城市主要功能之一。广州地区以棉纺、造船、采珠、采金银和制盐等手工业为主。《南海志》载,在广州路各司县征收的有酒、醋、酵诸钞,其中,在录事司的酒钞1892锭,占全路3202锭的59.1%;醋钞50锭,占全路54锭的92.8%;酵钞1锭,占全路2

---

① 大德《南海志》卷六"户口"。

锭的50%。这些数据说明广州是一座商品性手工业城市及其在珠江三角洲地区手工业生产中占重要地位。①

广州是外贸名城,对于外贸的记述是该志的一大亮点。"其中有关元代广州的赋税、物产以及舶货等记载很有价值,特别是卷七《舶货》后附'诸蕃国'名,是研究当时海外交通的珍贵史料。"② 在广州之役中,许多舶舟被征用于战争,或毁于战火,海运力量遭受很大损失。这对广州的海外贸易无疑是一次严重打击。"至元二十八年(1291)世祖皇帝加以灵孚之号,天使奉宣命驰驿万里至广城……将至宠光于正祠,闻祠已废,乃于城西别祠行礼焉。"③ 南海神庙西庙犹存而东庙已废,以致元朝派出的使者只能在东庙行祀南海神,可见扶胥镇受破坏程度较城西更为严重。但不久之后,广州海外贸易又得到恢复发展。元至元十六年(1279),南下元军基本控制了广东,元朝政府即命杨廷璧出任广东招讨使,招谕印度半岛和东南亚国家前来广州通商,除了来远驿,又在冲霄门外设立来归馆。元代,至元二十三年(1286)在广州设立市舶提举司,以后三次停罢复设,延祐二年(1320)五月,元仁宗遣使到广州"权买番货"④。至治二年(1322)复设后就一直维持至元末。元代制订了市舶法则二十二条,更趋严密。由于外贸活跃,在广州出现了专营进出口业务的"舶牙"。元代,广州与海外有贸易往来的国家和地区远至红海沿岸、非洲东岸诸国如麻嘉(沙特阿拉伯麦加)、木兰皮(摩洛哥及西班牙南部一带)、勿期里(埃及开罗)、弼斯罗(伊拉克巴士拉)、层拔(桑给巴尔岛)、弼琶罗(柏培拉)都与广州有贸易往来。往来最多的,首推大食诸国(泛指阿拉伯半岛地区国家),其次是三佛

---

① 大德《南海志》卷七"物产"。

② 白寿彝总主编、陈得芝主编:《中国通史》第八卷《中古时代·元时期》(上),上海人民出版社1997年版,第32页。

③ 陈大震:《重修波罗庙记》,载郭棐《岭海名胜记》卷5。

④ 《元史》卷二七"英宗本纪"。

齐（印尼苏门答腊东部）、阇婆（印尼爪哇中部）。"广为番舶凑集之所，宝货丛聚，实为外府，岛夷诸国，名不可殚殚。前志所载者四十余。圣朝奄有四海，尽日月出入之地，无不奉珍效贡，稽颡称臣，故海人山兽之奇，龙珠犀贝之异，莫不充储于内府，畜玩于上林，其来者视昔有加焉。而珍货之盛，亦倍于前志之所书者。"① "岁时蕃舶金、珠、犀、象、香药、杂产之富，充溢耳目，抽赋帑藏，盖不下巨万计。"② 海外航线更有所扩展，从广州启程的航线，一是至南洋和印度洋的亚洲航线；二是由南洋、印度洋、霍尔木兹海峡，经波斯湾至意大利的欧洲航线；三是横过印度洋到达非洲东海岸的非洲航线。万国衣冠，络绎不绝。元代，意大利天主教传教士鄂多立克，乘船由欧洲线抵达广州，在其游记中称广州为"辛迦兰大城"，说广州比威尼斯大三倍，船只比整个意大利船只还要多。所载不乏补史之缺的资料，大德《南海志》列举与广州发生外贸关系的国家和地区达145个，占元代全国外贸涉及220多个国家和地区的65%，进口商品71种。③ 由此发现元初广东对外商贸已具世界规模，进口商品种类繁多，应该对元代海外贸易重新估价。《南海志》列出的海外和广州有贸易关系的国家和地区有147个，比赵汝适《番国志》所计还多十多个国家和地区。扶胥一镇税收即比东莞、新会还多，计扶胥镇一年税收为4476贯，清远为3623贯，东莞为2282贯，新会为4082贯。榷税更是扶胥为多。元代阿拉伯蕃人出重资在广州重建怀圣寺，在《重建怀圣寺之记碑》中说："商舶是脉，南

---

① 大德《南海志》卷七"物产"。
② 吴莱：《南海山水人物古迹记》，见《渊颖集》卷一。
③ 此数为笔者据大德《南海志》卷七直接统计。陈连庆《大德南海志研究》据《南海志》统计，"来华贸易国124个"，见《古籍论丛》第2辑，福建人民出版社1985年版，有出入。

北其风……珠水溶溶,徒集景从。"① 可见外贸对广州城建的促进作用。城内侧西城南濠在至元二十八年(1291)亦被浚深。元代广州城建设还反映在旅游区的扩大上,宋代广州城已开始有"羊城八景"之称,元代"羊城八景"是扶胥浴日、石门返照、大通烟雨、蒲涧帘泉、粤台秋色、白云晚望、景泰僧归、灵洲鳌负。其中后四景为宋代所无。白云远望、景泰僧归景区的兴起,说明元代广州城已有向城北发展的趋势。至正七年(1347),在设置了录事司 50 多年后,摩洛哥旅行家伊本·白图泰(Ibu Bstuteh)游览了广州(时称泰克兰城),说道:"泰克兰城久已慕名,故必须亲历其境,方足饱吾所望……作由河道乘船而往,船之外观,大似吾国战舰。泰克兰城者,世界大城中之一也。市场优美,为世界各大城所不能及。其间最大者,莫过于陶器场。由此,商人转运瓷器至中国各省及印度、夜门。"②

交通发达与外贸发展相辅相成。从《南海志》看,元代发展了宋以来广州至省内各地的定期班船,有 50 条航线,叫"长河渡"。从番禺(广州城东)开出的有惠州渡、佛山渡、官山渡等 17 条航线,从南海(广州城南)开出的有新会渡、肇庆渡、龙江渡、四会渡等 33 条航线。在网区各处埗头也遍设过河摆渡,称"横水渡"。两渡之谓沿称至今。这些交通线联成北江、东江、西江三个方向的轴射线,构成以广州为枢纽、联结珠江三角洲主要城镇和口岸的辐射交通网络。元代注重馆驿水马站建设,广州至大都,"叶舟风递,驲骑星驰,不十余日可至"③。

《南海志》所述广州物产甚为丰富,其中,不乏有特色者乃至贡

---

① 中元秀等:《广州伊斯兰古迹研究》,宁夏人民出版社 1989 年版,第 5 页。

② 张星烺:《中西交通史料汇编》第二册,中华书局 1979 年版,第 79 页。

③ 大德《南海志》卷十"水马站"。

品。光孝寺内的菩提树，"州人以水浸叶，去其浮膜，为元夕灯饰。今光孝寺有之"。"香药"类诃子，"故乾明寺有之，即今光孝寺。取寺之罗汉井水，与甘草和煎，乳白而甘"。素馨花，"今城西九里，地名花田，弥望皆种此花，其香他处莫及。古龙涎香饼及串珠之类，治以此花，则韵喷水逾远。贩女或以蕉丝为穗，鬻于市"。宜母子，"一名黎檬子，状如柑橘，味酸。大德三年，泉州路煎糖官呈，用里木榨水，煎造舍里别（原注：舍里别，蒙古语，曰解渴水也。凡果木之汁，皆可为之。独里木香酸，经久不变）。里木即宜母子。今本路于番禺县城东厢，地名莲塘，南海县地名荔枝湾，创置御果园，共二处，栽植里木树，大小共八百株。大德七年罢贡"。西瓜，"广州自元归附后，方有此种。……今岭南在在有之，遂为土产"。《南海志》记兽述及象、虎、豹、鹿、豽、熊、猩猩等，可见当时广州附近一带还十分荒凉，野兽出没，甚至有象、虎、豹、熊等。山间有五色雀，"其雀十数为群，各异色。生聚于罗浮，时往来蒲涧山间"。陈大震是增城人，故对增城物产多有记述。其特产荔枝在当时已是颇负盛名的佳果，种类繁多，"今佳品多出增城，其名有脆玉、麝香匣、大将军、小将军、皱玉、状元红、绿罗包、紫罗包、大丁香、小丁香、天茄子、黄泥子、水晶团、犀角子。又有金钗子，一名丫髻子，荔枝之小者，并蒂而生，味甘无核"。蕉子，"味香而甜，佳者出增城。有青牙蕉、黄牙蕉。青芽者虽甚熟且腐，而色不变，最为香美"。崖蜜"小而黄，壳薄味甘，增城山间有之"[1]。

---

[1] 大德《南海志》卷七"物产"。

三十八

元代咏广州八景诗及陆垕其人

清人仇巨川纂《羊城古钞》载有宋、元、明、清历朝羊城八景，述及元代八景时谓"此八景见元志"①。《羊城古钞》所说元志，似应指大德《南海志》。元大德年间所修之《南海志》，"本书记载先录事司，次及七县，是虽名《南海志》，而实则广州一路之志也"②。大德《南海志》主修者之一陈大震在本志序中说道："南海志从来久废必修，今搜之故笈，存者仅有嘉定、淳祐二本。"③ 据此，则大德《南海志》为元代首部广州路志，据今所知，也是元代唯一的广州路志。④ 大德

---

① 仇巨川：《羊城古钞》卷首，广东人民出版社1993年版，第68页。

② 潘宗周：《〈南海志〉残本二册》，《宋礼堂宋本书录》附《元录》。转引自《元大德南海志残本》（附辑佚），广东人民出版社1991年版，第107页。

③ 陈大震：《〈南海志〉序》，转引自《元大德南海志残本》（附辑佚），广东人民出版社1991年版，第103页。

④ 黄佐：《广东通志》卷48陆垕本传，传后称据元史及广州府旧志参修。陆垕为大德《南海志》主修其事者，则在大德《南海志》之后与黄佐之前，应有另一本广州志，只是迄今未为人所知耳。

《南海志》刻本今存残本,是广东现存最早的志书刻本。然而是志仅存四分之一,残卷文字中,并无留下羊城八景之记述。

元志无法寻及元代羊城八景之迹,只能退而求之明志。明成化《广州志》录有咏广州八景诗,有宋、元及明朝诗各八首。说来也巧,元代羊城八景诗的作者,即是授命陈大震等人纂修《南海志》的元广东廉访使陆垕。

成化《广州志》是明代最早所修的广州志,阮元主修的道光《广东通志·艺文略》称其为佚书,是见当时在广东已见不到此书。今见成化《广州志》为国家图书馆(原北京图书馆)所藏残本。原书32卷,尚残存不完整的9卷。虽说是残本,也属珍本。① 成化《广州志》卷30收入陆垕咏广州八景五言律诗。此卷各页下部缺一角,遂致多处文字残缺,诗之大意从残存文字尚能看出来,故实录如下②:

扶胥浴日

万里扶桑国,孤亭芳木湾;遥看一轮影,近□□□间。
闪烁初摇海,辉光忽满山;咸池定□□,□□□尘寰。

石门返照

何年擘苍石,辟此海门雄;大庾□□□,□□□□通。
泉枯晋祠在,风定汉船空;芳□□□□,□□□眼中。

粤台秋月

宇宙皇图远,山川霸气收;□□□□□,□□□□秋。

---

① 《成化〈广州志〉》,书目文献出版社版《北京图书馆古籍珍本丛刊38》。

② 陆垕诗载《[成化]广州志》卷30,书目文献出版社版《北京图书馆古籍珍本丛刊38》,第1118页。

天迥明城树，云空敛海□；□□□□□，□□□今愁。

大通烟雨

江鸣声细细，海暗色沉沉；孤□□□□，□□□□深。
长松枯老树，古寺失禅林；见□□□□，□□□处寻。

白云远望

天南峰第一，乘兴晚登临；鸡犬人烟远，□□□□深。
占城云北度，弱水日西沉；望断归来鹤，□□□可寻。

蒲涧濂泉

行到山深处，濂泉一画图；岩空悬百尺；漳响落千珠。
春雨流逾急，秋云滴不枯；安期已仙去，何处觅灵蒲。

景泰僧归

乞食城阛远，挑包石磴高；归云随杖锡，落日在禅袍。
朝暮无闲客，山林独尔曹；七仙会此隐，我亦□尘劳。

灵洲鳌负

巨鳌出沧海，背负梵王宫；非有风涛险，安知砥柱功。
潮痕不过石，风势欲浮空；苏子孤舟客，前身悟梦中。

《羊城古钞》和乾隆《广州府志》所载宋代羊城八景为：扶胥浴日、石门返照、海山晓霁、珠江秋色、菊湖秋影、蒲涧濂泉、光孝菩提、大通烟雨。对比元代羊城八景，其中保留了宋代四景，被替换的宋代胜景是海山晓霁、珠江秋色、菊湖秋影、光孝菩提。胜景变迁，增加了粤台秋色、白云远望、景泰僧归、灵洲鳌负，说明元代广州城市发展与宋代相差不大，但也有所变化。对比一下，透露了宋代与元代广州城的变化。菊湖在今越秀山南坡的省科学馆、中山纪念堂、省人民政府、大石街、小石街、小北花圈一带，是宋代广州城的北郊，是低洼之地，菊湖是此低洼地中一个大湖，大致在大石街一带，接受文溪山水潴成，是天然积水区，南汉时，成为园林区所在，故宋时即成羊城八景之一。元代已渐淤塞，到明代时已湮没。元代时，广州城北的游玩胜景，已经向北扩展至越秀山、白云山，因此成为元代新八景之粤台秋色、白云远望、景泰僧归三景，加上原有不变的蒲涧濂泉，白云山竟占了三景，可见此时元人重视对白云山开发的加强。白云山上僧归亭，是宋代已建于林间，元代更是游人集中之地。至于城南的海山楼、城内的光孝寺在战火中受毁损，故而从胜景的名单中抹去。石门返照、大通烟雨两景仍保留，是因为北江、西江、大通滘口地形变化不大，仍为交通要冲之地，市镇繁荣、景色美丽。

现在，要说到元代羊城八景诗的作者陆垕其人。他在黄佐《广东通志》中传列名宦。① 字仁重，江阴人，自幼以孝友闻。元至元年间，元丞相伯颜率兵南下。陆垕年未弱冠，却志强气锐，率乡人面见伯颜论理，终使元兵不涉其境。为此，乡人很感激他挺身而出的义举，伯颜对他也十分赏识，奏授同知徽州路总管府事。陆垕任官廉能，得擢置监察官，累迁至湖南肃政廉访副使、广东肃政廉访使，为正三品大员。陆垕在广东，志载其"陈臬有声，广人德之。政暇游观，多有题咏"②。后改任浙西肃政廉访使，所至以黜赃吏、洗冤狱为己任。在浙西任上尝上章奏免儒役及举行浙西助役法，是个很能干的廉吏，卒年仅五十岁。赐谥庄简。

陆垕是江阴人，江阴原为南宋治地。伯颜是元朝有雄才大略的开国元勋，加上他南下时，元世祖忽必烈嘱以"不嗜杀平江南"，正是在这一背景下，陆垕之义举能得到嘉许，并为此而得到重用。陆垕到广东任

---

① 黄佐：《广东通志》卷48。
② 黄佐：《广东通志》卷48。

上当在大德年间，他授命南宋遗民、原南宋权知雷州陈大震和元广州路教授吕桂孙纂修《南海志》，大德八年（1304）志成，陈大震为志撰序，"序成，白之公，公颔之，遂付之梓"①。此处之"公"，是陈大震在序中所称的"廉访使江阴义斋陆公"，也就是陆垕。修志之事，本不属于廉访使所职，而陆垕不但为修志指定纂修人，而且始终过问此事，直至付梓。可见他对广州修志之十分重视。大德《南海志》不仅因其质量之佳被公认为元代著名志乘之一，更为难得的是，作为元朝期间所修之志，对于元兵毁广州城一事，不加掩讳，一志而三致意。如此犯忌之事，公然见于官修之志，窃以为作为修志决策者陆垕的立场及在其中所起的作用不言而喻。

陆垕虽得到重用，在任上也能有所作为，陈枲洗冤，为百姓所赞誉，然而身为前朝遗民，他的心情未必舒畅。因此，他在政事之遐游观山水，就不是一般的游山玩水，而是一种排忧解闷之举了。这从他所写的广州八景诗中可得到披露。这组吟咏八景之诗，或借史抒怀，或借古喻今，诗句中流露的情绪十分沉重郁闷。如《石门返照》之"泉空晋祠在，风定汉船空"，明显的是慨叹山河，怀吊旧国的惆怅。吴隐之并非汉朝臣子，"汉船空"之用意所指，几乎不加掩饰。其中多处则流露出不安于位，寻求退隐的心态。他仰慕景泰归僧的山居生活，"朝暮无闲客，山林独尔曹""望断归来鹤""何处觅灵蒲"。在诗人心目中，广州城内外的美好景色，并不能引起他的兴致来，即使是难得有一时之兴的白云山乘兴晚登临，上山之后，随之而来的感觉是"鸡犬人烟远"，眼看着云北度、日西沉，情绪的低落也就再也不能提起来了。灵洲鳌负，巨鳌出沧海，本是何等壮观之事，然而，作者从景色中却悟出了"潮痕不过石，风势欲浮空"，于是，他将苏东坡的豁达心境，理解成一个悟得前生梦的孤舟客！这种心灰意寂的心态，与苏东坡赤壁赋的雄

---

① 陈大震：《〈南海志〉序》，转引自《元大德南海志残本》（附辑佚），广东人民出版社1991年版，第103页。

浑气魄已是相去两端了，也完全看不到这位官人年未弱冠时那种"志强气锐"的英姿了。正是从这些八景诗中看出一个在元初居于高位的江南知识分子的真实感情。也许正是这种惆怅郁闷，使这位仕途还算顺利的廉访使在半百之年就走完了人生的历程。

见于陈伯陶《宋东莞遗民录》有东莞宋末名儒李用之子李春叟的《登粤秀山》诗，① 竟然与陆垕之《粤台秋月》诗全然相同，唯此处诗句完整无缺。诗曰：

> 宇宙皇图远，山川霸气收；唯余汉时月，犹照越台秋。
> 天迥明城树，云空敛海楼；清光对尊酒，莫作古今愁。

此诗虽有一种汉时月照越台秋的隔代之叹，但赏景者"清光对尊酒，莫作古今愁"的心态，已是一种不再抗争的平静了。李春叟此诗也见于《粤东诗海》，诗题仍为《登粤秀山》，唯末句中"清光"作"青光"②。既然此两诗除题目有异之外，内容完全一样，那么，作者只能是其中一人。

李春叟，字子先，号梅外，南宋东莞人。他是岭南理学家李用之子。李用在元兵南下时劝女婿熊飞起兵勤王抗元，后浮海至日本乞师，以图恢复计划不成，以《诗经》《尚书》教授日本人。李春叟在南宋时官惠州司户，清正廉明能干，迁肇庆府司理，为辨冤狱，不屈从上司，终使真相大白。以德庆教授归，将广州置办银场及盐政害民情况上书朝廷，使百姓受惠。熊飞兵败驻邑中，士民多逃，飞将缉戮，春叟器谏而止。元兵欲剿东莞，春叟又与县民张元吉往谒元军统帅，以死抗争，免除东莞兵火灾难。元军命春叟任邑令，力辞之。自此绝意仕进，讲学论

---

① 陈伯陶：《宋东莞遗民录》，乐山园 2003 年印行，第 69 页。此诗摘自李春叟：《咏归集》。原书按：《咏归集》今已佚。

② 《粤东诗海》卷六，中山大学出版社 1999 年版，第 99 页。

道，辑整地方文献。晚年隐居。李春叟的家庭出身及经历，使他也有种遗民情结。而他也是一位诗人，《粤东诗海》收入其诗二首，其中即有这首《登粤秀山》。另一首《送熊飞将军赴文丞相麾下》的"马革裹尸真壮大，阳关莫作断肠声"句的满腔激情，在《登粤秀山》诗中已全然无存。《粤东诗海》辑入此诗可能录自《宋东莞遗民录》。李春叟著有《咏归集》，此诗倘为李作，当出自此集，惜该集已佚，难以查证。

  陆垕与李春叟的生卒年俱不见于史载，伯颜率兵南下时在元至元十一年（1274）时，陆垕年未弱冠。陆垕于大德七年（1303）任广东廉访使，距至元十一年近30年，也有40多岁了。大德九年（1305）臧梦解任广东廉访使，① 陆垕应在此时离开广东赴浙西任上。史载他终年50岁，那么他在浙西任后不数年即去世。李春叟在南宋嘉熙四年（1240）以春秋举乡贡，此时就算再年轻也有十多岁。任官惠州司户时在宝祐间（1253—1258），他终年八十，推算卒年在1310年之前，那么，陆垕至广东任上时，李春叟有可能见面相交，由此观之，这首咏粤秀山诗的作者究竟是李春叟还是陆垕，尚值得推敲。

---

  ① 《元史》卷178《臧梦解传》。

三十九

何真归明与归明后的何真

见于历史记载,遇上改朝换代,广州政坛有几种情况:就势割据的,有南越国、南汉国;中原政权大兵戎压境一克而下的,有汉平南越、宋平南汉;波动不大的,有两汉之间、两晋之间、两宋之间;激烈战斗,甚至采用屠城手段的,有元军攻打广州、清军攻打广州;和平解决易帜问题的,大概只有元末的何真归明。何真是一个善于审时度势、深明大义的人,他在元末之保境安民及明初的归顺明朝,此两事,构成了广州元末明初的政治图景。《广州简史》对此事件一字不提,① 显然不当。而《广东通史》《广州通史》对此事件虽有详细记述,却只记到其归明为止。

元末爆发反元起义,到明朝正式平定天下,经历了长达近20年的战事,其间烽火遍地,兵燹不已,受害惨烈的还是百姓。其间,岭南也成了官兵、义军、盗匪、豪强往复争夺之战场。元朝对广东近乎失控,广州成了一个乱哄哄的群雄争夺的战场。先是南海县人邵宗愚起兵,自称元帅,攻陷广州,入城后纵兵劫掠;接着是东莞县民王成、陈仲玉联

---

① 杨万秀、钟卓安主编:《广州简史》,广东人民出版社1996年版。

合起事，号称"二长"；惠州人王仲刚则联络元将黄常，据有州境，威胁广州；增城县人王可成、曹叔安攻占县城。群龙无首，广州不得安宁。乱世之中，东莞人何真打着"保境安民"的旗号，崛起于一方。他原来是河源县务副使，转淡水场管勾。天下大乱中，他弃官归里，组织义兵，聚众保乡里14年，扩展了自己在地方上的势力。王成、陈仲玉策划作乱，何真赴元帅府报告，元帅府受王成所贿，反而把何真抓了起来。他设法逃出，起兵打王成。此事，黄佐《广州人物传》则说是何真请准元朝行省，带义兵攻打王成、陈仲玉，杀了陈仲玉。然后，又应惠州百姓所请，率义兵进驻惠州，赶走了贪暴肆欲的黄常，斩杀了王仲刚。何真并有惠、循二州，终于得到元朝所承认，授惠州府判，不久升为惠阳路同知、广东道宣慰司都元帅，成为镇守一方之重臣。至正二十二年（1362），元朝地方政权自行内讧，江南行台侍御史八撒剌不花专恣自用，朝廷诏免其职，他竟将广东廉访使、副使、佥事统统杀了，拥兵占据广州，江西行省移檄讨叛，此时邵宗愚打进广州，杀了八撒剌不花，纵火烧掠，百姓死亡甚众。何真率众收复广州，邵宗愚撤回南海三山。何真入城，严格号令禁滥杀无辜和劫掠财物，安定省城秩序。元朝廷对他格外倚重，得授广东分省参知政事，擢右丞，进江西行中书省左丞、资善大夫，分省治广。其弟得授中奉大夫、广东道宣慰使都元帅兼佥枢密院事。又推恩二代，连何真去世的祖父、祖母、父母都加官晋爵。奄奄一息的元朝，这样做的目的，无非要何真为之效命，守住南方一隅。不久，将江西、福建两行省合为一省，何真改拜资德大夫、江西福建行省左丞，仍治广州。何真确实尽了镇守一方的职责。南方诸路兵马皆垂涎争夺岭南重镇广州。江西赣州熊天瑞率数万兵乘船南下欲取广州，进入胥江（北江芦苞河段），何真率兵迎战。激战中，遇雷雨，熊天瑞所乘战船桅樯被雷击断，以为不吉之兆，无心恋战而退兵。至正二十五年（1365）九月，邵宗愚卷土重来，围攻广州，此时何真在惠州的手下背叛，何真只好率兵突围往惠州熄后院之火。邵宗愚再陷广州，杀人放火，劫掠尤甚。何真下力气巩固了惠州根据地，再次打回广州。

江西行省右丞铁里迷失按察广东，先被逃回南海三山的邵宗愚派人迎去，挟其进攻广州，未几，铁里迷失死于邵军中。何真打败了邵宗愚，实际上控制了广州一带，权倾一方。此时中原已大乱，有人劝其效赵佗独立为国，何真不以为然，还是屡遣使者由海道北上向元朝贡方物，表示服从中央政权管辖。其官职也一再提升，授荣禄大夫，升为行省右丞。他不称王自立，只据险练兵，保障一隅。这是他的一种策略，静观天下之变，使自己进退留有余地。

中原逐鹿终于尘埃落定，朱元璋占了上风，在应天（今南京）称帝，建立明朝。中原大局已定，朱元璋即派中书平章政事廖永忠为征南将军，浙江行省参政朱亮祖为副将军，率水师由福建沿海南下为东路取广东；命赣州卫指挥使陆仲亨、副使胡通率赣州及南雄、韶州等卫军马会主力廖永忠取广东为中路；再加上朱元璋在即帝位之前命湖广行省平章杨璟、左丞相周德兴等率军由湖南取广西为西路，形成"三方进师"的掎角之势。朱元璋在明军入粤前，谕廖永忠等，说"两广之地，远在南方，彼此割据，民困久矣，定乱安民，正在今日"，因此，宜采取"招徕"为主的策略，"可不劳师旅，慎勿杀掠"①。廖永忠在福州先致书何真劝其归顺明朝。何真得书，做出历史性的决定，顺应潮流，归降明朝，即遣都事刘克倚赴已进驻潮州的廖永忠营中，"奉表迎降"，"上其印章并所部图籍"。廖永忠进军东莞，何真率官员亲往迎接，其父还准备了两只象、两匹良马和两只鹩哥向明朝廷进贡。② 于是广、惠、梅、循四州不战而下。广州全城，"市不易肆，民皆安堵"。四个月间，广东尽平。何真带头归顺，其影响举足轻重。明太祖下诏对他高度评价，说道："顷者，师临闽越，卿即输诚来归，不烦一旅之力，使兵不

---

① 《明太祖实录》卷三十。

② 《明史》卷一百二十九《廖永忠传》。

血刃，民庶安堵，可谓识时达变者矣。"①

何真的历史使命，在史书中归明就画句号了。《广州通史》写到何真归明，受到朱元璋赐诏褒扬，奉诏入朝受赏，"并授何真江西行中书省参知政事。其后历官浙江布政使、湖广布政使等职"。"致仕，封东莞伯，禄一千五百石，予世券。（翌年）卒"②。"何真善终"③。这是宝贵平安的完美结局。其实，何真归明之后的时间，与其起事至归明时间大致相等，归明后还有着不平凡的经历，过的日子也不容易。这些情况，在《广东通史》《广州通史》中不复记载，大概因为属何人经历，已不影响广东入明之后的大局，故不作记载，从地方史的记述主题看，这样处理是可以理解的，但何真入明之后的经历，并非个人偶遇的一个孤立现象，而是透视出入明之后广东还经过一个逐步安定的阶段，也看出朱元璋在用人上心计手段，这也是向来朝廷对南方新开之地之政治人物所惯用的手法。何真平素喜读书，深懂文武之道、张弛之治。其为官有德有威，施政发令严明，又懂得施以儒术宽厚。明初，朱元璋猜疑与杀戮功臣为史所著闻，何真却能立于不倒，得以善终，这和他在南方威望很高，朝廷还需要利用他稳定岭南的局面有关，也和他谨慎从事，善于向朝廷表示忠心有关。洪武三年（1370）何真被调任山东行省，显然是有意把他调离经营已久的广东老家。然而，翌年他即奉命还广东"收集旧卒，事竣仍莅山东"。可见广东地方还有赖于借重他以平服之事。洪武九年（1367），他在山东任职已有7年，提出申请致仕回乡，不获准，正逢改官制，废行中书省，设承宣布政司，何真授四川布政使，升了官，但从华东调西南，总之是不让他回归粤地。西南战事并未

---

① 黄佐：《广州人物传》卷十一《东莞伯何公真》。
② 《明史》卷一百三十《何真传》。
③ 杨万秀主编，本卷章深主编：《广州通史·古代卷》（下册），中华书局2010年版，第595页。

结束，四川、云南既有县民、少数民族起义，又有元残部负隅顽抗，何真要对付的是一个棘手的局面。作为封疆大臣，又不是嫡系出身、皇亲国戚，为了解除朝廷的疑心，他主动请求让二儿子何贵入朝做人质，参侍东宫。何贵被任命为首都的北城兵马指挥，以后明大军征云南，何真、何贵父子皆受命参其事。何贵在战争中立了功，擢镇南卫指挥佥事。洪武十六年（1383），何真终于获准致仕，这时离他调离广东已是13年之后，但回到广东，其实是另有所差，要他与何贵"还广东收集土豪一万六百二十三人"。翌年，又奉命"收集广东军士"，总之，广东的局面，还赖何真收拾，这说明他的旧部在广东还是很有势力的。何真在处理与朝廷的关系上是十分谨慎的。他显贵以后，有阿谀奉承者说他的祖坟常有"紫气"，又有说这是"符瑞"，他不为之动心，一听到这类言论就加以斥责，这类煽动野心的言论因而平息。他奉诏入朝，都表现出十分谦恭帖服，使明太祖对他不生疑，推心委任。就在他致仕两年之后，洪武十八年（1385），又被任命为浙江布政使，翌年奉诏入京师朝见，又被任命为湖广布政使。洪武二十年（1387），何真终于再次获准致仕。明太祖在批准其致仕的诏书中，重提其当年归附明朝的功绩，指出何真在元运将终、四海鼎沸之时，率岭南诸州壮士，保境安民，如斯有年。岭南诸州之民，莫不仰赖安全于乱时。洪武初年，四征所在，虽有降者，非见旌旗未肯归附，甚至有不自量力对抗明军者，只有何真是悦诚归服。盛赞何真是识时务之俊杰。因此，封他为东莞伯，食禄1500石，并赐给铁券，准予他免死罪二次，儿子可免死罪一次的特殊待遇。翌年三月，何真逝世，终年69岁。明太祖亲自为文祭之，敕葬广州城南八里岗北面，并遣官监护其丧礼，可谓备极哀荣，说他善终是没有错的。然而，何真的三个儿子何荣、何贵、何宏，还是免不了杀身之祸。据说是因为参与大将蓝玉谋反一案受株连。何真之弟何迪，自估难逃其祸，起而造反，终也落得遭擒杀之下场。何迪原来仗何真之势力，与家丁横行海上。朱元璋惧怕广东人在海上形成一股反抗力量，视为心病。洪武十五年（1383）籍疍户万人为水军，洪武二十五年（1392），籍广东海岛人为兵，加强对海上的军事管制。这已是在何真死后四年的事。翌年，终于捕杀了何迪，①还杀了替何真写降表的孙蕡，这事从骨子里说，就是视孙蕡为何真的策划者。何真的家族，终于被彻底斩草除根了。其实，在何真之前，在岭南就有汉末三国东吴之际的士燮家族被颠覆为前例。政治舞台有其自身的诡异的游戏规则，光凭谨慎行事是不可能改变的。

---

① 查良佐：《罪惟录》卷一。

四十

南园五子入明遭遇

元末明初，岭南诗坛较有成就的诗人是"南园五先生"，亦称"南园五子"。此五人是孙蕡、王佐、黄哲、李德、赵介。为首的孙蕡被称为"西庵先生"，其诗妙笔生花，在他那脍炙人口的《广州歌》笔下，广州城的濠涌繁华风光旖旎胜于秦淮："朱帘十里映杨柳，帘栊上下开户牖。闽姬越女颜如花，蛮歌野曲声咿哑。崑峨大舶映云日，贾客千家万家室。春风列屋艳神仙，夜月满江闻管弦。良辰吉日天气好，翡翠明珠照烟岛。乱鸣鼍鼓竞龙舟，争睹金钗斗百草。游冶留连望所归，千门灯火烂相辉。游人过处锦成阵，公子醉时花满堤。"《四库全书总目提要》评说："蕡当元季绮靡之余，其诗独卓然有古格，虽神骨隽异，不及高启，而要非林鸿诸人所及。"高启是元末明初的文学家，翰林院编修、户部右侍郎，在文学史上，被称为"明初诗文三大家"之一、"吴中四杰"之首。林鸿也是元末明初人，文学家，礼部精膳司员外郎，"闽中十才子"之首。以孙蕡为首的"南园五先生"与"吴中四杰""闽中十才子"共开了有明一代诗风，一扫元代诗歌创作的纤弱之风，对明代岭南诗歌的发展起着积极作用。如《四库全书总目提要》所盛赞："粤东诗派，数人实开其先，其提倡风雅之功，有未可没者。"向来论"南园五先生"者，多从其文学成就及影响着眼。然而，换个角度看此一群体的士人遭遇，也可作为明初士人的一个缩影。

五人年纪有较大差别。其中年最长者为孙蕡、王佐，均出生于元至元三年（1337），赵介生于至正四年（1344），其他二人年纪不详。元朝结束于至正二十八年（1368），南园结社，是在元末之事。孙蕡在其《琪琳夜宿与彦举联句》诗序中，对结社情况有具体记载："畴昔年十八九岁时，一时闻人相一友善，若洛阳李长史仲修、郁林黄别驾楚金、东平黄通守庸之、武夷王徵士希贡、维扬黄长史希文、古风蔡广文养晦、番禺赵进士安中及其弟通判澄、徵士钠、北平蒲架阁子文、三山黄进士原善，共结诗社南园之曲，豪吟剧饮，更唱迭和，而彦举与余为同庚，情好尤笃。"① 由此可知，一是结社时有十多位诗友，这班人并非都是岭南人，但其行为对岭南诗坛影响甚大甚远；二是结社时，如孙蕡属年稍长者也就十八九岁，赵介仅十二三岁，既称"闻人"，则当时已少有名气，可知其风华正茂。诗社为延接一时名士，筑抗风轩，地在今广州市文德路中山图书馆南馆。南园五子更是经常在此饮酒吟诗，既有对花香鸟语的消逸，也有对大元末世的黯伤。"招携无俗士，欢宴尽华簪……岁时递迁斡，贤圣皆销沉。"②

在改朝换代的大潮中，这个文学团体不可能只做文学美梦，也被卷入了历史的漩涡。孙蕡此时已是驻广州的元江西行省左丞何真的幕僚，何真知书识礼，儒术宽厚，对五子皆甚礼遇。孙蕡在元末乱世时，本已离开广州避乱乡间了。朱元璋派廖永忠南下进军广东，何真审时度势，决定归诚明朝，又把孙蕡请回来，为他代笔致书廖永忠，表示归附之诚意。孙蕡起草的文书，果然文辞娓娓，充满诚意，打动了廖永忠。何真归明，廖永忠对何真所部不戮一人，孙蕡有一份功劳。廖永忠慕孙蕡文名，入主南粤不久，即征请其掌管教育。洪武三年（1370），明朝始设

---

① 孙蕡：《琪琳夜宿与彦举联句》诗序。
② 孙蕡：《南园夏日饮酬赵、王二公子澄佐》。

科取士,孙蕡考得赐进士出身,授工部织染局使,不久出任虹县(今安徽泗县)主簿。此地刚历兵燹,十室九空。孙蕡着意奖励农耕,招抚难民,使百姓得还其业。一年后,被选入翰林典籍,侍奉御前,其奏对敏便,容观飘逸,连才华出众的学士宋濂都自认莫及。他参与了编修官方韵书《洪武正韵》,又以奉常官代表身份监祭祀礼仪。然而,在顺境中,他也敏锐地觉察到一种不祥的气氛已渐形成。朱太祖对舆论管控十分重视,文网森严,孙蕡为旷达之人,总觉得无法在朝内混日子,为逃脱环境,他再三要求外放,去了山东平原县任主簿,但还是逃脱不了罗网厄运,因事所累,被捕下狱,押送京师修筑城墙。他是一介书生,在严厉督责之下服劳役,满腹心事,无人可言,只能以粤语对都门长歌。督工的人将他的行迹向朱元璋报告,朱元璋传他上殿,命诵出所作之诗,一番审查,弄清楚其所吟无非是忠君爱国之语,于是将他释放了。洪武十一年(1378),孙蕡罢官回乡,经历坎坷的他对事物看法又深了一层,看淡了生死功名,胸怀更加坦荡,更加放迹云林,写道:"繁华往似东流水,昔日少年今老矣。荔子杨梅几度红,柴门寂寂秋风里。"①宦海无常,过了四年,复为朝廷召用,出任苏州府经略,为总制一方兵民之重臣。重新走了官运。他在这个情况复杂的大郡"赞画有方,政用大和"。然而,洪武二十二年(1389),却又因事被诬,谪戍辽东。他怡然上路,到了谪所,酌酒赋诗无异平日。节镇边疆的辽东都指挥使梅义仰慕孙蕡之名,将他迎至家塾执教,并一度派遣他出使高丽。孙蕡门生新会人黎贞此时也谪戍辽东,于是随其出使高丽。二十三年(1390),朱元璋借胡惟庸谋反案扩大化,作为实行专制独裁、排斥异己,蓄意打击功臣,株连至三万余人,追坐及梅义全家,孙蕡亦受株连,终年53岁,是黎贞将他收敛安葬。一代才人,不得好死地客死他乡。

客死他乡的还有黄哲。黄哲是南园五子中最早为朱元璋所招用者。

---

① 孙蕡:《白云山》。

黄哲，字庸之。番禺人，世代为荔湾大姓。黄哲年幼即孤，刻苦读书。他性好山水，在白云山蒲涧搭起屋舍读书栖息。写诗道："予志在山水，宜从云外参。"① 他喜爱游历，足迹遍及省内名山胜迹，还北上吴楚燕齐，结交英豪，才名远播。北上时，曾倚篷听雪，觉得十分新鲜动听，归来后构筑一轩，取名"听雪篷"，故人称"雪篷先生"。朱元璋起兵反元，驻师金陵（今南京），为扩大影响，广招名儒。丞相李善长、参政张昶、汪广洋都知黄哲之名，交相推荐。至正二十五年（1365），朱元璋建立吴国。拜黄哲为翰林待制，入侍太子读书。不久，兼翰林典签。他尽职辅导，为太子所敬重，几乎每天都受赏赐。朱元璋对他也很器重，常让他应制赋诗。明初，黄哲奉使青州（今山东益都）、徐州（今山东滕县），对图谋叛乱者宣以圣谕。不久，出任山东东阿县（今山东平阴县）知县。他勤于为政，剖决如流，不苟求失察，一县帖服。时值大旱，麦苗干涸，他诚心诚意地举行祈雨仪式，天降甘霖，老百姓欢呼此雨是"黄公雨"。传闻狼溪有怪物为幻食人，黄哲写了篇祭文祷天，恰逢风雷大作，溪上浮出被打死的一条大青蛇，邑人以为他以诚通神。东阿经历战乱不久，民多流徙他乡，听说来了这么一位好知县，有数千人回乡复业，人丁渐旺。洪武四年（1371），黄哲升任东平府（治今山东东平县）通判，东阿士民遮道涕泣攀留，父老争着抬轿子相送，直至府境才返回。这年朝廷发民疏浚，黄哲负责东平地段水利工程。他经划有方，民不告劳。后来，他听说有关部门打算复修黄河北岸黄陵冈的拦河坝，极力反对，指出元朝就是因为筑堤役民，激起民变以致亡国，应以此为戒。这事才得以息议。黄哲忧国忧民，上疏陈述时务，直言所议，皆一般人忌讳触及的事，朱元璋对此大动肝火，认为他太狂妄不自量，将要严惩，刚好山东分省上奏黄哲捐俸修先圣祠、筑积水湖堤有政绩，皇上这才不再追究。黄哲借机乞归，回到广东，应有司所请，在府学授课经书，四

---

① 黄哲：《题蒲涧读书处》。

方闻名而至他门下的有不少名士，授徒数百人。然而，厄运难逃，洪武八年（1375），朝廷还是将他召回山东，以"在郡诖误"的罪名处死。他在山东任上本来颇有政声，被处死时，郡邑人士感其大德，在家设祭。诖误是欺骗、贻误，黄哲到底"在郡诖误"了什么，无从搞清。总之，他始终逃脱不了做滥杀无辜牺牲品的命运。梁守中、郑力民点校的《南园前、后五先生诗》一书中，从《广东诗粹》补入七言律诗《喜孙仲衍归自京师》。① 此诗应写于孙蕡罢官回乡之时，但孙蕡被逐回粤在洪武十一年，而据《广州人物志》所载，黄哲死于洪武八年，那么，此诗或是别人托名所作，或是张冠李戴，或是《广州人物志》所说黄哲被处死的时间有误，这个疑题有待专家考证。

南园五子中，赵介是唯一以布衣终老者，但也不得好死。赵介，字伯贞。番禺人。生于元至正三年（1343）。赵介幼时，其父死于临江路（治今江西清江县）任上，不久母亲也去世。他自小性格孤僻，与世俗格格不入。何真降明之后，南园五子有四人先后被援引出仕，唯独赵介无意仕进，隐居潜修，闭门读书，恬淡自持。他在居所前种了两棵松树，将居处命名为"临清"，寓陶渊明"临清流而赋诗"诗意，表明淡泊名利之志向，因此被称为"临清先生"。他不仅自己隐居潜修，还劝阻朋友出仕。当时，南海文士李韦华因受引荐准备赴任，赵介力止不可，流着泪对他说："你效忠的日子还长，尽孝的日子可就不多了。你难道就不念及慈母吗？"李韦华终于还是上任了。后来，李韦华在任上获罪，这才感叹："赵伯贞真是高士呀！"赵介拒不出任，名气却越来越大，屡为有司所荐举。每每苦苦辞免。即使如此，也不侥幸避祸。洪武二十二年（1389），他因家人出事被连累，奉旨解押京师，北上经南昌，积一路风寒，病死于舟中，时年46岁。赵介后因儿子显贵，被追赠监察御史，这恐怕与他生前所思相悖的。

---

① 梁守中、郑力民点校，孙蕡、欧大任等：《南园前五先生诗、南园后五先生诗》，中山大学出版社1990年版，第155页。

南园五子中，还有王佐、李德二人，皆曾侍候于朱元璋御前，竟能苟全性命，实在很难得。王佐在南园五子中，名气仅次于孙蕡，他出生于至元三年（1337），祖籍河东（今山西永济县），其父元末任官南雄，王佐随其身边，归乡不得，只好奉母住到广州。他与孙蕡等人结成南园诗社，为孙蕡所看重，时人评价："构辞敏捷，王不如孙；句意沉着，孙不如王。"王佐与孙蕡同为何真所聘入幕。王佐虽年纪不大，但他自小颠沛流离，阅历很广，何真对他十分器重，军旅事多见咨询。王佐为何真保境安民的方针出谋献策。德庆豪帅李质独据西江流域，被风雨飘摇的元朝授检佥福建、江西等处，行枢密院事，镇守封川，颇有军事实力。王佐向何真提议，对李质不能掉以轻心，他和孙蕡一起代表何真前往封川会见李质，晓以天下大势，李质也有同解，因此归附何真。王佐见李质也是雅好文学，有一班名士依附于他。回去之后，向何真汇报，把这些名士招致到何真手下，加以礼遇。广州的文坛诗界一时更加热闹，文风为之一振。洪武元年（1368），明军南征，李质继何真之后降明，岭南民众因此在改朝换代中得幸免陷入战乱。元亡后，王佐入籍南海。洪武六年（1373），地方向朝廷荐举王佐当顾问。36岁的王佐被征入京，拜给事中。侍奉在朱元璋这位猜忌心极大的皇帝身边，他发表议论，提醒不足，都得到称许，拿捏分寸确也不易。有一次，学士宋濂拜赐黄马，朱元璋作歌，命诸臣和之。王佐顷刻而就，诗中有"须知君恩如海深，臣骑黄马当赤心"句，正合朱元璋赐马给臣下本意。朱元璋览之大喜，赐钞一锭。因为王佐能揣摸上意，朱元璋带群臣游幸，遇到会心之处，多命之赋诗。王佐打心里早已厌倦官场，更何况伴君如伴虎，在他的颂恩歌德的应制诗之外一些诗赋中，透露出真实思想，如《醉梦轩为钱公铉赋》，借醉语淋漓尽致抒发出这种情感："十年不是不题句，我亦醉梦无醒时。……我生落魄惟贪饮，百事无闻只酣寝。生死真同力士铛，荣枯付与邯郸枕。"当了两年京官，尽管年未届四十，他便上表请求退休，他措辞恳切，没引起朱元璋什么疑心或不快，不但准其所请，还赐钞五十千作为路费辞行，这真为士林羡慕不止。朱元璋为显示其威严庄重，臣下提出辞职请求多被谴斥，幸获恩准的十得其一。王佐年纪不大，能在荣宠之时获准体面归退，苟全性命，免遭屈辱，实属难得。也许正是他在别人看来是来日方长之时能急流勇退，这正是其过人之处。王佐退隐后事迹不详，大概是从此不再抛头露面，行迹无人记载。可见其一退到底之聪明。

南园五子中，还有一位得善终的李德，李德因曾任洛阳长史，人称李长史。他出生于元末，居家苦学，工于文词，邃于经学，后以诗鸣于时，时人称其诗"跨晋唐而跞宋元"。洪武三年（1370），李德以明《尚书》被地方荐至京师，朱元璋亲自策问，授为洛阳长史，后升任济南、西安郡幕。这些差事都不能如李德心意，政务之暇，遍览旧国遗迹，登高作赋，抒发胸中磊落之气。任长史、郡幕十余年，长期当幕僚，年纪渐老，自觉无法建功立业，于是退出政界，被聘为汉阳教谕。汉阳战乱甫平，学舍破烂不堪，学生只有十数人，且皆失学已久，学力甚差。李德一面尽心启蒙训教，一面向有关部门提议，罗致民间子弟俊颖者入学。任教期满，调任广西义宁县（今广西临桂县）教谕。这里的办学条件更为恶劣，李德订立制度，鼓励向学，使本地科贡渐盛。地方官打算荐举他，他无意当官，告老回乡了。晚年，在家乡潜心研究理学，得寿终于家。

四十一

清兵屠城与八旗驻穗

作为政治斗争手段的战争是残酷的，最为残酷的场面是殃及全体无辜而令生灵涂炭的屠城。广州城历史上有过不止一次这样的遭遇，都是发生在异族入主改朝换代的元军、清军入城之际。清军扬州屠城，举国皆知。而广州屠城，却鲜为人知，《广州简史》《广州通史》对此事皆一字不提，所载只有"广东三忠"的壮烈事迹。唯《广东通史》设"两藩南征与广州屠城"一目具体记述。清代统治者力图将这血淋淋的一页抹去，清代史志对清军的屠城避而不提，但总免不了有所涉及，清人笔记中也有反映，血迹依然斑斑。

清军南下，势如破竹，南明朝廷闻风而逃，局面一发而不可收，在南方虽有一些抗清武装本着尽忠明朝与抗击异族的理念拼死顽抗，终不能挽回大局。岭南大地成了血战之境，作为岭南政治中心的广州，更成了激战的中心。《广东通史》重彩浓墨地记述了顺治六年（1649）清军攻广州之役，只简单提及顺治三年（1646）广州被清军所突袭占领，此事其实也很重要，因为它显示广州城的改旗易帜之役长达三年，期间广州居民受杀戮残害尤甚。述及顺治三年之役，多数地方史书如《广东通史》只述及是佟养甲、李成栋率兵进征广东，其实这是清廷军事战略的一个大行动,是由清顺治帝亲自部署的。早在顺治元年(1645),清朝统一中国的战略部署已包括对广东的安排。当年十二月十五日(1654年1月12日)下谕刑部、都察院,"……广东、广西、云南、贵州等处未经归顺,人民所犯罪恶,一并赦免。倘投顺以后或犯罪恶,依律究治"①。是乃软硬兼施。顺治二年闰六月(1645年8月),清廷命恭顺侯吴惟华为太子太保兼都察院右副都御史,总督军务,招抚广东,把南征广东的行动正式提到议事日程上来。顺治三年八月(1646年9月)以恭顺王孔有德为平南大将军,与怀顺王……率满洲、蒙古、汉军官兵往征湖广、两广。谕之曰:"尔等先定湖广地方,次定江西赣南,由是入广东,镇守一方,遣人奏报候旨。"并指定各路军马凡事悉听恭顺王令行。在广东的南明永历和绍武二朝火并,为清军入粤创造了时机。与此同时,清军平定福建后,佟养甲、李成栋率兵二万,进攻潮惠二府,守将不战而降。李成栋一面利用潮惠官印假造"无警"报告驰送广州麻痹绍武政权;一面率骑兵疾进广州,前锋以红帕裹头化装。绍武正在朝欢庆同室操戈获胜,清军前锋从广州东门突入,南明绍武政权覆灭。清军攻占广州后,奸淫掳掠三天,叫作"放赏"②。绍武政权遭突袭覆亡,城内官民事先皆没有防备,留在广州的南明诸王16人皆为清军所杀,获诸王及文武官员印记共三百九十颗,仅此可想而知遭奸淫掳掠程度之甚,而清征南大将军多罗贝勒博洛的疏报则只称"广郡悉平"③。顺治四年七月(1647年8月)朝廷以广东初定,特颁恩诏,给予各项赦免、蠲免政策,以示"四方大定,悦来无间于寰中;万国攸宁,声教

---

① 广东省地方志办公室、广州市地方志办公室编:《清实录广东史料(一)》,广东省地图出版社1995年版,第1页。

② 邵廷采:《东南纪事》卷一。

③ 广东省地方志办公室、广州市地方志办公室编:《清实录广东史料(一)》,广东省地图出版社1995年版,第9页。

丕扬乎海外"①。顺治五年四月（1648 年 5 月），清廷以平定广东，遣官祭告福陵、昭陵。至此，似乎天下太平，皇恩浩荡了。然而，广东的战乱局面并未真正结束，先是南征悍将李成栋反清归明，并胁迫清两广总督兼广东巡抚佟养甲也投降南明，永历政权一下子便恢复了对广东全境的统治。顺治六年（1649）五月，清朝令"靖南王耿仲明、率旧兵二千五百及新增兵七千五百，平南王尚可喜，率旧兵二千三百及新增兵七千七百，共二万往剿广东，挈家驻防。其全省巡抚、道、府、州、县各官并印信俱令携往"②。重新开启了对广东的征战。南下途中，耿仲明因畏自杀，由其子耿继茂代领其众。入粤清兵遇到抵抗，杀戮甚众。十二月三十日（1650 年 1 月 31 日）尚可喜破南雄，城内居民遭到屠杀，"十存二三"③。翌年正月六日（2 月 6 日），在肇庆登基的南明永历帝朱由榔逃往梧州，百官各寻去路，仓皇奔溃。④ 二月，清军进逼广州。永历两广总督杜永和指挥守城作战。广州城三面临水，北面峙山，地形有利于防御。城有内外两重，城外布列炮台，守军兵力比清军强大。守将李建捷、张月等能攻善守。守军对清军三战皆捷。杜永和因胜而骄，担心诸将入城会分其权，拒绝援兵入城助守，又轻敌麻痹，竟"于五层楼上张宴设乐无虚日"⑤。有说他戏谑部将范承恩为"草包"，范承恩被激怒，潜通清兵内应。尚可喜、耿继茂久攻广州不下，向江西借兵万人助战，十月十八日（11 月 21 日）攻入外城。继而用猛烈炮火轰击内城，连攻三日，"城坏数丈"，十一月二日（11 月 24 日），从西

---

① 广东省地方志办公室、广州市地方志办公室编：《清实录广东史料（一）》，广东省地图出版社 1995 年版，第 9 页。

② 广东省地方志办公室、广州市地方志办公室编：《清实录广东史料（一）》，广东省地图出版社 1995 年版，第 13 页。

③ 乾隆《南雄府志》卷十六。

④ 计六奇：《明季南略》卷十三《帝至梧州》。

⑤ 邵廷采：《西南纪事》卷九《杜永和传》。

城突破杀入,广州城陷,南明军阵亡6千余人,余部被清军追杀到南门珠江边,溺死者众。杜永和等乘船逃往琼州。按《清史稿》尚可喜传的说法,是说尚可喜攻城,"永和部将范承恩助守广州,约内应,决炮台下水。可喜令诸军皆舍骑,籍薪行淖中以济,遂得炮台。据城西楼堞发炮,击城西北隅城圮。师毕登,克广州"。① 光绪《广州府志》引《通鉴辑览》称:"大兵攻围攻十阅月不下,杜永和偏将范承恩约内应,决炮台之水,大兵籍薪径渡,遂得炮台。是月二日克其城,承恩来降。"②

广州城坚守近300天,清军伤亡惨重,"继茂与可喜攻下广州,怒其民久相抗,凡丁壮辄诛戮"。③ 广州屠城死难人数,按康熙《番禺县志》的说法,"以城久不下,屠之。死者七十万人,民居遂空,两藩兵因尽入居住"。④ 据此,则广州城内有七十万无辜平民惨遭杀害,遂成空城,尽为清军占据。康熙县志刻于康熙二十五年(1686)离顺治时间只有三十多年,可信度本来较高,但此数目未免夸大。据旧志记载,明万历三十年(1602)番禺县有21170户63650人,南海县有54991户113602人,即包括广州居民在内的番禺、南海两县人口总数才17万,至明末人口数不可能增加多少,城中虽聚集了一些南明官兵,也不可能达到六七十万。目睹这场惨剧的西方人记载:"鞑靼人(指清军)在1650年11月24日攻陷广州。……第二天,鞑靼人开始洗劫城市。大屠杀从11月24日一直进行到12月5日。他们不论男女老幼一律残酷地杀死。……但鞑靼人饶恕了一些炮手,以保留技术为自己服务,又饶恕了一些强壮男人,为他们运送从城里抢到的东西。最后,在12月6日发出布告,禁止烧杀抢掠。除去攻城期间死掉的人以外,他们已经屠杀

---

① 《清史稿》卷二三四"列传二十一·尚可喜列传"。

② 光绪《广州府志》卷八十《前事略六·大清兵围广州》。

③ 《满汉名臣传·耿继茂传》。

④ 康熙《番禺县志》卷一四《事纪》。

了十万人。"① 另一篇来自荷兰人纽霍夫（又名尼霍夫）"直击报道"所载："鞑靼全军入城之后，全城顿时是一片凄惨景象，每个兵士开始破坏，抢走一切可以到手的东西，妇女、儿童和老人哭声震天。从11月26日至12月15日，各处街道所听到的全是拷打、杀戮反叛蛮子（指南明人士）的声音。全城到处是哀号、屠杀、劫掠，凡有足够财力者，都不惜代价以赎命，然后逃出这些惨无人道的屠夫之手。最后在冬月的六日，总督及清军统帅下令，即日起不得再从事如此残酷的杀戮。我得到确切的消息，在18天之内被鞑靼人残忍地屠杀的在八万人以上。"② 时人也有记载：清军"大杀三日，死者十数万"③。时人僧人成鹫有记述清军攻陷广州后"海珠海水流腥血，十万生灵冤莫雪"诗句，④ 则死者为十数万的说法，或更为可靠些。清兵攻入城的第三天，尚可喜已下令停止大规模屠杀，这与朱次琦所说的"尚、耿破粤，屠城三日"的说法相吻合。死者更以南明官兵为主。一城而殉难十数万人，城内必已尸体堆积，白骨如山，"行人于二三里外，望如积雪"⑤。无数家族惨遭灭门之祸，居住在承宣西瓮二街的张胤昌一家，伯叔兄弟6人及家属遇害，仅张胤昌一人跳下珠江泅渡南岸逃生。⑥ 当时城门紧闭，居民不能逃出城外，清军屠城时，有六七千人避入城内六脉渠内，正值倾盆大雨，多数被淹毙于渠内，溺死无数。城西冼基的冼懋章一族，随

---

① 〔意〕卫匡国：《鞑靼战纪》，见杜文凯编：《清代西人见闻》，第53页。

② 〔荷兰〕尼霍夫：《从联合诸省的东印度公司出使中国鞑靼大汗皇帝朝廷》，译自1669年曼期顿学术出版社英文版。

③ 陈舜系：《乱离见闻录》卷中。

④ 成鹫：《咸陟堂集》，《仙城寒食歌》之四。

⑤ 钮琇：《觚賸》卷八《粤觚·共冢》。

⑥ 张德明：《张孝友堂宗谱》卷一《张胤昌小传》。

众逃避于六脉渠里,"子孙仅得一人逃出,生还大罗故乡"①。清军攻广州城,前后两度屠城,前为三天,后者名为三日,实则延续20日。二王血洗广州城后,将城中居民强行迁出,在城中驻兵牧马,广州城占为兵营马厩,其所受之蹂躏,远在扬州之上。《清实录》对这一年相关记载只说:"南赣巡抚刘武元奏报,官兵恢复广东南雄府。""平南王尚可喜等疏报,官兵攻克广东省城,斩贼六千余级,溺水死者无算,阵擒贼将范承恩,俘获甚众。"②南雄、广州屠城之事均一笔勾销,而范承恩"内应"成了"阵擒"。其事迹成了历史悬案。

在广州攻城拉锯战中,李成栋是关键人物。清兵南下初时,率兵的是佟养甲、李成栋二人,佟养甲是辽东人,属汉军八旗中的正蓝旗。面对实力犹存的南明政权和此起彼伏的各路反清武装,他以铁腕治粤,把绍武帝全家二十余口全部砍头,分别腰斩、活剐了"广东三忠"的陈邦彦、陈子壮。佟养甲治粤,也不忘了怀柔的另一手,他上疏废止历朝统治者强迫合浦疍户下海采珠进贡朝廷的惯例,以此解除民困;他奏请朝廷恢复在澳门的葡人到广州贸易的旧例,从而恢复外贸;他主持筑成广州东西两翼新城墙为城市提供了新的安全保障。按清廷统治者的标准看来,他是一位得力的臣下,也有有利国计民生的举措。李成栋是另一类人物,他先是归随李自成反明,后归附明朝,封徐州总兵官,再而投降清朝,捞得个花翎顶戴。历史上血腥的"扬州三日""嘉定十日",还有江阴屠城三日(杀17万人,全城活下来仅老小53人),罪恶都笼统地归到清兵头上,刽子手其实是李成栋所部。他率清军攻占江南、江西、岭南各地,杀掠极多。清兵攻福州、打广州,核心是少量拱卫佟养甲的辽东汉人,主力仍是李成栋的部队。因出身不同,平粤之后,佟养甲当上两广总督,攻粤有功的他只能当他麾下的左都督、提督总兵官。

---

① 冼宝干:《岭南冼氏宗谱》卷七《务征谱·轶事》。
② 广东省地方志办公室、广州市地方志办公室编:《清实录广东史料(一)》,广东省地图出版社1995年版,第14、15页。

他感到委屈不满,攻占广东全省,他缴获了五十多个官印,上缴时独留下两广总督的大印,爱不释手,珍藏家中。传说他受到被他霸占"纳为内宠"的陈子壮爱妾的鼓动,反清附明,真正的背景,恐怕在于他内心不满待遇,又面临着清提督江西军务、副总兵金声桓反正的外部形势,乘机做南明的"中兴功臣",挟佟养甲归明(为此捕杀佟养甲千余辽东亲兵),果然满足了他对两广总督官职的渴望。而后又意欲将永历帝接来广州,"挟天子以令诸侯",却为人阻止未遂。粤剧《血染越王台》为了加强陈子壮"忠"君形象的影响,极力渲染"民族大义"具有感化李成栋的威力,却掩盖不了这位滥杀无辜以邀功的屠夫真面貌。

率兵攻入广州城的尚可喜与佟养甲同为辽东人,平、靖二王所部即以辽东籍汉兵为主,这是因为清兵南下时,满八旗兵力不敷调度之故。攻占广州前,二王已有兵丁家口五万多人,超出汉军八旗,甚至超过满洲八旗。攻克广州后,又能掳掠了大批人口为奴。两藩攻入广州后,开始营造"藩城",史称其"以内城为藩城,置百官于外城"①。两藩占据内城后,总督行署、巡抚及以下大小衙门只好尽迁外城,内城居民当然也尽行迁出。顺治十八年(1661),耿藩移镇福建,平南王独据广东,在广州内城筑楼设栅,严密防守,建造藩城,此即满城,实行民族隔离政策,把内城变成军营,实行军事管制式的统治,圈占地方,摧残经济,胡作非为,甚至殴辱官员。顺治十年(1653)六月,广东布政使胡章向顺治帝参奏两藩藩下官员掳掠妇女、占据藩司公署等罪状,②耿继茂抗辩说是"言兵占官署民房,此其事始入城时有之,……其后酌以扎城住兵马,南城居百姓,一切文官分住南城,料理民事",反咬胡章"不独谤本藩,实以谤朝廷矣"③。以致胡章始被议处死,后改为革职永不叙用。这说明清初统治者为了打江山对军事贵族的袒护。因而造

---

① 光绪《广州府志》卷六十四《建置》。
② 蒋良骐:《东华录》卷七。
③ 《明清史料》丙编第九本,858页。

成两藩家奴"倚势恣横无状,强夺民间货物,道路侧目"①,大肆抢掠妇女。尚可喜父子还在城内大肆养狗、鸽、鹿、蚁等,设虫蚁房、鹤房、鹰鹞房、狗房等"四房",占地达六十多亩。镇海楼就曾被用作鸽房。导致居民流离失所,市内百业萧条。

直到乾隆二十年(1755),清廷对广州驻军采取了大动作,裁撤了原驻军汉军八旗一半,再从北京调来满八旗1500名填补空额。这支部队及随军家属,便是广州满族居民的直接先祖。清初的广州满城消失了,保留下的是旗境。驻广州的满、汉旗人,均属吃皇粮的职业军人,其实还是有着微妙的区别,聚居地分开。辛亥革命之后,各认汉族、满族身份更不一样。辛亥革命时的广州,与清军入粤血战屠城迥然不同的,是旗人顺应潮流归顺民国。驻粤八旗有识之士审时度势,与广州汉族士绅平等共议,满汉融和,和平反正,使广州没有响一声枪,没有流一滴血即和平易帜,百姓避免了一场兵燹之灾。广州满族胤嗣也因此得以延续。如今已万有余人,毕竟八九代人,也是"老广州"了。

---

① 道光《广东通志》卷二百五十七《宦绩录》。

四十二

大动荡中尽忠殉难的士人

岭南的地理位置,决定其往往被动地成为改朝换代的最后战场,战祸尤以宋末、明末为惨烈,也为各色各样的政治人物提供了登台表演的机会。宋末,以被誉为"三忠"的南来人士文天祥、陆秀夫、张世杰为代表。明末清初中的岭南士人中,当以"广东三忠"为代表,涌现出一大批殉难忠烈的本土人士,以见"忠"的观念深深渗透入岭南士人的脑海中。

甲申之变,李自成进京,标志着明亡。此后,各地的明宗室后裔迭登皇位,史称南明政权。顺治三年(1646)唐王朱聿镈逃至广州,十一月初二监国,初五称帝,号绍武。军国大事一倚大学士苏观生。十天后,桂王朱由榔在肇庆由两广总督丁魁楚等拥立为永历帝。南明两帝同室操戈,清将李成栋所部精骑从潮州疾下广州,十一月十五日猝入东门,唐王及宗室16王俱死难。苏观生在壁上大书"生既无成,死亦万古。节报高皇,恩怜老母",而后自缢。大臣霍子衡大书"忠孝节烈之家"于中堂,北拜,而后谒拜家庙,全家9口投井。之后,南明永历朝与清军反复较量,至顺治七年(1650)十一月,广州被清军再次攻占并屠城。此役,清军压倒之势及南明政权腐败无能显而可见。然而,南明政权在广东的活动,主要是在精神层面产生的影响,这种由中国封建社会长期培养的以忠君即报国,以及坚决抗击异族入主的观念,在这本被视为南蛮化外之地越来越浓烈,乃至发展到根深蒂固,具体演化为南明势力在广东坚持抗清斗争前后长达15年。入粤清军突袭广州灭亡南明绍武政权之后,分兵三路向广东省内西、北、南部挺进追击永历政权,企图一鼓作气夺取广东全境。却遇到粤中抗清武装纷起反抗。以陈邦彦、陈子壮、张家玉为代表的抗清义军坚持斗争,至为惨烈。南明兵部主事陈邦彦起兵于高明,监军御史张家玉起兵于东莞,大学士陈子壮起兵于南海,凭借各自在地方上的威望和影响力,相互砥砺。响应而起的抗清武装数十处,因陈邦彦、陈子壮、张家玉兵力为强,多归其领导,并将主攻目标聚焦于据守广州的清军,于周围一带坚持战斗十月之久,牵制了广东境内清军几乎全部兵力,使之无法西进,为抗清大局做出了牺牲,让永历政权得以苟延残喘。陈邦彦、陈子壮、张家玉在斗争中皆英勇牺牲,被后人誉为"广东三忠"。其事迹之壮烈,不比宋末入粤三忠逊色。

粤中各路反清武装,以陈邦彦所部最强。陈邦彦为顺德龙山乡(今佛山市顺德区龙山镇)人,其父以教馆为业,他在锦岩冈设馆讲学,文章道德为时人推崇,远近士人闻风而至,每年学生数以百计,门下学生多至数千人,屈大均就是他的学生。陈子壮罢官隐居广州时曾把陈邦彦请到家中讲授课业。清兵入关,南明为弘光帝在南京即位,陈邦彦上书中兴政要三十二事数万言,未获采用。直到隆武帝在福建登基,户部侍郎苏观生献上陈邦彦之上疏,隆武帝阅后叹为奇才,召授为监纪推官,越年晋兵部职方主事,监粤兵万人,协同苏观生进兵江西。兵败,苏观生率残部入广东,苏观生将"国未有主"作为急务,陈邦彦则提议"国乱先内,国危先外",主张先固守潮惠一带,以稳住两广,并自请率一军守南安死战,苏观生不纳所请,坚持撤回广州,拥立绍武帝。局势发展果如陈邦彦所料。绍武、永历内讧,陈邦彦只好逃入高明县山中隐居。绍武君臣死难,他为牵制清军,为逃往桂林的永历帝解围,遂于高明起事，率两万余人队伍及舟师数百人进迫广州。清军围攻桂林的李成栋被佟养甲追回广州。陈邦彦只好撤围，攻取顺德，约陈子壮在南海、张家玉在东莞、黄公辅在新会各处将兵，形成犄角之势，又派人联络粤西一带反清武装，军声复振，暂成僵持局面。清军捕去陈邦彦一妾二子，陈邦彦在劝降书上批复："妾辱之，子杀之，身为忠臣，义不顾妻子也！"其妻子终被清军杀害。同年七月，陈子壮与弟陈子升、长子陈上庸等毁家纾难，捐资募兵，誓师南海九江，得战船数千艘。陈邦彦密约其水陆并进复攻广州。事先说服清广州卫指挥杨可观为内应，以"花山盗"三千人伪降，安置守东门以侍机。不料，陈子壮先期二日临城下，杨可观被捕不屈而死，花山卒被佟养甲设伏尽杀。陈邦彦至时，已失去机会，义军攻城八日不下。陈邦彦与陈子壮密议，设伏突袭回师广州的李成栋部。陈邦彦以大船突袭李部，本已获胜，陈子壮军于黄昏中误以乘胜追击的陈邦彦水军为敌军，乱了阵脚，义军反胜为败。陈上庸在后撤时阵亡，李成栋尽发精锐力攻退守清远的陈邦彦。奋战至此，陈邦彦已是精锐尽丧，外无援军，唯竭力苦撑。李成栋攻城数日不下，挖地道填以炸药引爆，城崩十余丈，终被攻破。陈邦彦率数十人巷战自清晨至中午，左右死伤殆尽，他颈部受三处刀伤，退入朱家花园，见朱学熙（陈邦彦的学生，清远人，南明翰林院待诏）已在园内自缢而死，痛哭再拜，在花园亭壁题诗三首，其一曰："无拳无勇，何饷何兵？联络山海，喋血会城。天命不佑，祸患是樱；千秋而下，鉴此孤贞。"遂投水池自尽，不料水池太浅，为清兵所执，槛车押送至广州。佟养甲派医生为他治创伤，送上佳肴，陈邦彦笑而却之，写下《狱中步文丞相韵》诗，谓"泉路若逢文相国，不知双眼可谁青？"在狱中绝食五日，临受刑前写下《狱中五日不食临命歌》，有句"崖山多忠魂，先后照千古"，是见南宋末文天祥等人在粤地传播忠贞观念的影响已深入人心。陈邦彦被凌迟于四牌楼，终年44岁。永历小朝廷帝追赠其为兵部尚书，谥"忠愍"。

陈子壮是南海县沙贝村（今属广州市白云区石井镇）人，为官宦后代，其父任吏科给事中，赠太常寺卿。陈子壮有好的家庭教育环境，23岁中探花，授编修，同充修史馆，奉使祭南海神。他素有忧国忧民之心，不肯附会于魏忠贤阉党，与其父同被罢官归居广州盐仓街。后再度起用，迁礼部右侍郎兼侍读学士，兼经筵日讲。又因言事激昂，再度罢官归粤，在广州城郊辟云淙别墅，在东郊置东皋别业，重开南园诗社，振兴岭南诗风。崇祯帝起用他协理詹事府，李自成攻陷京师未能成行，只能率会城诸缙绅设崇祯灵位于光孝寺祭奠。南明弘光帝拜陈子壮为礼部尚书，掌詹事府事。清军南下，他觉察掌兵权的郑芝龙、大臣钱谦益有降意，又为首辅马士英所阻，无法见弘光帝，只好在清军抵金陵（今南京）时潜还粤地，集旅勤王。获隆武帝授东阁大学士、兵部尚书，在广州捐资招募两千余人，日夜训练。应陈邦彦、张家玉相约，共攻广州。战败，撤入高明县城。李成栋围攻高明，重施攻清远故伎，挖地道装炸药引爆，城破，陈子壮穿着冠服，端坐自如。李成栋派人用轿将他抬至军中，行宾至之礼，陈子壮谈笑风生。押至佟养甲营中，他岸然面北而立，佟养甲叱其跪下，他厉声说："我是朝廷大臣，头可断，膝不可屈！"佟养甲以灭族威胁，他说："但求死得其所，他非所计也！"佟养甲把他拉到东郊，让他陪看杀了6位战俘，他面无惧色，且笑且骂，终被处以锯刑。佟养甲遍召广州诸降臣坐观其受刑。刽子手锯不下去，陈子壮大呼"蠢奴，锯人需用板也！"时年51岁。刑毕，佟养甲命人将肢解的尸体投于四郊。其母也自缢身亡。粤剧《血染越王台》即以此事为题材。南明永历帝追赠陈子壮太师、上柱国、中极殿大学士、吏兵二部尚书、番禺侯，谥"文忠"。清朝坐定江山后又赐其谥"忠简"，统治者双方都不忘褒扬"忠"的观念。今东皋大道地名由陈子壮园宅东皋别业而来。白云区金沙街（原石井镇）沙贝村下元里有奉祀陈子壮的宋名贤陈大夫祠。

张家玉是东莞县万江租头村（今属东莞市万江街道）人，崇祯十六年（1643）28岁中进士，选庶吉士。李自成进京，张家玉被执，长揖不跪，被缚于午门外三天不愿投降。李自成威胁要处死他父母，他这才跪下。其时他父母还在岭南，不在李自成手中，如此书呆子气，为一些人讥笑。李自成战败，他南归被捕。翌年，南都失守，他得以脱身，为隆武帝授翰林院侍讲兼兵科给事中，监御右营军，后总督武兴营军务，他到镇平县（今广东蕉岭县）招抚农民军数万，从中选精锐万人。隆武帝败亡，军心不稳，他只好将队伍拉回东莞。苏观生在广州拥立绍武帝，许他以兵、礼二部右侍郎之官衔，他不去。张家玉集结兵力袭取莞城，斩杀清知县，不久清兵大至，率兵退回道滘，血战三天，道滘被攻陷，死难者众，仅张家玉一家死难三十余人。其祖母、母亲、妹妹皆投水自杀，妻彭氏为清兵所执，大呼："我张总督夫人，贼敢辱我！"被斩断肢体而死。张家玉退走新安县（今深圳市宝安区）西乡。清兵为战胜张家玉，付出很大牺牲，"盖三攻西乡而两败，攻到滘（今道滘）而一败，死者凡万八人。东莞之到滘、新安之西乡，敌闻之，至今咋指为鬼门之关也"①。之后，他重振旗鼓，一度克复龙门、攻克并进屯博罗县城。李成栋率重兵围博罗，相持二十天，清兵以东江水灌城，加上城中缺粮，张家玉只好弃城而出。队伍走龙门，复募兵万人，攻下增城。十月，李成栋穷追不舍，将城重重围住，激战十日，张家玉力竭而败，身中九箭，负伤坠马，参将陈瑞龙背着他撤走，清兵追上来，陈瑞龙将他置于草丛中，徒手搏斗。诸将请求突围，张家玉说："矢尽炮裂，欲战无具；将伤卒死，欲战无人。等到天亮，都要束手就缚！大丈夫立天地，死大难。事情已到了这个地步，还用什么徘徊不决，等着以颈血来溅敌人之手呢！"他起身向诸将行礼，跃入野塘自杀，怀中还抱着南明隆武帝所赐的"正大光明"银印，时年32岁。他是"广东三忠"之中牺牲时年纪最小、杀敌最多者。永历帝追赠他少保、武英殿大学士、吏部尚书、增城侯，谥"文烈"。百姓把张家玉殉难的野塘称为张家塘。广东三忠背着南明小朝廷追赠的一大堆官衔而去，给岭南留下的是尽忠殉难的精神。

---

① 屈大均：《胜朝粤东遗民录》附录《文烈公行状》。

这场广州易帜之役，殉难南明的英烈，除了"三忠"，名气大的，还有黎遂球与邝露。黎遂球是番禺人，出生于板桥乡濠弦街（今广州市豪贤路）。家学渊源，其父黎密入祀乡贤祠。他是个面貌娟秀的美少年，文武双全，9岁能文，下笔辄奇警纵横，力能挽强弓。但四次应试会考均落第，惟于赶考期间热心诗文会友，结交了岭内外一帮诗友。崇祯十二年（1639）冬，落第时途经扬州，参加了江南名士以黄牡丹为题的雅集，即席赋"七律"十首，由江南文宗钱谦益评定名次，黎遂球荣得桂冠，在扬州华服游街三日，回到番禺受到画舫恭迎，两地民众夹道争看"牡丹状元"，一时传为佳话。他和陈子壮等十二人在南园重开诗社，被称为"南园后劲"。甲申之变之后，清兵南下，他尽散家资，购置铁铳200门及火器、药弩等，解赴督师史可法军中佐用。一面上书当局，请储饷练兵，一面亲谕富家巨室捐输公帑共赴国难。因陈子壮推荐，他为南明隆武朝任命为兵部职方司主事，提督两广水陆义师救援江西赣州，率部入城。坚守孤城数月，城陷，黎遂球与胞弟黎遂琪率数百勇士巷战。黎遂球连中三矢，伤重坠马，清军骑兵蜂拥而上，挑开衣甲见所佩敕印，说："这是当官的。"黎遂球大骂，被连斩数刀而死，时年44岁。黎遂琪及仆从30余人同日战死。万历帝诏封黎遂球等五人为"五忠"，敕建五忠祠于赣州，追赠黎遂球为太仆寺卿，加赠兵部尚书，赐谥忠愍。广州人为纪念他，将其出生地改名豪贤街，就近建有黎忠愍祠。邝露是南海大镇乡（今佛山南海区大沥镇）人。素有"南海奇士"之称，出身世代书香门第，5岁能作诗，精于书法，视科举为儿戏，几次应试不第，纵酒放任，傲然不屑。终于穷困潦倒。他喜爱收藏奇器古玩，至为钟爱的是两把古琴，一为唐琴绿绮台，一为宋琴南风，窘困无计时不得不送入当铺。他常衣不蔽体，足踏草鞋，行歌市上，旁若无人。因得罪县令被迫出走，浪迹天下，写下数百篇诗，才名大起。清兵入关，他南返向弘光朝献策，未至而弘光朝已覆灭，又投奔隆武朝，被举荐为中书舍人，见朝中败象，离职返回岭南。他儿子邝鸿是个能作诗、会击剑的有为青年，清兵攻广州城时，率北山义勇千余人战死于东郊。邝露以儿子为国捐躯自豪。他接受永历朝封为中书舍人，奉命回守广州，并以诗记述了李成栋的夫人赵氏劝李归明，自刎尸谏的重要史实。他与诸将戮力死守广州，城破，他抱着布巾包的古琴想逃离出城，遇上入城清军骑兵，清兵用刺刀刀刃去挑布包，邝露镇定地笑着说："这是什么东西，可以这样相戏？"说得那个骑兵也觉得好笑。他见出城无望，遂从容返回居所海雪堂，将珍爱的二琴、宝剑、怀素真迹字帖等图书奇器环置周围，放声吟起诗歌。等清军骑兵突入，从容就戮，时年47岁。殉难官兵还有回族的。在解放北路清真先贤古墓东侧，有南明回族将领羽凤麒、撒之浮、马承祖三人衣冠冢。顺治七年（1650）尚可喜攻城，羽凤麒自缢于双门底拱北楼，撒、马二人阵亡。后人建"回教三忠墓"，并在墓北侧建"三忠亭"以纪念。

陈乃刚认为："明末移民，在精神文化上对岭南人的影响是积极而悲壮的；在物质文化上对岭南人带来的则是一场破坏和毁灭性的灾难。""有了永历政权和一批忠于明王朝的移民，就使岭南人的这场可怕的灾难变得空前残酷了。"① 将南明君臣官兵尽称为移民并不恰当，但对南明在广东的抗清事件的结果的评价却是客观的。以致到了两百年后的鸦片战争及以后一系列反帝反清斗争（广东的团练、乡勇及民众三元里抗英、反入城斗争）中，仍可以看到这一事件在广州人的性格中留下的烙印。

---

① 陈乃刚：《岭南文化》，同济大学出版社1990年版，第77页。

四十三

清初遗民屈大均

明清易帜之际,扬名后世的不仅有殉难英烈,还有一批苟全性命的全节遗民,或出家,或不仕新朝,同样符合传统社会的道德规范,为新朝所容纳,成为其巩固统治标示"忠"的观念的榜样。清初诗坛三大家之首的屈大均,是这后一类人的一个典型。

屈大均,初名邵龙,又名绍隆。字翁山,他还有许多字、号,诸如春山草堂、九歌草堂、二史草堂、古丈夫洞草堂、四百三十二峰草堂,表明他对杜甫的景仰和浪漫有才。他父亲是一个没有产业的乡间医生,对屈大均读书却督促甚严。屈大均10岁能诗,14岁能文,15岁时,即与同里诸子结成西园诗社。其才学为同县举人所惊奇,推荐其就学于陈邦彦,学的是经世济用的学问。那时,他有远大抱负:"小子生年方十五,意气飞腾思食虎。""忆昔从师粤秀峰,授书不与经师同;捭阖阴谋传鬼谷,支离绝技学屠龙。"屈大均的诗歌创作,代表了清初岭南诗坛的最高成就,被誉为"岭南三大家"之冠。① 他与顾炎武被相提并论

---

① 陈永正:《岭南文学史》,第207页。

为清代"前期作家中的有名人物"①,是蜚声岭内外的诗人。他一生的重大行迹几乎都以诗留载。诗文出众,是他出名的首要原因,其诗得到清初文坛盟主朱彝尊的推介,未出岭已扬名海内。出岭北上,使他有更多机会接触中原文化,吸取了中原文化的精华,也得以诗名远播岭外;既促进了岭内外诗坛文化交流,又促使岭南诗坛获得海内公认独树一帜的地位。

　　生当政治动荡的时代,他也卷进了时代的旋涡。他以楚人屈原的后代自居,标榜爱国忠君。他的前半生,围绕抗清斗争,勇而不死,后半生,则以遗民扬名于世。赢得"具有崇高民族气节的著名学者"之称誉。②其经历之曲折复杂,足可以反映清初社会风尚。陈邦彦举旗反清,他投奔陈邦彦,独领一队,自称"矢尽犹争先",却能毫发无损。各路反清武装攻打广州不克,陈邦彦率师死战,重伤自杀未果,被俘殉国,暴尸旷野,屈大均为之作传、撰赋示哀。在《陈岩野先生哀辞》中称:"有弟子兮后死,曾沙场兮舆尸。抱遗弓兮哽咽,拾发齿兮囊之。"文字写得"极其凄美"③,但这应当是文学语言,史载陈邦彦被凌迟处死于四牌楼,当不存在沙场收尸,"抱遗弓哽咽"的场面。这之后,他投身佛门12年,以出家人身份掩护抗清联络活动,其间,五次岭外之行,前后近30年,在岭外时间共约13年,遍涉东南沿海,且北上辽东,西出雁门,足迹几及半个中国,交往十分广泛。康熙十二年(1673)诏令撤藩,平西王吴三桂在昆明起事反清,率师抵湖南。屈大均往湖南从军,上书吴三桂纵论兵事,被任命为广西按察司副使,奉派监桂林孙延龄部。孙延龄是定南王孔有德的女婿,握有兵力,迫于吴三

---

①　中科院文学研究所:《中国文学史》,人民文学出版社1962年版,第1012页。

②　杨万秀主编,本卷章深主编:《广州通史·古代卷》,中华书局2010年版,第834页。

③　董上德:《屈大均》,广东人民出版社2008年版,第13页。

桂大兵压境而胁从反清。按察副使为正四品，职位不低，担子却不轻。在吴军二年，见吴三桂也成不了气候，托病辞官回粤。果然，过了两年，吴三桂称帝兵败。屈大均逃过一劫。

翁山岭外之行，主要行迹在关西及东南沿海，正是反清势力活动最活跃的地区。屈氏所结交的不乏反清志士，说明他此时反清复明的愿望还是很强烈的，为此奔走不舍。同他交往的抗清人士，多有被捕或牺牲，屈大均很幸运，在不少危难关口得以逃脱，一次也没有被捕。顺治十六年（1659）他到南京，与魏畊结为莫逆，参与策划反清。魏畊托人送密信邀郑成功从海道攻取南京，郑氏功败垂成。事后，魏畊、屈大均等人避祸于山阴祁氏兄弟（弘光朝右佥都御史祁彪佳之子）之寓山园。魏畊、屈大均密谋再致书在浙江天台坚持抗清的张煌言，力图再举。结果因同谋者告密，魏畊被捕，受酷刑不屈处死；祁班孙被捕，遣戍东北；屈大均脱险，逃往桐庐。

屈大均不仅与反清志士、全节遗民交往，也与不少仕清的明季士人、清朝的廷臣州吏来往。就其酬赠诗题，已可见与其交往的入岭为官者甚众，有东莞知县高维桧，番禺知县汪起蛟、孔兴琏、武筹、高去侈（曾为屈大均文作序），西宁知县张溶，四会知县吴树臣，阳春知县康善述，归善知县佟铭，新会知县佟容、贾雒英，英德知县陆云登，琼山知县茹元，惠来知县张秉政，增城知县冉存异，连山知县刘允元，顺德知县徐勋，电白知县郭指南；惠州通判俞九成，高州通判汪鼎及户部郎汪森兄弟，罗定知州刘元禄，雷州知府吴盛藻，韶州知府陈廷策，廉州知府徐化民，广州将军王永誉，宫允严绳孙，粤海关监督成克大，广东驿盐道张云翩及江南提督张云翼兄弟，广东督学陈肇昌，庶吉士陈大章，侍讲查嗣，广东参议督粮道蒋伊、两广总督吴兴祚，广东督粮道耿文明，广东盐道提举张杉、江安粮道周亮工，东莞水师营守备孔怀，进士程化龙及邹祗谟，选刻《道授堂》的国子监生沈用济，入粤典试之王又旦、黄斐。关系密切的，如定安知县张文豹、永安知县张进篆聘屈氏纂修县志；广州知府刘茂溶资助其纂修《广东文集》、刊刻《广东文选》；驻防广州参领王之蛟在广州东皋建关庙，旁筑诗社，请屈大均主持。屈大均曾客住惠州知府王瑛斋中，应邀撰《惠州府学先师庙碑》，为王瑛门客张梯作《张桐君诗集序》，与王瑛同入游罗浮并和诗。王瑛则为王隼所编《岭南三大家诗选》作序。王瑛还宝坻及迁任川南，屈大均皆有诗相赠。屈大均临终前数月，与一班诗友会集广州城南王瑛斋中，座上客有编修史申义、茂名知县王原、连平知县于廷弼。这么一长串名单，足证屈大均与清朝广东官场高层交往之广泛及来往之密切。少数学者注意到这个问题，大体的看法，是认为屈大均与清朝官吏来往时当晚年，是迫于情势不得已而为。例如，汪宗衍谓："世讥先生晚年辄与官吏诗酒往来，余维（谓）先生于东西南北之行，所图不遂，复有郑成功、吴三桂之依附，亦皆失败，两遭染连罗织，而台湾郑氏亦未几降清，其时已势穷力竭，潘耒赠诗云：'琴心久歇辞谣诼，龙性初驯避弋缯。'当时情势，其有不得已而然欤。"① 对这个问题应从史实入手，对复杂的历史现象进行客观剖析，从特定的历史环境下更广的角度对历史人物做出了解评判。

且以屈大均与钱谦益之关系为例。屈大均是始而投身抗清，终而坚不出仕的全节志士；钱谦益则是以东林巨子之身份，始而投靠马阮，继而折节降情，"以招降江南为己任"。② 选择这么两个气节志向迥然人物的交往做一剖析，可窥明清之际社会关系之一斑。

屈大均与钱谦益的交往，始于见面之前。顺治十四年（1657），文坛名士、清朝降臣龚鼎孳颁诏至粤，持钱谦益之书，访求道独搜辑憨山《德清梦游全集》，屈大均与其事。此书最后由曹溶集众缮写，载以归吴，谦益编定付梓。明末清初的佛门，并非四大皆空的境地，同抗清运动有着密切的联系。道独是在明天启七年（1627）出家的，他与抗清英烈陈子壮、黎遂球关系密切。他曾说法海幢寺，"一时节烈文章之士，

---

① 汪宗衍：《屈翁山年谱》。
② 李天根：《爝火录》卷10。

多赖以成立"①，可见其致力保护先朝遗民。屈大均落发，是拜道独之徒天然和尚函昰为师。按照道独的身份及其弟子们反清行动的活跃，钱谦益以降臣身份居然让钦差龚鼎孳持信公开与之联系，当属大胆举动。永历旧臣金堡出家，栖身广州海幢寺，称澹归和尚，龚鼎孳也与之来往，有《人日同张登子、邓孝威游海幢寺访澹归上人》诗。② 这些，都反映出当时既错综复杂又有一定政治开放程度的人际关系。通过这次间接交往，屈大均对钱谦益应有所了解，这才导致他在两年后北游吴门时，主动上门造访钱氏。

顺治十六年（1659），屈大均持道盛书，访钱谦益于吴门。屈大均在金陵受道盛菩萨戒，也是其门下。屈大均上钱氏之门相访，相见甚洽。关于这次会面，钱谦益在给毛晋（镂刻《德清梦游全集》的汲古阁主）的信中，评价罗浮一灵上座："真方袍平叔，其诗深为于皇所叹，果非时流所及也。"钱谦益大屈大均48岁，在当时文坛上之名气，更远非屈大均所能比肩，他对屈氏如此赞赏，殊属难得。初次见面，即为屈大均作《罗浮种上人诗集序》，这对于屈大均诗名的扬播有着很大的作用。值得注意的是，钱谦益在此序中，更着重于褒扬屈诗之忧国情怀，指出屈大均以笔作刀以效报国之心的本意："以是诗句举扬妙喜，忠君忧国，一点热血，使百千万劫忠臣义士种性不断，即是佛种不断，则种师之笔管与屠儿之屠刀，说法炽然，有何差别？"③序文竟然大声疾呼"忠君忧国""忠臣义士"，揭示了钱谦益此一时期内心世界的一角，更由此探测到屈大均访钱恐不止求序扬名那么简单。钱谦益醉心功名，乃至降清折节，本已定论。但他却未料及降清之后，不得志而受朝野羞辱，悔恨交加，因有所改变立场，在柳如是推动下，对反清复明的活动有所支持，为便于和松江、嘉定遗民往来联络，刺探海上消息，在

---

① 宣统《南海县志·释道传》。
② 王士禛：《渔洋感旧录》。
③ 钱谦益：《有学集补·钱牧斋尺牍》。

长江口常熟白茆港顾氏别业卜筑芙蓉庄即红豆庄，屈大均访钱谦益的地点，即于此处，因有《访钱牧斋伯芙蓉庄作》诗。屈大均、钱谦益同时与狂走四方、誓死抗清的魏畊交往，透露出他们交往的政治基础。清廷方面，屈大均死后80年，乾隆帝下谕谓："钱谦益在明已居大位，又复身事两朝。而金堡、屈大均则又遁迹缁流，均以不能死节靦颜苟活，乃托名胜国，妄肆狂狺，其人实不足齿，其书岂复可存，自应逐细查明，概行毁弃，以励臣节，以正人心。又若汇选名家诗文，内有钱谦益、屈大均所作，自当削去，其余原可留存，不必因一二匪人致累及众。"① 在气节问题上，钱、屈本不能相提并论，而乾隆将二人之行迹及作品同列，视为一体，这倒可以佐证二人之品行及交往之有共同之处。

从屈大均与钱谦益等人的交往，说明其与清政府高官之来往，并非到了晚年才有，也并非因大局已定的局势才不得已而为，这与清初的社会环境是有很大关系的。当时，反清义士、明末遗民或为了谋事，或为了谋生，不可能完全与世隔绝。而仕清（包括降官）者，有不得已而为，也有抵挡不住科举诱惑的，这些人与义士、遗民仍有着千丝万缕的关系。有的起了庇护作用，甚至资助反清大业的。另一方面，清廷为了争取民心，渐而改变初时依仗武力强硬镇压的政策，做出一副宽柔兼容的姿态。在清朝政府笼络和高压相结合的政策下，满、汉地主阶级、知识分子不仅在政治上开始了进一步的合作。康熙南巡时，对亡明的遗老遗小不咎既往，而且热情召见，待若上宾，五次前往朱元璋孝陵行三跪九叩之大礼，严令督、抚等地方官员严加保护，竟使尾随相望之数万居民都感动涕泣。在这种情况下，忠于明室者与仕清者公开交往并不奇怪。至于义士志人与仕清者的交往，有借以掩护反清活动的，有以文章人品私友的，也有咸与谋划的。屈大均与钱谦益的公开交往，当然就不足为奇了。

---

① 《四库全书提要》卷首。

屈大均晚年与清廷上层高官往来更为密切。康熙十七年（1678），诏开博学鸿儒科，谕中外官员各举所知征诣阙下，太原人阎若璩开列了一个数十人的清单，谓将这些人齐集金马门，才说得上"野无遗贤"。屈大均与顾炎武、顾祖禹同列名单，可知他在海内之声望。两广总督吴兴祚、钦差大臣王士禛在与屈大均款洽酬唱之时，提出要荐举他。彼时，顾炎武已去世，朱彝尊、李因笃都在踌躇再三之后应科举出仕，以布衣入选，"海内荣之"，在士人中产生很大影响。屈大均坚不动摇，以家有老母及著书未竟为由谢绝举荐，既得以保全气节，又不碍吴兴祚之面子。此后，屈、吴仍有来往，吴兴祚还赠以沙田37亩，二人来往酬唱不少。简而言之，屈大均与不少仕清官员、变节者的来往，有多方面的原因，也是当时的社会背景下并不奇怪的行为。在与各式各样人物的周旋中，他能够始终保持不出仕的坚定立场，使他在同时代的一批名士中显得出类拔萃。

屈大均与不少清朝地方官员来往，有多方面的原因。首先是他本未存以身殉国之思想，正如黄文宽所说，屈大均"没有忠君以死职守的思想"，① 屈大均是以明朝为"国"的，所以他才能以遗民自居，并以此为守节之基本立场。不过，从屈大均一生行止看，未见其有"殉国"之企举。早与之共事、共谋举义的陈邦彦、屈士煜、魏畊以及永历朝的一些同仁皆壮烈殉国，屈大均则数次皆能大难得脱，勇而不死。其可贵之处，唯保全气节，坚不出仕。屈大均在前期同仕清人员的交往有着掩护抗清活动的目的，后期交往更多的是以承认现状为前提。简而言之，屈大均保全节守，不等于与变节者绝交；不求出仕，不等于不与当政者往来。他在与各式各样的人物周旋中，始终保持不忘旧国的清醒头脑和保持操守的坚定立场，这是不易做到的。其次，他在交往中并非虚与应酬，而是有所选择的。综观其交往的一批人中，皆是或有文才或有政声、有清誉者。诸如王士禛、吴兴祚。屈大均利用与当政者的关系，也

---

① 黄文宽：《屈翁山的哲学思想初探》，载《岭南文史》1986年第2期。

做了诸如修《广州府志》《永安县次志》《定安县志》等兴利倡文的实事。这也有助于为他晚年撰写《广东新语》搜集素材。屈大均萌纂修《广东文集》之念,得刘茂溶和广东督军刘肇昌之助,汇辑唐至明末粤人著作,卷帙浩繁,后于 300 余卷中选辑其尤者为《广东文选》40 卷付刻。西宁知县张溶开办社学,屈大均为之"取宛平孙退谷所录君臣、父子、夫妇、兄弟、朋友之诗凡二十六篇""令社学教之歌",以便"存之于心,抑扬之于口,而后为师者养正之功乃成焉"①。维护封建道统,实际上也是为清朝统治维稳。

---

① 屈大均:《翁山文钞》卷 1《童子雅歌序》。

四十四

从羊城八景演变看明清广州城市变迁

中国古代自宋代起就有选地方八景的做法。羊城八景之选,也始于宋代,此后历朝都有八景之选。

明代羊城八景为:粤秀松涛、穗石洞天、番山云气、药洲春晓、琪林苏井、珠江静澜、象山樵歌、荔湾渔唱。①

清代羊城八景为:粤秀连峰、琶洲砥柱、五仙霞洞、孤兀禺山、镇海层楼、浮丘丹井、西樵云瀑、东海鱼珠。②

此前,宋、元羊城八景变化并不太大,有半数相同,③ 其共同特点,一是大部分分布在城外(宋代仅光孝菩提在城中,海山晓霁、菊湖云影及元代的粤台秋月都在城郊,余在城外);二是绝大多数集中于二山(白云山和越秀山)、一水(珠江);三是主要是自然景观(建筑只

---

① 乾隆《广州府志》。

② 乾隆《广州府志》。

③ 宋代羊城八景为:扶胥浴日、石门返照、海山晓霁、珠江秋色、菊湖云影、蒲涧濂泉、光孝菩提、大通烟雨;元代羊城八景为:扶胥浴日、石门返照、粤台秋月、白云远望、大通烟雨、蒲涧濂泉、景泰僧归、灵洲鳌负。

涉及光孝寺、海山楼）；四是佛教景点（与光孝寺、景泰寺、大通寺相关）占一定比例。

明清时期羊城八景的选择，传递了这一时期广州城市变迁的信息。

明代羊城八景较宋元八景变化很大。其特点，一是分布范围大为收缩。宋、元八景，北至白云山、西至石门、东至黄埔、南至芳村。明代八景，北至越秀山，东至教育路、西至荔湾、南至珠江边。明初扩城，把越秀山南麓也圈入城内，八景尽在城区，不到白云山；二是景观不限于越秀山和珠江，还有城内一些景点；三是人文景观比例增大，道教景点（涉及五仙观、药洲西湖遗址和玄妙观）也占一定比例。

清代景点羊城八景变化尤大。一是分布范围大为扩大，主要向东西方扩展，西至西樵山、东至黄埔、北至越秀山、南至珠江边；二是人文景观比例扩大，涉及琶洲塔、五仙观、城隍庙、五层楼、西禅寺。

综上所述，可见从宋至清，羊城八景选点大体变化规律：一是景点分布范围有收有放，至清代最大；二是景点分布较为集中于越秀山和珠江一带；三是人文景观比例越来越大；四是从佛教景观较多转向道教景观较多。

从明清八景选择的演变，可见到城市环境的一些重大变化及其与城市活动的联系。

白云山景观不列入明清八景。传说秦代就有方士安期生在白云山活动，唐代杜审言、宋代苏轼都留下了题咏白云山佳句。白云山在明清依旧是学者、诗人治学赋游之名胜。羊城八景中，白云山在宋代有"蒲涧濂泉"，① 元代有"蒲涧濂泉""白云远望""景泰僧归"三处，显然得到开发。明代却被越秀山景点取代而逐出榜上，主要是三城合一，城区扩大后，越秀山景区加大开发，特别是密切与城内居民关系，取代了白云山在城市旅游景观中的地位。宋代八景的"菊湖云影"，只是越秀山

---

① 宋代羊城八景中之"菊湖云影"一说在越秀山麓，一说在白云山蒲涧濂泉东侧。本文持前说。

东南麓（今挞子大街一带）景色。元代的"粤台秋月"，展示的是古越台迷离斑驳的画面。越秀山一带原是南越王陵区，又是历代统治者游乐之地，同时是镇守城区、扼守北部丘陵谷地入城必经的军事重地。明代扩城，将北面城墙推上越秀山，建镇海楼作为军事防守的制高点。清代在山上还筑有四方炮台等炮台。这些，都会在一定程度上影响越秀山对市民开放和作为公共园林的开发。但明代进入稳定发展时期以后，越秀山景观得到逐步开放。明代的"粤秀松涛""象山樵歌"，以林莽苍苍之气势取胜。清代的"粤秀连峰""镇海层楼"二景，象山樵歌演化为粤秀连峰，加大游览范围，高峙山岗上的五层楼已有向市民开放机会，越秀山在城市生活中地位得到提升。

古代珠江江面相当宽阔，广州城西一带是由沿江水网渐而变为汛地沼泽，再淤积为平原，城垣西只到今人民路，南虽建有新城，也只到今大德路。位于冼基北面的曹基（今存曹基直街），是明中期嘉靖年间新筑堤围，江面应有 500 多米宽。冼基、陈基、蓬莱基还只是基围，形成后于曹基，江面有 300 多米宽。《永乐大典》所载广州府城图中，海珠石还在江心近河南处。江面宽阔，即使晴日也可见到潮涌成澜的美景。随着时间迁移，泥沙堆积，珠江北岸向江心推移，江面变窄。明嘉靖四十三年（1564）至清顺治四年（1647）80 年间，珠江江岸又淤出二十多丈滩地，平均每年 0.9 米。城南因得以在旧城外又加筑东西二翼城（位于今万福路、一德路）。乾隆以后，为兴建十三行夷馆，建码头，大力填河岸成陆。道光年间，十三行夷馆就填出 33 米。① 在广州珠江河面其他地方，也有填河成陆以适应商务活动及扩路、建屋之情况，加速河面缩小，"珠江静澜"景色渐而消失。

明代八景有一些不再列入清代八景。其中"荔湾渔唱"，说明明代城西荔湾是河涌纵横的水网地带，一片水乡风光，居民与象岗樵夫不同，以渔业为主。清代八景中，不再有荔湾渔唱，反映城西的地理变

---

① 康熙《南海县志》。

迁。这一带河涌区，至清代渐淤为沼泽，再变为平原。得近水道和十三行之利，沿西濠及下西关涌两岸发展，在城西绣衣坊基础上发展起来，成为十八甫街圩繁盛的商业区。"番山云气"不再列入清代八景。南宋《南海百咏》称："今在州学之后者，止余一大磐石，有亭榜以'番山'。"① 中山图书馆北馆后今存番山亭小丘，曾昭璇指出"其下为红色砂岩（防空洞内即见）。宋时还是有石存在"。又说："今十三中这带最高，四围多为园林，故明代当日更比今天空旷，林木荫蔽，云霞自生，故称为'番山云气'……当日文溪下游还有大塘、长塘保存，今仍有街名，表示东澳所在。……故番山云气即由于东南西面为水域所致。"② 说明明代城内还保存着一些优美的沟渠和绿洲。中心城区水道围绕和林木荫蔽的迷人景观，随着城市发展而消隐，清代不复再见。

八景演变与城市经济发展也有直接关系。明代八景，除了粤秀松涛、象山樵歌之外，其余六景皆集中分布在城区西、南部，反映了经济活动造成居民生活状况的区域区别。嘉靖《广东通志》记述"郡城之俗，大抵尚文，而其东近质，其西过华，其南多贸易之场，而北则荒凉，故谚云'东村西俏南富北贫'。"③ 说明城内商贸区集中于南部和西部，有权有钱人当然也集中居住于这两处。这是由于城区南部近珠江，且有联通城内濠澳的交通之便，故而形成灯红酒绿、纸醉金迷的繁华贸易区。孙蕡诗中勾画出这种景象："广南富贵天下闻，四时风气长如春。长城百雉白云里，城下一带春江水，少年行乐随处佳。城南南畔更繁华，朱楼十里映杨柳。帘栊上下开户牖。"④ 因此，时人评选的八景景

---

① 方信儒：《南海百咏·番山》。

② 曾昭璇：《广州历史地理》，广东人民出版社1991年版，第363、364页。

③ 嘉靖《广东通志》卷三十"民物志一"。

④ 孙蕡：《广州歌》，见《南园前五先生诗·南园后五先生诗》，中山大学出版社1990年版，第48页。

观集中于南部城区，与及时行乐的心态及城内繁华景象有关。西部虽在城郊，也得江河交通之便，加之淤积平原，有利于居住发展，既形成商业的码头街市，也成为致富者建宅园之地。而北部荒芜的山地、东部不毛的丘陵地，则成为贫民居住区。

清代羊城八景分布范围，较明代有很大扩展，有两个值得注意的情况。

其一是向东部大大扩展至黄埔，到了珠江前航道江心（琶洲砥柱）及北岸（东海鱼珠）。这两处景观的出现，与清代广州的海上贸易活动极盛有关。琶洲是远离城区东南20公里的珠江江心洲，是由南海进入广州一个导航点。《宋史·注辇传》有注辇国使者前来中国"至广州之琵琶山"的记载。① 注辇国在今印度东南沿海一带，北宋时与中国来往密切。可见一千多年前琵琶洲已是东来海舶入珠江停泊处。明万历年间，有绅士倡导在此建一水口之塔，以壮观瞻，在南岸又建有赤岗塔。清代，琶洲成为海船入省城要过三关（琶洲、海印石、海珠石）之首当其冲第一关，停泊于此的还有闽浙船只。洲上有两个小山相连，树木葱茏，洲下为天然避风港，波涛不惊，樯帆如林，成为商城广州一处门户港口。地处珠江入广州水路要道上的琶洲塔，成为外来船只远远望见的导航标志，洋人书上称之为"中途塔"，这风光也为不少墨客骚人所迷恋吟唱。"琶洲砥柱"是清代中外风景画上常见的题材。民初1918年广东省银行发行银元兑换券，图案采用琶洲塔。琶洲成为八景之一，反映清代广州外贸的兴旺。东海鱼珠在琶洲更东面的黄埔港附近，是江心的冲蚀红砂岩石块，长期被波涛冲刷，圆净如珠，北面一山如鱼张口向珠，故称鱼珠。晚清设有鱼珠炮台。此地列为八景，同样反映黄埔外贸地位的加强。

其二是"西樵云瀑"列为羊城八景之一。西樵山离广州城区近70公里，今属佛山市。由此不仅说明西樵山风景在当时很有名气，游人不

---

① 《宋史》卷四百八十九，列传第二百四十八"注辇传"。

断，且说明当时广州的文教活动范围扩大很多，与西樵山关系密切。明代佛山在珠三角新兴圩市中脱颖而出，与广州一起成为珠江三角洲经济轴心。广州是对外贸易中心，佛山则是省内工商业中心，两地有不可分开的经济联系，时人并称"省佛"。西樵山许多人文景观与广府文化有密切关系。例如西樵山上的云泉仙馆，辟于清代，为广州道教活动中心之一。佛山的兴起，使西樵山成为珠江三角洲尤其是广州居民纷至沓来的旅游风景区。明清之季，岭海文人雅士如陈献章、湛若水、方献夫、霍韬、吴廷举、李子长、欧大任、戚继光、陈子壮、陈恭尹、黎简、朱次琦、康有为等，都曾到过西樵山活动。循旧迹，辟新境，景点从山的中南部拓展至全山。这是清代羊城八景中离广州城郊最远的景点，反映清代广州经济发展的辐射作用以及广佛社会文化千丝万缕的联系。

八景是民众公认的景观，其中也包括集都市各种公共功能于一身的市民活动场所。五层楼始建于明初，为会城之壮观处，屈大均评说云："四楼惟镇海楼最高，自海上望之，恍如蛟蜃之气，白云含吐，若有若无。晴则为玉山之冠，雨则为昆仑之舵，横波涛而不流，出青冥以独立。其瑰丽雄特，虽黄鹤、岳阳莫能过之。"① 说明他注意到一个现象，那就是海舶入珠江时触目可见镇海楼，起到航标作用。镇海楼在明代做军事用途时间占多数，且屡经毁败，故而未成为羊城八景之一。明代越秀山入羊城八景是"粤秀松涛""象山樵歌"自然景观。清代，五层楼虽有几次被驻军管制，和平时期则为越秀山游览首选胜地，也是重阳节登高、放鹞好去处。顺治十五年（1658）李栖凤任两广总督，"绕以缭垣，旁启月户，上祀文武帝君，任人登眺，咏觞茗尘，遂无虚日"②。康熙二十四年（1685）三藩乱平，镇海楼大修，楼巅奉文昌、关帝二神，重新开放。清人《广州竹枝词》云："一年容易又深秋，结袂联踪

---

① 屈大均：《广东新语》卷十七"宫语"。
② 樊封：《上南海百咏续编》卷一《遗构·镇海楼》。

汗漫游。笑问登高何处去，观音山上五层楼。"① "秋风吹向玉山游，荑酒花糕压担头。流鹚分明声不断，登高人上五层楼。"② 勾画出广州人重阳登高五层楼的具体情景。文人墨客登楼作赋，留下不少诗文，游迹大增，"镇海层楼"成为八景之一。

明代八景之一"琪林苏井"，指玄妙观，因观前有琪林门、观内有苏井得称。琪林门颇多碑记，其中有洪迈的《天庆观记》、苏轼的《众妙堂记》。苏井传说是苏轼寓居此寺时所凿。玄妙观位于今中山六路西段北侧，海珠北路和光孝路之间。唐为开元寺，宋代称天庆观（大门在祝寿巷），元改称玄妙观，明初重建玉皇宝殿、真武殿，为一方名观。玄妙（天庆）观是当时全国各地最为重要的道观，"通天下郡国，有观宇天庆最盛"。③ 通常位于闹市中心，是城内最为热闹的道教场所。元代羊城八景中，"景泰僧归""大通烟雨""灵洲鳌负"（小金山宝陀寺）皆与佛寺有关，未有与道教相关的。明代八景中，没有与佛教相关的，却有"琪林苏井""穗石洞天"等处与道教相关，这同统治者提倡道教，以及岭南民间多神崇拜风行有关。清代羊城八景中，有"五仙霞洞""浮丘丹井"两处道教景观，也没有与佛教有关景观。道教在市井中依然占上风。道教原生自中国以及融合众神的特点，更为容易满足世俗各种要求，在岭南民间流传更为广泛。特别是明代以后，祈风水、求发财、避邪厄之类的心态，使道教有了更多信众，在八景选择上也看出其影响。清代，五仙观景点仍列于八景，由"穗石洞天"改称为"五仙霞洞"，说明这处道观香火仍然旺盛。"琪林苏井"不再进入八景名

---

① 陈坤：《岭南杂事诗钞》，见《中华竹枝词（四）》，北京古籍出版社1997年版，第2806页。

② 《广州竹枝词·镇海楼》，见《镇海楼史文图志》，花城出版社2004年版，第186页。

③ 洪迈：《修天庆观三清殿记》，道光《广东通志》卷二百二十九"古绩略十四"。

单，礼拜神明的城市活动中心代之以城隍庙的"孤兀禺山"。广州城内有无禺山，所指何处，一直是史家考证不休的一个问题，清代这一景观的所在地却很明确，是指今中山四路禺山书院一带，当时为城内地势高处，建有禺山书院，多栽松柏。这里较玄妙观更近城区中心，西侧是广州府署，附近还有关帝庙，故为游人集中地点。唐代广州已有祀城隍，清雍正年间，经广东观风使奏请朝廷，获准将广州府城隍庙升格为广东都城隍庙，自此，省的大吏拜谒都城隍理所当然。广州城隍庙附近在清代逐渐形成祠庙群：庙后建有观音道场的广果寺，寺东建有祭祀入粤名臣杨信民的杨金都祠（后扩建为遗爱祠）；庙东建有祀古代名医的药王庙；庙西建有禺山书院和林木繁茂的关帝庙。这一带热闹非常，附近成为专售字画、书籍、文房四宝及古董古玩的文化街，即今文德路一带。来这里求神拜佛的有官员、商人及眷属，百姓人等更是络绎不绝。热闹的街市中，少不了说书讲古、卖唱卖艺、占卜星相、乞讨杂耍、盲人乞丐、摆摊设档等三教九流人物，画家苏六朋在这一带卖画，接触、观察市井百态，获得风俗画的宝贵素材。

明清两代羊城八景的异同，也反映出传统城市文化的传承。两代八景中保持不变的景点是五仙观、越秀山。其共同特点是历史悠久，内涵丰富。美丽、动人的五仙传说，一直为广州人所喜爱。五羊传说起源很早，史籍有周朝到西晋的各种说法，《中华舞蹈志·广东卷》上载有唐代五羊仙队舞乐曲及曲词，这一舞蹈在北宋末年传入高丽，说明五羊传说的独有魅力和对中原的影响。五羊品牌经久不衰，明代沿着珠江边的官方接待站就叫五羊驿。作为一个景观，很重要的条件是具有游客徜徉其中的空间和市民认可的文化内涵。宋元八景尚未列此景观的原因，一是五羊传说尚处于成形过程，唐代，五羊神供奉在广州城隍庙中，俨然作为城市守护偶像来看待，宋以后才出现专供五羊神的庙观；二是庙观地址几经迁移，至明洪武十年（1377）始迁往城中心坡山现址。坡山并不高，但由于番山、禺山等城内高地凿平，使这片城中心区高地突出，树木苍郁，成为游人驻足的胜地；三是景观内容不断充实。坡山古曾是江心小岛，晋代珠江北岸南移，坡山脚成为渡口，底部受珠江洪水长期冲蚀形成大小不一的瓯穴，穴下通泉眼，虽旱不涸。明初于其上构建岭南第一楼，悬挂大禁钟，更壮景观。越秀山雄踞城区北部，地理条件得天独厚，为君王及达官显贵宴饮，文人墨客登高览胜之地。南越国筑四台中，就有越王、朝汉两台在越秀山。历代遗留名胜古迹甚多，清代及以前的还有三元宫、悟性寺、西竺寺、红棉寺、弥陀庵、观音阁、镇海楼、玉山楼、哇雨楼、粤洲草堂、名德祠、陈白沙祠、伦迁冈祠、古之楚庭坊、佛山坊、学海堂、应元宫、菊坡精舍、应元书院、伊斯兰教墓、四方炮台等几十处。历代羊城八景榜上都有越秀山景点。宋代是"菊湖云影"，元代是"粤台秋月"，明代是"粤秀松涛"和"象山樵歌"，清代是"粤秀连峰"和"镇海层楼"。这处景观的可持续性，显示其积淀了丰富的人文内容。

四十五

宗祠书院正名

自然界有沧桑变化，城市面貌也在不断演变。从广州大小马站可见一斑。《广州城坊志》称："大、小马站，适在旧子城中，当是曩日驻兵遗址。"① 这地名之缘起，据说是宋代驻有骑兵。《宋史》记载："厢兵者，诸州之镇兵也。"厢兵包括马、步、水军，在广州城驻有"本城马军"②。阮《通志》载："元程准《重建都元帅府记》有'兵庐武库，矍圉骑坊，星棋环布'等语，'骑坊'疑即大小马站。盖元都元帅府亦因宋旧署改建也。"③ 然见于元大德《南海志》，此马站则为来往之交通驿站，该志"水马站"一目说明"广为扬州尽处，去京师万余里。然叶舟风递，驲骑早驰，不十余日可至，何其速也。朝廷立法，以田粮七十石买一马，……止供使臣官员往来而已。其他走传，则有急递铺焉"。"番禺县在城站马四十四：正马二十四，贴马二十匹。"④ 显然，此地在

---

① 黄佛颐：《广州城坊志》卷二"大马站"。
② 《宋史》卷一八九"兵志·兵三·厢兵"。
③ 黄佛颐：《广州城坊志》卷二"大马站"。
④ 大德《南海志》卷第十"水马站·马站"。

宋为骑兵站，在元为马驿站。明代广东"转运使司在航海门内仙湖街。南汉南宫旧址。嘉祐中始定置司署，改伪汉南宫为之。中为厅事，设东西二厅以居副使及判官。厅事后有瑞芝堂，前有景濂台，泉池上有秀阴亭，运判黄朴所建。又前为濂溪书院，元季俱废"。① 由此观之，北宋中期在此设转运司衙门，直至明代，仍是转运使司所在地，则可能兵站在宋代中期改为驿站。明代，从明万历《广东通志》中《广东省城图》可见市舶司在这一带。洪武三年（1370），由朝廷派出的太监到广州"监镇市舶"，"设公馆于城南水滨，后改建于郡西仙湖（今为分守道）"②。当时是将古药洲的奉真观改作市舶公馆。"今"指嘉靖年间。嘉靖十年（1531），"革去市舶内官，其公馆在郡西武安街，南宋转运司旧址……改为岭南道，正厅五间，穿廊三穿，后厅五间，左右厢房二十二间，仪门厅三间，东西耳房二间，大门三间"③。可见其规模之大。经历易帜为清及平藩之后，这里终于变成一大片挂匾"书院"的宗族祠群了。

长期以来，对广州市越秀区大小马站、流水井的"书院"群的宣传，定位为文化教育机构，是清代广州书院的一个组成部分。如《广州越秀古书院概观》所言："以越秀古城区的广州府衙为中心，方圆一公里之内所设的文化教育机构计有粤秀、越华、羊城、禺山、西湖书院、学海堂、菊坡精舍、应元书院、万木草堂、广州府学宫、大小马站、流水井的书院群，再延伸一点还有番禺学宫、南海学宫、贡院，形成了一个多层次的文化教育地带，成为广东的文化教育中心，学术中心。"④

---

① 嘉靖《广东通志》卷二八"政事一"。
② 嘉靖《广东通志》卷六六"外志三"。
③ 嘉靖《广东通志》卷二八"政事一"。
④ 广州市越秀区政协学习文史委员会、广州市越秀区地方志办公室编：《广州越秀古书院概观》，中山大学出版社2002年版，第140、141页。

但是，只要对所谓"大小马站、流水井的书院群"的历史状况稍做考证，就会知道将其定位"文化教育机构"是一个误区。

书院这一教育模式，产生于唐初，在广东最早是北宋出现于粤北，① 反映了中原文化南传。中国历史上书院类型众多，包括家族书院、乡村书院、皇族书院、少数民族书院、侨民书院、华侨书院、教会书院，但不管哪一类型的书院，都属于教育组织形式。作为教育机构的家族书院，"包括一个家庭创建供其一家使用、一个家庭创建供其整个家族使用、合族创建合族使用等三种基本类型"。而不管哪种基本类型，其最基本的特点就是：从经费来源到受学人员体现其家族性；以教学授受为主要任务；其教学程度不高，属于普及性教育。② 此外，还有两种不以教学为主要任务的家族书院：一是儒家圣贤先哲、历史名人后裔创建的家族书院，创建者意在光耀先祖、垂范后人，此类书院以祭祀为功能，例如广州市中山一路杨箕村的敬斋家塾，创建于1919年，"该祠是奉祀杨箕村黄姓先祖黄敬斋的祠堂"。③ 此类书院"名为书院，实仿庙制，岂家塾党庠所能牵混，且神像巍然，尤宜粪除洒扫，以昭肃静，岂可使生徒杂处其间哉！"④ 二是名为书院的合族祠，其实是不作为教学用途的宗族祠，不宜称之为"宗族祠书院"。这类"书院"主要存在于岭南，其出现有特定的历史背景，"自雍正十三年（1763），清政府颁'聚众结盟罪'，严禁民间私制藤牌、结合；禁擅自建寺观神祠。省城首当其冲，禁建祠堂。祭祀为宗族血缘联系最重要、最隆重之仪式，汉

---

① 已知广东最早的书院为北宋南雄孔林书院。

② 陈谷嘉、邓洪波主编：《中国书院制度研究》，浙江教育出版社1997年版，第2—5页。

③ 陈建华主编：《广州市文物普查汇编越秀区卷》，广州出版社2008年版，第213页。

④ 琦善：《兴复宗圣书院记》，载咸丰：《济宁直隶州志》卷五。

人重孝道,慎终追远,书院由此便成为解决这一问题的重要途径"①。可见这类书院的出现,旨在解决宗族祭祀,也是各县人员到省城应考、读书与办事"落脚歇息之处"。大小马站及流水井书院就属于这一类。"西湖路大马站、小马站、流水井这三条南北向街道里分布有多座书院。书院清代为省内各府、县读书人在省城参加科举考试时进修赴考和等待放榜的住处,也有作为宗族子弟读书或本宗成员从各县到省城办事落脚歇息之处,也有宗族内有名望的同姓族人倡议合资兴建的跨地域性的宗祠。"② 全句是说到这些"书院"为因到省城读书、办事之族人落脚歇息之处,说不上是教育组织或教育机构。更说不上什么"书院文化"。

广州城内以建"书院"为名行建合族祠之实风气兴起,有其历史背景。进入康乾盛世的岭南,经济发展尤快,聚族而居的移民宗族势力也得到壮大,兴建显示实力的宗祠成为潮流。研究者注意到,"中国祠堂分布格局与经济发展状况有着很大的关系,明清以后,中国的商品经济迅猛发展,尤其是江苏、浙江、广东、福建、安徽、江西等东南地区,在那些徽商、江南商、闽商、粤商集中的地方,祠堂的数量迅速增多,其规模格局也越来越大;而在那些经济文化较为落后的西北地区,祠堂的数量要相对少一些"③。经济发展步入商业化轨道,清代广州濠畔街是"天下商贾聚焉"之处,"百货之肆,五都之市"④,商业繁荣,交通便利,各地商人和各种需要到省城办事的人员络绎进入广州,各种

---

① 广州市越秀区政协学习文史委员会、广州市越秀区地方志办公室编:《广州越秀古书院概观》,中山大学出版社2002年版,第140页。

② 陈建华主编:《广州市文物普查汇编越秀区卷》,广州出版社2008年版,第285页。

③ 王鹤鸣、王澄:《中国祠堂通论》,上海古籍出版社2013年版,第198页。

④ 屈大均:《广东新语》卷十七《宫语》。

利益冲突，驱使着以地域、血缘为特征的乡村与城市结合的力量聚合。"由于合族祠的建立和日常运作是乡村的宗族组织通过他们在城中的绅士和商人来进行，因此，这些城中的绅士和商人也就通过合族祠加强了他们与乡村宗族的联系。"① 同时因赴考、办事、纳粮、诉讼等种种需要，省内各地各类人员有了经常出入省城的需要。即如三年一度的乡试在广州城内举行，参加乡试的省内各地士子数目不断增长。同治《广州府志》载："广东乡试四千余人，取中七十一人，此旧例也。自康熙以来，贡院号舍五千余间，道光二年扩而增之，为七千六百余间，二十二年增五百间，同治二年又增五百间，凡八千六百五十四间。"② 随之而来的问题是应试者落脚之难。南海县人梁颖在家谱中述及其应童子试时在省城内难以落脚的窘况："每当院试，半肩行李皇皇谋一夕地。遂慨然曰：安得有志之士为我房设立试馆乎！"③ 针对省城内寸土寸金的情况，康熙平藩却创造了一个机会："先是两藩入粤，尽踞老城以居藩兵，官舍民房皆不得与。康熙二十二年削平藩乱，大中丞金祎镶、李祎士桢先后拜疏，请以大市街之东为官廨，余以奠民居。诏报可，维时郡之著姓纷纷购买以建祖祠。"④ 就是说，原先二藩占据老城驻军，平藩后，划出大市街以东为官廨，其他地方允许为民居，在省会的大姓绅士纷纷购地建"祖祠"。建祠目的很明确："原为应试居住及合族受屈讼事与输粮往来暂寓。"⑤ 一些族谱载书院《规条》直接写明其为"本房子孙

---

① 黄海妍：《在城市与乡村之间——清代以来广州合族祠研究》，生活·读书·新知三联书店2008年版，第86页。
② 同治《广州府志》卷六十五《建置略二》。
③ 《梁氏家谱》卷三《外集谱记》，光绪二十年（1894）刻本。
④ 《（广东）粤东简氏大同谱》卷六《祠宇谱·省城桂香街祖祠纪略》，1928年铅印本。
⑤ 《清介书院条款家塾同例》，载《南阳叶氏宗谱》咸丰癸丑年广州西湖街效文堂承刻，双门底芥子园印装，藏广州档案馆。

应试、侨居之所",①"建祠原以妥先灵,亦为各房应大小两试及候补、候委晋省暂住而设"。② 从黄海妍开列的 37 座明末以来广州城中合族祠看来,"在所有标示的合族祠中,除了陈氏书院位于西门外连元街外,其他的合族祠都位于广州城内。很显然,这些以书院、试馆为名的祠堂式建筑,其建立的目的就是为到广州城应考、诉讼、输粮、晋省的乡下同姓子弟提供居所的"。③ 其这些由各地乡下的同姓宗族组织共同在广州城中建立起来的合族祠,④ 表面上,让来自各地乡下的同姓宗族组织得以建立起联系和往来,更深一层来看,是在城市中建立起来的跨地域的同姓绅士联盟,实际上是一个城市机构。

祠堂与书院本属两种不同性质事物。祠堂是中国古代祭祀性、纪念性建筑,大体有三类:一是同一血缘的宗族或家族祭祀列祖列宗的场所;二是专为祭祀某一名人而建的专祠;三是祭祀神灵的,包括山川、日月、天地等自然神和神灵人物等的神祠。书院则是"私人或官府设立的供人读书、讲学的处所,有专人主持"⑤。广州城内的这些合族祠并不符合书院的概念。以陈家祠为例,陈家祠堂建立时,由全省 48 位陈氏族中乡绅名流联名成立"倡建陈氏书院公所",草拟《广东省各县建造陈氏书院》函,拟订《议建陈氏书院章程》,可知此处拟建祠堂采用了"陈氏书院"名称,据章程,"为崇德报功之举,邀集宗族在羊城西

---

① 《[新会]李氏宗谱·祠宇谱》,1927 年广州香港李太白印书馆印刊。
② 《南阳叶氏宗谱·清介书院条款家塾同例》,咸丰癸丑年广州西湖街效文堂承刻,双门底芥子园印装,广州市档案馆藏。
③ 黄海妍:《在城市与乡村之间——清代以来广州合族祠研究》,生活·读书·新知三联书店 2008 年版,第 15—18 页。
④ 休·D.R.贝克:《传统城市里的大家族》,载〔美〕施坚雅主编:《中华帝国晚期的城市》第二编,叶光庭等译,中华书局 2000 年版,第 594—619 页。
⑤ 《汉语大词典》第五册,汉语大词典出版社 1990 年版,第 721 页。

关连元大街买得吉地一千井有奇，议建宗祠"①，以认购神主牌方式筹集经费，凡陈姓族人缴纳一定款项，都可将祖先牌位或自己长生位放入祠内神龛供奉。显然，此建筑是联合广东各地陈姓族人，供奉祖先牌位的合族祠。在此处除举行春秋二祭仪式，还包括"增设内试寓，以便各房赴考"，在其两侧东、西厢房梁柱上装设有间隔机关，必要时可将厢房隔成数小间，以供人居住。尽管章程还规定，如果捐款有一定余款，就可多置产业，以获得收益，使得"书院名实相顾"，"延品学优长老师在本书院讲学课文"，②但这只是碍于其与书院名实不副的一个说法，却并未实现。"陈家祠在本质上仍与清代广州城中其他的合族祠一样，既不具备广雅书院教书育人培养人才的功能，也不是一个宗族组织，只是一个祭祖的祠堂和为了让来自各地村镇、参与出资建造合族祠的陈姓族人到广州城中应考科举、打官司和交纳赋税以及其他事务时居住提供的落脚点和联络处。这一点，从陈家祠的布局和功能就可以看出。……这座悬挂着'陈氏书院'牌匾的建筑，其实是一座地地道道的民间祠堂。"③

以书院名义建合族祠，事出有因。明嘉靖十五年（1536）礼部尚书夏言在《南末议请明诏以推因臣民用全典礼疏》中，提出了"乞诏天下臣民冬至日得祀始祖议""请诏天下臣工立家庙议"。明世宗采纳其建议，诏令允臣民得祀始祖，造成民间修建宗祠祭祀始祖的热潮，延续至明清及民国时期"宗祠遍天下"。清代，官府一度允许民间在广州建祠，而后却顾虑各地族人聚集于省城合族祠，使之成为三教九流、藏污纳垢之地，会聚众闹事，或把持讼事，挟众抗官。还有空间的原因，

---

① 《广东省各县建造陈氏书院》，载黄淼章：《陈家祠》，广东人民出版社2006年版，第6页。

② 黄淼章：《陈家祠》，广东人民出版社2006年版，第10页。

③ 黄淼章：《陈家祠》，广东人民出版社2006年版，第36、37、32页。

这些合族祠占用五方杂凑的城市中心用地,以合族之力而建,往往规模较大,难免影响周边民居的出入和光线,为街邻所恶。更有因族人无定居于此,导致管理不善,有"误赁梨园",喧噪邻居的,有被官府疑为聚赌之所甚至被查封的。此外,这些合族祠在规模、材料、形制和装饰上相互攀比,科考时和祭祀时更是人员杂沓,往往引起路人和周边居民的瞩目冷观,很难融入所在的城市社区。不仅如此,官府还认为这些合族祠合资而建,以出资多寡决定牌位座次"不循天理,唯利是图",不符合国家礼制。从而引发官府一次又一次大规模的禁祠行动。乾隆年间,广东官府有禁毁在广州城建合族祠的行动,清中叶和后期,官府仍有较大规模的取缔合族祠行动。如《嘉应州志》所记:"奉光绪元年广东布政史(使)、按察史(使)为出示严禁事,查核城内有祠宇八十五处,坐向款式,逐一载明清册,详禀立案,嗣后各族不得纠众添建祠宇,致碍民居等情。光绪八年又能经前牧陈公善圻出示严禁欲造之祠宇,后亦无敢倡此举者矣。"① 为避开官府禁令,广州城内各姓氏祠堂便改称书院或书室。

关于这一情况,有的族谱其实说得很清楚。冼氏合族祠本来叫"冼氏大宗祠",为避免遭到官府的镇压改名"曲江书院",康熙二十九年(1690)重修之后的序文仍自谓"冼氏大宗祠",行文称:"众议重修祖祠。"② 道光五年(1825),对此同一组建筑物,重修碑记已自谓"曲江书院"了。③《曲江侯书院图记》说清了改称原因:"乾隆三十七年,巡抚张彭祖以城内合族祠类多把持讼事,挟众抗官,奏请一律禁毁。于

---

① 转载自冯江:《祖先之翼——明清广州府的开垦、聚族而居与宗族祠堂的衍变》,中国建筑工业出版社2010年版,第213页。

② 《重修冼氏大宗祠序文》,《岭南冼氏宗谱九卷》二卷。

③ 冼文焕:《重修曲江书院碑记》,《岭南冼氏宗谱九卷》二卷。

是各姓宗祠皆改题书院。我祠之以书院名亦于此，故祠制也。"① 这一情况是普遍的，《白云粤秀二山合志》记载："乾隆间有合族祠之禁，多易其名为书院、试馆。"②

清代广州城内的书院，从主要用途来说是分为两类：一类确是名副其实教育机构的书院，以官办为主，如越华书院、粤秀书院、学海堂等；私办的如晚清康有为办的万木草堂。另一类就是合族祠书院，是为了解决当时在省城禁建祠堂而建的"书院"。这类书院并非教育机构。《广州越秀古书院概观》一书虽将这类书院列入文化教育机构，却未述及此类"书院"的师资及教学，其与读书相关的用途，只是省内族人子弟到省城求学寄宿之所。③ 从其建设宗旨上看，如考亭书院，"该院始建于清嘉庆年间（1796—1820），有祭祀功能"。④ 因此，大多书院又有"家祠"之称名。"合族祠一般同时供奉神主和为科举考试服务……有些合族祠的确有试馆之用，尤其是距离贡院较近的地方。例如，何姓的合族祠庐江书院于光绪二十年（1894）清点过财产，除了正祠之外，还有大厅和39间供前来参加乡试的生员和参加县试的南海、番禺子弟居留有余地的房间，每个房间都设有厨房。据何氏族谱所记，参与建祠的各房均有一间，共有200个房（实际上是199间）。冼氏大宗祠先后加建了试馆和奎楼，其目的显然指向参加科举考试的士子。"⑤ 如此概括合族祠的功能是准确的。庐江书院又称何家祠，占地1722平方米，

---

① 《曲江侯书院图记》，《岭南冼氏宗谱九卷》二卷。

② 陈际清：《白云粤秀二山合志》。

③ 广州市越秀区政协学习文史委员会、广州市越秀区地方志办公室编：《广州越秀古书院概观》，中山大学出版社2002年版，第140、141页。

④ 陈建华主编：《广州市文物普查汇编越秀区卷》，广州出版社2008年版，第288页。

⑤ 冯江：《祖先之翼——明清广州府的开垦、聚族而居与宗族祠堂的衍变》，中国建筑工业出版社2010年版，第214页。

主体建筑头门、中堂和后堂，中堂为族中议事处，后堂为祭祀族祖正祠，东北面祀奉魁星的魁星楼，亦叫登云楼。东西两侧的试舍两层共43间，为省内何姓各房子弟来穗考试时用。各试舍石额分别刻有"新会房""恩塘房""龙塘房"等字样。① 此类试舍的居住只属暂寓，并要求"在应试纳粮犹必携此票单（按：指各房所执盖有合族堂号图章的票单）到祠验明，方许进房居住"。②

由此观之，将大小马站、流水井的"书院群"认定为"宗族书院作为特定姓氏家族背景支配下的教育组织"，③ 是不当的。其归入于"广东近代教育与新式学堂教育的前身与发祥地"，不符合历史。明乎于此，对认识与利用这些书院，才不会产生错误阐解。正本清源，大小马站、流水井书院群应正名为宗祠群，而不应称为不伦不类的"合族祠书院"。如果说，大小马站流水井书院群之称已相沿成习，无所谓改不改名，则在发掘、利用这一建筑群的历史文化时，不能又谬称为"书院街"，再扩大为"书院文化"。2013年《中国社会科学报》上居然载有文章，述及"清代广州形成了书院文化圈"，说是"据越秀区方志办的考察，以清代广州府衙为圆心，以半径一公里的范围（3.2平方公里）为统计对象，那里集中了……以及遍布当年的惠爱街、双门底、仙湖街、流水井、大马站、小马站等处，相当于现在广州东从德政路，南到大南路，北到越华路，西到解放路一带的上百所的联宗书院"。该文在回答"广府书院在办学理念上的最大特色是什么"时还说："古代书院的最大特色就是崇尚学术，书院与官学的最大区别，就是自由研究学

---

① 陈建华主编：《广州市文物普查汇编越秀区卷》，广州出版社2008年版，第287页。

② 《南阳叶氏宗谱·清介书院条款家塾同例》。

③ 广州市越秀区政协学习文史委员会、广州市越秀区地方志办公室编：《广州越秀古书院概观》，中山大学出版社2002年版，第140页。

问,注重身心修养。从宋朝开始,书院就不太重视科举,而是以学问、学术为中心,以引领社会风气。"① 而所谓的"联宗书院"的主要功能之一恰恰就是为科举服务。可见这里所谓的"广府书院文化"闹了个大乌龙!原因就在于将"书院"二字做望文生义之解。

《广州越秀古书院概观》之后撰成的《广州越秀古书院》,② 对所谓"大小马站书院群"定为书院之不妥已有所觉察,为自圆其说,竟称:"晚清时期,私学(私塾)仍然占据着重要和主流的教育地盘,广州有庐江书院(何家祠)、平所书院(赵家祠)、三益书室(江、何、黎三姓合族祠)、考亭书院(朱家祠)、濂溪书院(周家祠)、豫章书院(罗家祠)、陈氏书院(陈家祠)等。宗族书院的产生及大量繁衍,与中国传统的家族伦理及其以宗法血缘为纽带的家族社会结构有密切的关系。而宗族书院作为特定姓氏家族背景支配下的教育组织,教育功能与祖先祭祀功能二位一体的结合自然便成为其重要特色。"在越秀区的"这一范围内,云集了数百家以姓氏命名的书院、书室、家塾或称为家祠的建筑群体、街巷连片,其面积达3平方公里,在全国实属罕见。这些宗族(祠)书院,虽然规制不尽完善,书院的教学功能也有限,远远无法与官立大书院相提并论,但它们的存在与发展,对于在近代以前的中国基础社会最大限度地普及初级或基础教育,起了很大的作用"③。之所以要如此篇幅地引用原文,是因为这一论述集中体现了所谓"书院群"说法的谬论,将祠堂与私塾混为一谈,无视其不存在教学功能的事

---

① 王建军:《从广府书院文化谈到当今大学教育——大学应以学术追求贡献社会——华南师范大学教授王建军专访》,载《中国社会科学报》2013年7月7日。

② 黄泳添、陈明:《广州越秀古书院》,广东人民出版社2006年版。

③ 黄泳添、陈明:《广州越秀古书院》,广东人民出版社2006年版,第80、83页。

实，无中生有地说到其具有"最大限度地普及初级或基础教育"的作用。闹出了"全国罕见"的书院群的笑话。

这一谬误不仅造成了长期以来对这片宗祠的保护与改造计划无所适从，也导致了官方规划及宣传工作上的误区。2013年3月12日《羊城晚报》载消息《"广府文化书院街"划定地头》，报道广州市政府常务会议审议并原则通过了《广州市大小马站书院群保护与更新规划》，该规划将这一区域定位为"广府文化书院街"，提出"以书院文化为核心……使其成为北京路文化核心区的一处亮点"云云。为避免谬误扩大，我向市政府领导写了一封信，阐明观点，终由市长陈建华批转给越秀区领导。这一提法有所收敛，只是书院群的提法至今仍在发酵，其驱动力除了无知，更有有意而为的商业动机的因素。

四十六

学海堂办学之初

学海堂是清代学坛泰斗、两广总督阮元在广州创立的书院,它的出现不仅推动了清代乾嘉学派学风的发扬和总结,而且与此前阮元在杭州创立的诂经精舍一样别开生面,影响深远,是清代书院发展史的一个转折点和里程碑。有关学海堂的记述和研究著述不少,但在学海堂创办时间及其教育制度的记述上或勾勒不清,或与史实有出入,或以讹传讹。试举一例:

学海堂书院"原址在广州城北越秀山。由清代广东巡抚阮元于道光六年(1823)创设。阮元于嘉庆十二年(1807)巡抚广东,极力提倡经学训诂,并于道光元年(1821)设经古课召试学士。书院建成后,不设山长"。①

阮元于嘉庆二十二年(1817)八月就任两广总督,在他任两广总督9年间,7次兼署广东巡抚,其中6次是因为巡抚调任,新巡抚未抵广州,1次是因为巡抚入觐,每次时间多数在一两个月,最长不超过4

---

① 丁守和主编:《中华文化大辞典》"学海堂书院",广东人民出版社1989年版。

个半月,在新任巡抚(时已任命)到来之前兼署印务,① 并非兼任广东巡抚。说阮元于嘉庆十二年(1807)巡抚广东,不仅把他到广东的时间提前了10年,还把阮元官职说成广东巡抚。对学海堂创办时间与书院不设山长等举措始的记述,亦与史实有出入。此类情况并不鲜见,较为权威的工具书或学术著作的记述混乱,对阮元办学及学海堂的研究不能不造成影响,确有澄清之必要。

关于学海堂创办时间,较常见的有四种说法:道光六年说(见上文);道光元年说;② 道光四年说;③ 嘉庆二十五年说。④ 阮元在广州办学海堂时间有多长,涉及其办学影响有多大的问题。换言之,如果学海堂创设于嘉庆二十五年,阮元在学海堂达6年多;如果学海堂创设于道光六年,则阮元不到半年就离开广州了,尽管此后仍关心和过问学海堂的管理和教学,影响毕竟不同。

上述四说中,以道光四年说最为普遍,除了《广州百科全书》《广东百科全书》等书采用此说外,香港东亚学社《学海堂志·出版说明》因附在《学海堂志》之前,也颇为权威。道光四年(1824)九月,阮元在粤秀山择地开工,建学海堂,同年十二月建成。道光四年说,源出于此。但是,此说的建成学海堂,是学海堂在越秀山的校舍建筑,作为

---

① 张鉴等撰:《阮元年谱》,中华书局1995年版。

② 李国钧主编:《中国书院史》,湖南教育出版社1994年版;夏修恕:《〈皇清经解〉序》。

③ 陈华新:《广东的书院》,载香港《大公报》1985年7月18日;季啸风主编:《中国书院史》,浙江教育出版社1996年版;香港亚东学社:《学海堂志·出版说明》,香港龙门书店1964年版;《广州百科全书》"学海堂",中国大百科全书出版社1994年版;曹思彬等编:《广州近百年教育史料》,广东人民出版社1983年版;《广东百科全书》"学海堂",中国大百科全书出版社1995年版。

④ 白新良:《中国古代书院发展史》,天津大学出版社1995年版。

教育机构的学海堂,其实是创办于嘉庆二十五年(1820)。《阮元年谱》(原名《雷塘庵主记》)系阮元之门生及诸子合撰,是了解阮元生平可信的资料。该书卷五、卷六由跟随阮元身边的次子阮福所撰,记载阮元嘉庆十九年至道光九年(1814—1829)的活动。卷六记述了道光四年九月,"福侍大人到粤秀山觇地,欲建学海堂,遂在山半古木丛中定地开工"。"十二月,建学海堂成。堂为三楹,前为平台。"据此,则粤秀山学海堂建成于道光四年是肯定的。文中说到在粤秀山建学海堂的理由是"盖因连年以经古课士,士人之好古者甚多,而学海堂惟在文澜书院虚悬一匾,并无实地,是以建堂于此,实有其地而垂永久焉"。[1] 这说明学海堂原来悬匾于文澜书院(址在太平门外下九甫绣衣坊),自身无实地,但不是虚有其名,开办数年,受课士人甚多,才有必要择地建堂办学。又据卷五,嘉庆二十五年(1820)"三月初二日,开学海堂,以经古之学课士子。手书'学海堂'三字匾,悬于城西文澜书院"。是处加按:"学海堂加课仿抚浙时所立诂经精舍之例,专课经史诗文。"[2] 显然,"学海堂"作为一个教育机构是阮元创办于嘉庆二十五年,且有实实在在的教学活动。《学海堂志》中述及"学海堂"之"堂",有双重含义:一指书院机构,如谓"本堂向来请事于大宪,俱用申文。若因事文移各州、县,俱用平行";一指书院建筑,如"辟堂于此,缭以周垣。……堂中远眺,海门可见。堂阶南出循西而下行……"。这里说的"堂",是学海堂书院内专设以课士的主体建筑,其他建筑还有文澜阁、启秀山房、至山亭。研究者将建筑与书院混淆,是导致学海堂创办时间多说的主要原因。而陈东辉《阮元与学海堂》一文说:阮元于"道光元年(1821)春,仿诂经精舍之例,开设经古之课,示诸生以取舍之途。道光四年(1824),阮氏在广州城北越秀山建立了学海堂,并手书

---

[1] 《阮元年谱》卷六。
[2] 《阮元年谱》卷五。

'学海堂'三字，匾额悬于城西文澜书院"。① 这就错得一塌糊涂了。

《学海堂志》记述的是学海堂在粤秀山麓建院舍后的教学、管理规制及设施，其下限一直记述到同治年间，很容易造成学海堂书院创办于道光四年的错觉，香港亚东学社再版说明，有学海堂道光四年创办于粤秀山之说，却未留意到志中其实交代了粤秀山学海堂之渊源："仪征公于嘉庆丁丑持节督粤，迨辛巳政通人和久矣，始设经古之课。"② 辛巳年为道光元年（1821），证明设学海堂早于粤秀山筑堂之前。学海堂教学活动在悬匾文澜书院与粤秀山建成书院之初大致一样，直到道光六年阮元即将离粤之前定下《学海堂章程》才有所改变。因《学海堂章程》及设学长之事在道光六年，误认学海堂创办于道光六年由此而来。

阮元是在嘉庆二十二年（1817）十月二十二日到达广州接任两广总督的，他热心办学，为何抵粤两年多才有创办学海堂之举呢？这与治粤背景有关。嘉庆末年，大清盛势已渐显转折衰败之势，广东面临列强武装侵扰、境内治安不宁，阮元抵粤，先是忙于检阅水师、观察外洋及澳门夷市形势，奏建大黄窖、大虎山炮台，加强抵御外敌之海防以及禁鸦片。接着往粤东、粤西、广西各处阅兵，又设法诱缉净尽海边小盗船。其间还审断广西地方大员互相攻讦之案，把燃眉之急的外忧内患大事理出个头绪，才有可能亲力亲为办学，开办学海堂，如其自述："余本经生，来总百粤，政事之暇，乐观士业。"③

关于学海堂址也有公案，主要是涉及与今广州市二中校址的关系问题，由此涉及学海堂校脉的延伸问题。今在越秀山南麓的广州市二中认定该校的建立可追溯到学海堂，其根据是校址建立在学海堂故址上。黄国声就提出"把从学海堂到广州二中的整个发展脉络梳理清楚，出一本

---

① 陈东辉：《阮元与学海堂》，载《文史》第四十一辑。
② 《学海堂志·建置·筑堂》。
③ 阮元：《〈学海堂集〉序》。

专著"①。

　　阮元在广州越秀山麓建成学海堂书院79年后，光绪二十九年（1903）学海堂因清廷实行教育新制而废，改为阮太傅祠。此来又有百余年，时过境迁，实地已难觅旧址遗构。今人指认学海堂旧址在市二中校址者众，《广州市志·教育志》②《广州旧影》③《广州近百年教育史料》④《越秀山风采》⑤ 等书均持此说法，二中校庆特刊中也屡屡有此说法。学海堂址在市二中内的说法成为约定俗成之说。笔者以前撰《历代入粤名人》阮元传，也采用此说法。今查阅志籍史料，实地踏勘调查，始悟此说法不准确。

　　清末学海堂废，改为阮太傅祠，而这阮太傅祠在民国易元时已被废没。就在学海堂改祠12年后的民国4年（1915），梁启超重返旧地寻觅阮太傅祠，在《阮芸台先生画像》一文中述及："辛亥军兴后，学海堂鞠为茂草。乙卯（1915）春余归粤省觐，求祠（按：阮太傅祠）故址不或复得，像更何有？"可知此时学海堂已片瓦无存。又过了14年，始在越秀山南麓创建市立一中校舍，抗战胜利后，又改作市二中校舍。且不说市二中创建时并非在越秀山麓，⑥ 而就今二中的校址就建立于学海堂旧址上的说法，是否就准确呢？

---

① 张先在、李颖、李绪柏编：《粤秀文脉》，广东人民出版社2015年版。
② 《广州市志（卷十四）·教育志》，广州出版社1999年版，第12页。
③ 《广州旧影》，人民美术出版社1996年版，第55页。
④ 广州市政协文史资料研究委员会编：《广州近百年教育史料》，广东人民出版社1983年版，第176页。
⑤ 曹思彬：《阮元和学海堂》："如今学海堂已不存，在遗址屹立着的是一座座崭新的校舍，这就是著名的广州市第二中学。"载《越秀山风采》，花城出版社1987年版，第57页。
⑥ 市二中创建时在文澜书院挂牌，于此而言，是与学海堂诞生于同地，但两者没有渊源关系。

且看《学海堂志》对学海堂之环境方位记述。《学海堂志》由学海堂首届学长之一的林伯桐编纂，刻成于道光十八年（1838）。志首有署款"香石黄培芳绘"之《学海堂图》。黄培芳，时称"粤东三子"之一，他在道光十八年七月任学海堂学长，《学海堂图》是当时之写实，以有限的篇幅，绘出学海堂之方位大势，院内屋宇，主次分明，高下有致，较为详细地绘出学海堂、启秀山房、文澜阁、至山亭等建筑物，右上方露出一小段城墙。此图为辨认学海堂旧址方位提供了重要依据。《学海堂志》卷首《图说》，首篇《学海堂全图说》称，学海堂辟于越秀山麓，占地甚广，筑有围墙。主要建筑物包括学海堂、启秀山房、至山亭；书院后墙外稍东是越王台旧址，再东北是镇海楼，隔墙东邻龙王庙。书院内广栽竹林，梅花夹道，石径盘绕，树荫草色间，以石为几席，可见其布局格调追求山林自然之趣。

据刊刻于同治年间的《应元书院志略》中的《应元书院图》所示，建于越秀山麓，自西至东并列学海堂、龙王庙、菊坡精舍、应元书院。学海堂存在于道光四年（1824）至光绪二十九年（1903）；龙王庙是乾隆元年（1736）迁建越秀山麓，咸丰七年（1857）毁于英法联军炮火，同治五年（1866）修复；[①] 菊坡精舍建于同治六年（1867）；[②] 应元书院创建于同治八年（1869），光绪二十九年（1903）与菊坡精舍合并改办存古学堂。[③] 那么，自同治八年（1869）到光绪二十九年（1903）这34年间，四者并立于越秀山麓，《应元书院志略》刊图反映了这一史

[①] 乾隆《广州府志》、同治《南海续志》，转引自黄佛颐编纂：《广州城坊志》，广东人民出版社1994年版，第155页。

[②] 《广州市志（卷十四）·教育志》，广州出版社1999年版，第12、13页。

[③] 《广州市志（卷十四）·教育志》，广州出版社1999年版，第12、13页。

实，而不是二中校史所说的各书院先后举办于越秀山麓同一地点。①

《应元书院志略》载："书院西邻菊坡精舍，复距学海堂不半里，皆课士地也。"应元书院主体建筑是课士之"乐育堂"，书院大门外莲池，延袤数亩。"自大门到乐育堂，层累数十级"②。延袤数亩之大莲池，当为现省政府大院后部。光绪三十三年（1907）之广州城图上，应元书院东界为应元宫道，地名及巷道至今尚存。而今市二中正门层累数十级之梯级，宽大规整，正是当年应元书院自大门至乐育堂之梯级遗制。对比学海堂阶梯依山势蜿蜒而上。两所书院，一规整恢宏，一自然归真，这正是两所书院建筑区别的重要特征。以《应元书院志略》书院图对照《广州旧影》图册中民国时期市立一中校址旧照规整的梯级，表明这里是应元书院旧址，而不是学海堂旧址。今市二中正门入口梯级旁立有一石，上镌"应元书院旧址"，署款"清同治八年 公元一八六九年"。石为当代所立，不知何人主张，是很恰当的。

应元书院在晚清教育改制时与菊坡书院合并为存古学堂，未见将学海堂并入之记载。学海堂改为阮太傅祠后旋废没，堂内文澜阁废址上，民初曾辟建粤越楼，为孙中山和夫人宋庆龄驻跸处。1922年叛军炮火将粤秀楼夷为废墟，1930年于此建了"孙先生读书治事处"纪念碑。③光绪五年（1879）刊本《广州府志》之《省城图》，清楚地标出应元书院、菊坡精舍、龙王庙、学海堂的名称及位置，学海堂南向正对着抚标箭道（即今中山纪念堂址），菊坡精舍南向正对着莲塘街、卫边街（即今吉祥路）。又，《学海堂全图说》称学海堂"堂后垣外稍东即越王台

---

① 市二中建校70周年纪念册《越秀春风》载二中校史《越秀书香七十载》。

② 《应元书院志略》，《图说·应元书院全图说》。

③ 见仇江、郑力民、迟以武点注、黄佛颐编纂：《广州城坊志》"文澜阁"注，广东人民出版社1994年版，第152页。

故址"。阮《通志》称"观音阁之东北，为越王台故址"①。观音阁故址今建有孙中山纪念碑。那么，学海堂之北部范围在孙中山纪念碑南面以下山腰。

综上所述，当年学海堂旧址应在今越秀公园南部孙先生读书治事处一带，今越秀公园百步梯极可能是学海堂书院内梯级，而市二中校址在应元书院和菊坡精舍旧址。2004年7月的《羊城晚报》上，有热心于解开这一问题谜底的读者报道，在一幅绘于1918到1919年的地图上，找到学海堂地址位置的实证。②这幅地图居然有当时非常罕见的比例尺和等高线，房屋、寺庙、街道、河流等标注非常详细。依图可看出，"学海堂与镇海楼正在同一轴线上，主体建筑学海堂应在现越秀公园南部孙中山读书治事处纪念碑一带。学海堂建筑布局追求山林之趣，堂内梯级依山势蜿蜒而上，与地图标示一致，这条道正在如今百步梯南梯位置"。由此确证了我的推断。其实，清代志籍一些地图上也可见到学海堂的位置。如清道光十五年（1985）修同治八年（1869）重刊的《南海县志》之《县治附省全图》，就可以清晰见到学海堂位置，当时学海堂还存在，很可以说明问题。图中不仅标出学海堂，还包括堂中重要建筑文澜阁，又标出学海堂西邻的三元宫。这种情况与今天的实际情况还是很容易对照的。

关于学海堂的办学特点。学海堂在清代教育史上有着重要的地位，推动岭南学术发展和人才培养成绩显著，乃至影响全国，与同为阮元所创办的杭州诂经精舍并称，被誉为"清代考据学派的最高学府"③。其办学特点是：不专尚八股、理学，重经文史学之切实学问研究，倡导

---

① 道光《广东通志》卷一百"山川略一"。

② 黄泳添：《曾是广东著名高等学府，大大提升岭南读书之风——清代学海堂位置之谜揭开》，载《羊城晚报》2004年7月14日。

③ 李国钧：《清代考据学派的最高学府——诂经精舍与学海堂》，载《岳麓书院通讯》1983年第1期。

"实事求是""无征不信"的学风;不设山长,推行公举学长、"择师而从"的教学民主制度;因材施教的教学措施;自由研究的学术风气。

清代,以八股应试为宗旨的书院,最终陷入科举制度泥潭,难以为社会培养有用之才,专讲性理之学的书院,渐而沦入陈腐僵化和虚浮空疏之弊。阮元创办学海堂时提出"此堂专勉实学"①,旗帜鲜明地宣布要摆脱科举时事的束缚,反对理学空谈的学风,以实学为旗帜,培养造就通儒式的学者和能本经术为政治的人材,意在提倡和开创一种新学风。

学海堂既不以追求科举为用,不事举业课试之文,这就使其在教育制度上得以大刀阔斧地推进改革。首先,书院将全省高材生都视为培养对象,办学方式不同于一般书院聚徒讲学,而是阮元提出,学海堂"为课通省举贡生监经解诗古之所"②。应课的除广东的举贡生监外,还有各地一些教谕、训导和书院掌教,有类今之研究生院。为鼓励更多的士子向学,改变原来膏火奖赏办法,规定"有随课之奖,无常课之额"。③学海堂悬匾文澜书院时,汇收考卷,择优评奖,"所有举贡生员奖给膏火一月者,折给银一两。佳卷渐多,学者兴奋,有佳文一卷而发给膏火数月者"。④ 对于诸生的佳卷雅文,选集刊刻,褒扬学术成果,鼓励学生钻研学术风气,倡导、推广实学。粤秀山学海堂落成的道光四年(1824),由阮元选定学海堂师生撰文,刊刻成《学海堂初集》十五卷附一卷。他在《〈学海堂集〉序》中说道:"道光四年,新堂既成,初集斯勒。四载以来,有笔有文凡十五课。"可见学海堂从悬匾文澜书院起,就实行季课制度不辍,《学海堂集》是对此前学海堂倡学成绩的检阅,也说明学海堂教育活动始于道光四年之前。

---

① 《学海堂志·设学长》。

② 《学海堂志·文檄》。

③ 民国《南海县志》卷十。

④ 《阮元年谱》卷五。

阮元亲自参与课士、出题等活动，身体力行地倡导了实学。当时书院风气，有的山长只挂名却并不到院教导学生，阮元却常常亲自到学海堂与诸生讲课析疑，"凡经义子史前贤诸集，下及选赋诗歌古文辞，莫不思与诸生求其和，归于是，而示以从违取舍之途"。① 学海堂考试实行季课，主要由阮元或由他临时聘请学者或其他书院出题，批改考卷。学海堂开课策问："今大小西洋之历法，来到中国，在于何时？所由何路？……元之回回历，是否如明大西洋新法之由广东省海舶而来？大小西洋之法自必亦如中国之由疏而密孰疏？"② 反映阮元力排科举八股和理学，极倡实学，在教育改革中将自然科学包括西方近代自然科学列为实学重要内容的创新勇气，也反映了广州在中西方文化冲突中领风气之先的学术文化特色。

阮元在学海堂的教育活动，影响深远的是制定《学海堂章程》，为继任者所沿袭，也屡为研究学海堂教育制度者所引用。必须指出，引用者往往将之作为学海堂创办伊始之章程制度和教育活动，这是不确切的。《学海堂章程》是阮元总结其办学海堂乃至此前办诂经精舍的实践经验所制订，"以垂久远"。③ 而不是一开始创办学海堂就这么做的。道光六年（1826）六月十三日，阮元接到部咨，奉谕调补云贵总督，第二天，即向广州府和学海堂发出《学海堂章程》文檄，并要求"札到即便遵照办理"。④ 可见此前已酝酿成熟。章程共8款，主要规定设立八学长而不设山长管理学海堂，季课由学长出题，发榜由学长酌定，课卷俟日按《学海堂集》选刻；拨沙垣收租以及拨本银生息为学海堂经费和添建小阁藏书、刻集费用。3天后，又追发文檄责成有司严催不得拖欠学海堂经费，提高八学长润笔和堂中膏火。显示了阮元对学海堂长

---

① 吴岳：《新建粤秀山学海堂记》，《学海堂集》卷十六。
② 阮元：《学海堂策问》，《研经室续集》卷三。
③ 《学海堂志·文檄》。
④ 《学海堂志·文檄》。

期办下去的关切之心和切实措施。所谓"永不设立山长,亦不允荐山长",设立八学长同司课事,以及对课卷评定甲乙等级散给膏火,是从此开始,即在阮元离开广东后才正式执行。今人不少文章说阮元创建学海堂即行八学长制,是将此举提前了。学海堂原有山长无明确记载,从学海堂初期教学活动看,应是阮元。

学海堂不设山长,设八学长共司课事的章程,虽在阮元离粤之后才执行并坚持下去,但阮元提出这两个原则,对于旧的教育制度的改革,本身就是一个很了不起的举措。保证了自由研究的学术风气。继任督抚鉴于成宪,率能使学海堂发挥其积极作用,岭海人物,蒸蒸日上。学海堂主讲名师,先后有55人,学生有著述问世可查者,达300余人,书几千种。对岭南学术文化的发展,产生了重要深远的影响。曾受业于学海堂的陈澧、朱次琦、廖廷相、桂文灿、汪兆镛、梁启超等,皆一代之名流。张之洞督两广时,慕"甘泉、阮文达之为人,所至以兴学育才为亟",建广雅书院即承学海堂之余绪,以实用为依据,一洗旧习。可见学海堂影响之深远。至于规定学海堂书院招收公举专课肄业生、学生可在八学长中"择师而从","各因资性所宜听择一书,专习或先习句读,或加评校,或抄录精要,或著术发明",那是后任两广总督卢坤的谕令,亦体现了与阮元办学思想的一脉相承。20世纪20年代大革命时期,国立中山大学学生曾掀起要求从学校教师中自行择师的风潮,距此百年前,学海堂已将此列入办学章程,殊为可贵。但记述"择师而从"这一制度在学海堂开始实施,实事求是,只能说是在阮元之后的事,方有助于对阮元教育思想形成与实践影响的研究。